Walter Hansen
Der Detektiv von Paris

Dieser Band ist auf 100% Recyclingpapier gedruckt. Bei der Herstellung des Papiers wird keine Chlorbleiche verwendet.

Der Autor:

Walter Hansen, Jahrgang 1934, studierte an der Ludwig-Maximilians-Universität in München und arbeitete als Redakteur und Ressortchef bei großen deutschen Tageszeitungen. Seit 1970 lebt er als freier Autor in München.
Seine Bücher wurden mehrfach ausgezeichnet und erschienen in hohen Auflagen, u. a. ›Das große Pfadfinderbuch‹, ›Der Wolf, der nie schläft‹, ›Asgard‹ und ›Die Spur des Sängers‹.

Walter Hansen

Der Detektiv von Paris

Das abenteuerliche Leben des François Vidocq

Deutscher
Taschenbuch
Verlag

Ungekürzte Ausgabe
Februar 1995
Deutscher Taschenbuch Verlag GmbH & Co. KG, München
© 1980 Walter Hansen
Umschlaggestaltung: Klaus Meyer
Umschlagbild: Tilman Michalski
Gesetzt aus der Aldus 10/11˙
Papier: ›Recycling Book-Paper‹,
Steinbeis Temming Papier GmbH, Glückstadt
Gesamtherstellung: Ebner Ulm
Printed in Germany · ISBN 3-423-70353-9

Inhalt

Vorwort 7
Die Weissagung der Hexe 10
»Dragonerfranz« und andere Gauner 13
Abbé Constantin: Seelsorger der Gottlosen 20
Der geheime Geldschatz 24
Flucht aus dem Elternhaus 32
Hafenräuber 38
Der Zirkus Cotte-Comus 45
Acci, der Affenmensch 51
Zum erstenmal: ein falscher Name 60
Die Guillotine vor dem Vaterhaus 67
Der Schwindel fliegt auf 72
Flucht mit Dschingis Chan 75
Die Geheimnisse des Hexenbanners 81
Das schwarze Haus der Trickdiebe 85
Die Schenke zum fröhlichen Meineid 91
Unschuldig verurteilt 95
Flucht aus dem »Ochsenauge« 99
Die Schmuggler von Calais 103
Die Massenflucht der Mörder 109
Der trickreiche »Hans Listig« 113
Gebrandmarkt als Galeerensträfling 117
Das Wirtshaus der »Räubermutter« 121
Die Bande der »Fußbrenner« 125
Attentat auf den Pulverturm 129
Die »Methode Cagliostro« 132
». . . zum Tode verurteilt« 138
Der Erpresser macht Ernst 143
Freiwillig im Gefängnis 148
Das »System Linné« der Unterwelt 153
Die geniale Idee 162
Audienz bei Minister Fouché 171
Flucht – mit Hilfe der Polizei 180

Die Gründung der »Sûreté«	183
Blondy geht ins Netz	187
Der Mordplan	193
Annette als Detektivin	198
»Prosit Neujahr – du bist verhaftet«	207
Mordanschlag auf Vidocq	212
Die berühmte Razzia	214
Conradin, der Schatzgräber	217
Die Bande der drei Mörder	225
Heiße Spur in Montmartre	232
Wer war der dritte Mann?	239
Die rätselhaften »Memoiren«	245
»Vater der Kriminalistik«	248

Vorwort

François Eugène Vidocq gilt als »der erste Detektiv« und als »Vater der Kriminalistik«. Denn er war der erste, der erkannt hat, daß die Polizisten das Verbrechertum nicht mit säbelrasselndem Imponiergehabe bekämpfen sollten, sondern gewissenmaßen nach Indianerart: unauffällig, leise, listig, aus dem Versteck heraus, mit viel Beobachtungsgabe, Klugheit und Kombinationsfähigkeit. Nach dieser Erkenntnis gründete er zur Zeit Napoleons I. die erste Kriminalpolizei der Welt, die Pariser »Sûreté«. Sein Erfolg übertraf alle Erwartungen: Paris, damals ein Eldorado der Mörder und Wegelagerer, war wenige Jahre später die sicherste Hauptstadt Europas.

Vidocqs »Sûreté« wurde daraufhin Vorbild für Englands »Scotland Yard« und schließlich sämtlicher Polizeibehörden der Welt, unter anderem des legendären FBI, der amerikanischen Bundeskriminalpolizei.

Vidocq gilt auch als »erster Detektiv der Weltliteratur«: er war Vorbild für die Figur des Auguste Dupin in Edgar Allan Poes klassischer Kriminalnovelle ›Die Morde in der Rue Morgue‹ sowie für Conan Doyles genialen Sherlock Holmes und für Agatha Christies Meisterdetektiv Hercule Poirot. Sein Freund Honoré de Balzac, einer der berühmtesten Dichter der Weltliteratur, nahm Vidocq als Vorlage für die Figur des Vautrin in dem 1834 erschienenen Roman ›Père Goriot‹. Ein anderer Schriftsteller dieser Zeit, Eugène Sue, schrieb, angeregt von den Erzählungen Vidocqs, einen zehnbändigen Roman aus der Pariser Unterwelt, ›Les mystères de Paris‹ (Die Geheimnisse von Paris), der 1842/43 erschien. Vidocq jedoch empfand die von Sue geschilderte Atmosphäre des Verbrechertums als gekünstelt und nicht den Tatsachen entsprechend, deshalb griff er selbst zur Feder, um ›Les vrais mystères de Paris‹ (Die wahren Geheimnisse von Paris) zu schreiben. Das Buch kam 1847 auf den Markt. Vidocq fand Gefallen an der Schriftstellerei und verfaßte noch andere Bücher aus der Gaunerwelt, wie etwa ›Les chauffeurs du Nord‹, die Geschichte der »Fußbrenner«. Aber bereits vorher, in den Jahren 1844/45, war ein Roman erschienen, dessen Titelheld ebenfalls Vidocq nachempfunden war: ›Der Graf von Monte Christo‹. Der Autor, Alexandre Dumas der Ältere, war ein Freund Vidocqs. Noch ein anderer Dichter der Weltliteratur hatte Kontakt zu ihm: Victor Hugo. Ab 1849 besuchte er, der damals an seinem (erst 1862 vollendeten) Werk ›Les Misérables‹ (Die Elenden) schrieb, Woche für Woche Vidocq, denn er nahm den ehemaligen Flüchtling und späteren Detektiv als Vorlage für zwei Personen dieses Romans: für den gejagten Jean Valjean und seinen Jäger, Inspektor Javert.

Jäger und Gejagter – Vidocq war es in Victor Hugos weltberühmtem Roman, und er war es bis zuletzt in seinem Leben. Auch er war – wie Dumas' Graf von Monte Christo – unschuldig verfolgt und in den Kerker geworfen worden. Er hatte, um dem ungerechten Urteil zu entgehen, insgesamt fünfundzwanzigmal die Flucht ergriffen und damit einen wohl heute noch gültigen Rekord aufgestellt. Bis zu seinem vierunddreißigsten Lebensjahr war Vidocq gezwungen gewesen, entweder in Gefängnissen oder, von Polizisten gehetzt, in den Schlupfwinkeln der Unterwelt zu leben. Seine Chancen, jemals in der menschlichen Gesellschaft Fuß zu fassen, waren fast aussichtslos. Vidocq jedoch behielt auch in der Unterwelt stets eine weiße Weste. Er gab sich selbst nie auf, verlor nie Mut und Willenskraft. Und deshalb machte er Unmögliches möglich: er – der polizeilich gesuchte Strafgefangene – wurde Gründer und Leiter der Pariser »Sûreté«.

Wie ihm das alles gelang, steht in diesem Buch geschrieben.

Abgesehen von schriftstellerischen Freiheiten, die nötig waren, um aus nüchternen Tatsachen einen Tatsachenroman zu gestalten, ist nichts erfunden, sondern mit Dokumenten verschiedener Art belegt: mit Originalprotokollen, zeitgenössischen Zeitungsreportagen und mit persönlichen Aufzeichnungen von Vidocq.

w. h.

Die Weissagung der Hexe

Die nordfranzösische Stadt Arras war die Stadt der Gauner und Spitzbuben, war Treffpunkt und Schlupfwinkel der Taschendiebe, Hehler und Einbrecher, der entsprungenen Strafgefangenen, der Wegelagerer und Halsabschneider, der Falschmünzer und Falschspieler.

Für die Gesellschaft der Ganoven freilich galt diese Stadt als ideales Pflaster: sie lag auf halbem Weg zwischen den Metropolen Paris und Brüssel, den Hauptquartieren organisierter Verbrecherbanden, außerdem war sie nicht weit entfernt von den nordfranzösischen und belgischen Seehäfen, wo der Schmuggel blühte und die Beute der Piraten umgesetzt wurde.

Wer untertauchen oder dunkle Geschäfte machen wollte, kam gern nach Arras, weil er dort tausend Verstecke und Fluchtwege vorfand. Die Innenstadt war ein von mittelalterlicher Bauweise bestimmtes Labyrinth aus engen Gassen, schattigen Torbögen, Kellertreppen und unterirdischen Verbindungsgängen stillgelegter Befestigungsanlagen. Alle Wirtshäuser und Kellerlokale hatten Geheimtüren und Hintertreppen. Wenn Polizisten vorn am Eingang erschienen, waren die Galgenvögel durch die Hintertür längst ausgeflogen.

Es war ein trostloses Zuhause, diese Unterwelt von Arras, in der sich Gauner aus aller Herren Länder verborgen hielten. Sie kamen aus Frankreich und Belgien, aus Deutschland und Österreich, aus England und Holland, vom Balkan und aus der Türkei, vereinzelt sogar aus Indien und China.

Wenn schönes Wetter war, dann drängte es die lichtscheuen Gestalten manchmal hinaus aus dem Dunkel und dem Moder der Unterschlüpfe, dann erschienen sie zögernd, scheu um sich blickend, auf dem freien Waffenplatz im Stadtzentrum, wo die Sonne schien. Dort standen sie in kleinen Gruppen zwischen spielenden Kindern und einkaufenden Hausfrauen herum, teils zerlumpt, teils übertrieben elegant gekleidet. Fremdländisch wirkten sie, fast exotisch, mit ihrem billigen, auffallenden Schmuck aus Kupfer, den Armketten und Ohrringen, mit ihren grellfarbigen Halstüchern. Sie unterhielten sich in einer Sprache, die kein anständiger Mensch verstand: im internationalen Dialekt der Gauner, dem sogenannten Rotwelsch. Ihre Hände und Arme waren tätowiert. Ihre Gesichter zeigten Angst und Unruhe. Das Tageslicht waren sie nicht gewohnt, es machte sie unsicher. Überall witterten sie Gefahr. Sie schienen stets auf der Hut zu sein, stets bereit zur Flucht. Und wenn Warnrufe oder Pfiffe die Annäherung von Gendarmen signalisierten, dann huschten sie wie die Ratten davon, hinein in die Irrgärten der engen Gassen und Kellertreppen.

Obwohl der Waffenplatz inmitten der Unterwelt von Arras lag, arbeiteten und wohnten dort in den schmalen Fachwerkhäusern ehrsame Handwerker. Die zweifelhafte Nachbarschaft und die ständige Tuchfühlung mit der Verbrecherwelt beirrten sie nicht in ihrer aufrechten Gesinnung. Sie arbeiteten viel und verdienten wenig, denn damals herrschte große Armut im Volk.

Einer dieser Handwerker war der Bäcker Jean Vidocq.

In der Nacht des 23. Juni 1775, um drei Uhr früh, flackerten noch die Lichter zahlreicher Kerzen hinter den Fensterscheiben des Bäckerhauses: Madame Vidocq sah der Geburt eines Kindes entgegen.

Über Arras ging in dieser Nacht ein ungewöhnlich heftiger Wolkenbruch nieder. Selbst die ältesten Bewohner der Stadt konnten sich nicht entsinnen, jemals ein ähnliches Gewitter erlebt zu haben. Schwarzes Gewittergewölk lastete über den Häusergiebeln. Die Regenfluten rauschten aufs Pflaster nieder, ergossen sich als Wasserfall von den Dächern, bildeten Bäche in den

Straßengräben. Blitz und Donnerschlag jagten einander, und in der Ferne konnte man das Gebimmel einer Feuerglocke hören. Es war ein Wetter, bei dem man keinen Hund vor die Tür jagte.

Nur eine alte Frau war draußen auf den Gassen: Demoiselle Lenormand, die Hebamme der Stadt. Von einem Boten alarmiert, humpelte sie der Wohnung des Bäckers Vidocq zu. Eine über Kopf und Schultern geworfene Pferdedecke schützte sie notdürftig vor dem Wolkenbruch. Es war stockfinster, und nur die Blitze erhellten ihren Weg. Sie keuchte zum Waffenplatz und schlurfte durch aufspritzende Pfützen zum Bäckerladen. Als sie dort ankam, wurde die Tür aufgerissen. Schnell schlüpfte sie hinein, hinter ihr prasselte für Sekunden sturmgepeitschter Regen in den Laden. Die Tür krachte ins Schloß.

»Gut, daß Sie da sind, Demoiselle Lenormand«, sagte der Bäcker. »Es ist höchste Zeit.«

Demoiselle Lenormand warf die durchnäßte Decke ab und ächzte eilig eine schmale Treppe empor in den ersten Stock.

Der Raum, in dem Madame Vidocq lag, war klein, er wurde von dem Bett fast völlig ausgefüllt. Feuchtigkeit glänzte an den Wänden. Der Sturm rüttelte an den Fensterscheiben, sauste durch Ritzen herein, ließ die Kerzenlichter flackern.

Hier, im Kerzenschein, sah die Hebamme aus wie eine Hexe: mit ihren von einem Kopftuch beschatteten, tiefen Augenhöhlen, ihrem eingefallenen, fast zahnlosen Mund und der Nase, die rot und spitz wie eine Karotte aus dem Gesicht vorragte. Diesem Aussehen entsprach der zweifelhafte Ruf, den Demoiselle Lenormand in Arras genoß. Außer den Diensten der Hebamme verrichtete sie nämlich auch noch allerlei schwarze Künste: sie legte die Karten, bannte den bösen Blick, vertrieb Dämonen, las die Zukunft aus den Handlinien und trieb noch allerhand ähnlichen Hokuspokus für abergläubische Auftraggeber.

Den Lebenslauf jedes Kindes, das mit ihrer Hilfe zur Welt kam, pflegte sie entsprechend der besonderen Vorkommnisse während der Geburtsstunde zu deuten. Und als das Kind des Bäckers Vidocq geboren wurde – ein Knabe, der den Namen François Eugène tragen sollte –, da wies sie theatralisch auf die im Sturm klappernden Fensterläden und prophezeite mit düsterer Stimme: »Er wird ein stürmisches Leben haben, dieser François Eugène Vidocq.«

»Dragonerfranz« und andere Gauner

Über die Prophezeiung der Hebamme wurde später viel gelacht.

François Eugène Vidocq selbst pflegte als erwachsener, berühmter Mann diese Anekdote aus seiner Geburtsstunde wie einen Treppenwitz zu erzählen und hinzuzufügen: »Ich bin weit davon entfernt, zu denken, daß Petrus sich bemüßigt haben sollte, anläßlich meiner Geburt ein solches Feuerwerk zu veranstalten. Aber recht hat sie ja doch behalten, die alte Hexe: Mein Leben war in der Tat stürmisch wie kaum ein anderes.«

Daß François Eugène Vidocq ein stürmisches und abenteuerliches Leben hatte, ließ sich allerdings mit anderen Gründen als mit den meteorologischen Zufällen einer Gewitterbildung während seiner Geburt erklären: Vidocq lebte in einer Zeit, die geprägt war von politischen Wetterwechseln und schicksalhaften Entwicklungen. Er wurde hineingeboren in das von der Verschwendungssucht französischer Könige verschuldete

Chaos, in eine Welt ohne Ordnung und Gerechtigkeit. Als junger Mann erlebte er die Französische Revolution mit all ihrer Glorie und ihrem Schrecken. Aufstieg und Sturz Napoleon Bonapartes hatten auf sein privates Geschick höchsten Einfluß. Der intrigante Polizeiminister Joseph Fouché – eine diabolische Gestalt der Weltgeschichte, später in vielen Romanen und Dramen dichterisch dargestellt – spielte eine wichtige Rolle in seinem Leben. Und schließlich geriet er in das Ränkespiel, das die Epoche nach dem Sturz Napoleons kennzeichnete. Vidocq war nicht der Typ, der sich duckte und den Strom der Zeit über sich hinweggleiten ließ, sondern einer, der den unbändigen Wunsch hatte, mitzumischen im Spiel der Mächtigen. Bestehen konnte damals nur, wer sich durchzusetzen vermochte.

Und sich durchzusetzen, das lernte Vidocq schon als Kind, auf dem Waffenplatz vor dem väterlichen Ladengeschäft.

Dort spielte er mit den Söhnen und Töchtern der Gauner, mit jenen Geschöpfen, die von Geburt an mit allen Gemeinheiten und Lastern der Unterwelt vertraut waren, die nichts anderes kannten als Hinterlist, Verlogenheit und Betrug. Es war eine rabiate, egoistische, auf den eigenen Vorteil bedachte Kinderschar, in der Vidocq zwangsläufig heranwuchs. Zu prügeln oder geprügelt zu werden – das war das Gesetz der Kinder auf dem Waffenplatz von Arras, dem Spielplatz des kleinen Vidocq.

Der junge Bäckerssohn zog es vor, Prügel auzuteilen statt einzustecken. Er war ein kräftiger Bursche, überdurchschnittlich groß, breitschultrig wie ein flämischer Bauer. Das blonde Haar, das sich auf seinem Kopf kräuselte, hatte einen Stich ins Rote. Seine Lippen waren aufgeworfen. Sein Kinn trug die Narbe eines Faustschlags, und die Nase war etwas schräg: Folge eines Nasenbeinbruchs, den er sich bei einer der üblichen Meinungsverschiedenheiten auf dem Waffenplatz zugezogen hatte.

Auffallend war, daß Vidocq seine Kräfte nie an Schwächeren maß, daß er sich für die Kleinen und Schwachen sogar einsetzte. Von Stärkeren ließ er sich nichts gefallen. Als Zehnjähriger bereits war er dafür bekannt, daß er stets mit gleicher Münze heimzahlte. Wer ihm mit Heimtücke kam, den überlistete er. Wer ihn betrügen wollte, den betrog er selbst. Wer ihn zu berauben beabsichtigte, wenn er das Brot aus der väterlichen Bäckerei zur Kundschaft trug, der riskierte blaue Flecken. Und wenn es sein mußte, wehrte Vidocq sich auch gegen Erwachsene. Manch schräger Vogel aus der Verbrecherwelt hatte seine Lektion von ihm bezogen und sann auf Rache.

Zwei Männer jedoch gab es, gegen die Vidocq sich nicht wehrte.

Der eine war sein Vater, geizig und jähzornig, freigebig nur mit Ohrfeigen. Undenkbar für seinen Sohn, gegen ihn die Hand zu erheben, auch wenn er noch so ungerecht behandelt wurde.

Der zweite war ein gewisser Jacques de Payant, zehn Jahre älter als der junge Vidocq, ein Dieb und Betrüger, dabei klug, gebildet und vornehm erzogen, denn er stammte aus adliger Familie. Vor einigen Jahren war er aus dem Schloß seiner Eltern in der Nähe von Paris davongelaufen, weil er sich von der schillernden Unterwelt in Arras auf merkwürdige Weise angezogen fühlte. Hier, bei den Desperados, dem asozialen Gesindel, genoß er dank seiner Herkunft und Bildung hohes Ansehen.

Auch Vidocq bewunderte ihn. Vor lauter Begeisterung dachte er kaum noch daran, daß Jacques de Payant ein Verbrecher war. Er ließ sich blenden von den imponierenden Eigenschaften des Aristokraten, der auch in der Gosse von Arras noch den Glanz der vornehmen

Welt verkörperte, mit seinen Manieren, seiner sprachlichen Gewandtheit, seiner Bildung. Jacques de Payant beherrschte mehrere Sprachen, er konnte lesen, schreiben und rechnen, ja sogar fechten, seltene Künste in einer Zeit, in der es für die Kinder der Armen keine Schulen gab und nur junge Adlige von Privatlehrern erzogen wurden. Das Ansehen, das Payant genoß – wenngleich ein zweifelhaftes Ansehen –, bewies Vidocq, daß nur Erfolg haben konnte, wer anderen an Wissen und Bildung überlegen war – mit einem Wort: wer etwas gelernt hatte.

Vidocq wollte Erfolg haben, und deshalb beschloß er, Unterricht zu nehmen. Seine Lehrer allerdings mußte er sich selbst suchen.

Naheliegend war es für ihn, die Fechtkunst zu erlernen, die Handhabung von Säbel und Florett, denn sie diente ihm einesteils zur Selbstverteidigung, anderseits galt sie als Privileg der Aristokratie, als Voraussetzung dafür, von der guten Gesellschaft anerkannt zu werden.

In Arras gab es einen Fechtboden, wo die angehenden Offiziere aus adligen Häusern der Umgebung ihren Unterricht erhielten. Dorthin ging Vidocq, als er zwölf Jahre alt war, im Sommer 1787. Niemand hatte etwas dagegen, daß der Junge mit seiner geflickten Hose und dem zerrissenen Hemd herumstand, zuschaute und aufmerksam verfolgte, was der Fechtlehrer da alles zeigte und erklärte: Schlagabtausch, Körperdrehung, Paraden und Kontraparaden, Schrittwechsel und Scheinangriffe. Vidocq erfuhr, daß die einzelnen Säbelhiebe genau vorgeschrieben waren und besondere Namen hatten: Cercle, Prim, Sekond, Terz, Quart, Quint. Eine Quint beispielsweise war der gezielte Hieb oder Stich aus einer Linksdrehung heraus auf eine von der linken Hüfte zur rechten Schulter des Gegners führende Linie. Fechten war gar nicht so einfach, wie es aussah.

Eines Tages ergriff Vidocq einen der umherliegenden Säbel. Er ließ ihn durch die Luft sausen, scheinbar spielerisch und beiläufig, tatsächlich aber führte er exakte Hiebe aus, ganz nach den Vorschriften der Fechtkunst.

Zum Spaß forderte er nach einiger Zeit den Fechtmeister zu einem Schlagabtausch heraus. Dieser Mann, ein älterer Offizier, war von dem Ansinnen amüsiert. Nachsichtig lächelnd ging er auf die Herausforderung ein, um dem armen Jungen eine Freude zu machen.

Die beiden stülpten Fechtmasken aus Drahtgeflecht über die Köpfe, zogen lederne Fechtjacken aus schwerem Büffelleder an, Ellenbogenschützer und Fechthandschuhe, damit sich keiner verletzte, und dann ging es los.

Der Fechtmeister gebrauchte den Säbel zunächst nur höchst nachlässig, denn er dachte, daß es hier bloß um ein Spielchen mit einem Laien ging. Doch plötzlich merkte er, daß dieser Knabe Säbelhiebe führte, eine Quint schlug, eine Terz, geschickt und sicher. Erstaunt sah er, wie sein Gegner, der um einen Kopf kleiner war als er, ihn mit Scheinangriffen verwirrte, und ehe er sich's versah, krachte ihm die Klinge zweimal gegen die Fechtmaske.

»Bravo!« rief der Fechtmeister aus dem schützenden Drahtgeflecht des Kopfschutzes hervor. »Du bist ja ein Talent! Wo hast du denn das gelernt?«

»Bei Ihnen.« Vidocqs Stimme tönte dumpf unter der Fechtmaske.

»Das gibt es doch nicht!« rief der Fechtmeister, der Mühe hatte, weitere Schläge zu parieren. »Du bist doch hier nur herumgestanden. Du mußt doch irgendwo Unterricht genommen haben!«

»Ich habe eben aufgepaßt, was Sie gesagt haben, das war alles«, erwiderte Vidocq.

»Alle Achtung! Ich wollte, ich hätte mehrere solcher Schüler.«

Bei diesen Worten ging der Fechtmeister zum Angriff über, doch Vidocq wehrte die Säbelhiebe ab, er tänzelte einige Schritte zurück, ganz vorschriftsmäßig, dann schnellte er überraschend vor – und der Fechtmeister mußte wieder einen Hieb einstecken.

Inzwischen waren einige Fechtschüler hinzugetreten. Sie standen im Kreis um die Kämpfer herum, tuschelten, staunten. Der alte Offizier begriff, daß es hier, vor den Schülern, um sein Ansehen als Lehrmeister ging. Er nahm all seine Kunst, die Erfahrung eines jahrzehntelangen, duellerprobten Offizierslebens zusammen und attackierte den Jungen mit einer Serie von Schlägen. Vidocq wehrte sich meisterhaft, er parierte Schlag um Schlag, die Klingen pfiffen durch die Luft, klirrten aneinander, blinkten in den Sonnenstrahlen, die durch das Fenster fielen. Der Fechtlehrer atmete schwer. Nur allmählich gelang es ihm, die Oberhand über diesen klug und geschickt kämpfenden Jungen zu gewinnen. Vidocq hingegen war auf die Dauer der Routine des alten Offiziers nicht gewachsen, er steckte eine Serie von Hieben ein, fand sich plötzlich in eine Ecke gedrängt und mußte aufgeben.

Nach dem Kampf nahmen beide die Fechtmasken ab, die Gesichter erhitzt, rot, schweißüberströmt. Der Fechtlehrer nickte anerkennend, zog die Handschuhe aus und strich sich das graue Haar aus der Stirn.

»Fabelhaft«, sagte er und klopfte Vidocq auf die Schulter. »Aus dir kann ein großer Säbelfechter werden. Wenn es wahr ist, daß du noch nie geübt hast, dann bist du das größte Talent, das ich kenne. Ich werde dich ausbilden. Du kommst jetzt täglich hierher und nimmst an den Übungen teil. Ab sofort.«

Gleichzeitig mit dem Fechten versuchte Vidocq auch noch Fremdsprachen zu erlernen. Vorerst beherrschte er außer seiner Muttersprache nur das in Nordfrankreich übliche Flämisch. Das war ihm zu wenig. Er wollte noch Deutsch, Englisch und Holländisch sprechen, wie Jacques de Payant, sein Vorbild. Ein Lehrer für den Bäckerssohn ließ sich freilich nicht finden. Aber es gab Leute aus fremden Landen zur Genüge in Arras – in der Unterwelt. Sie konnten ihm – so überlegte Vidocq – ihre Muttersprache sicherlich recht und schlecht vermitteln, nicht nach pädagogischen Grundsätzen natürlich, sondern allein durch Sprechen und einige Erklärungen. Es galt nur noch, die geeigneten Leuten zu finden.

Zu diesem Zweck pirschte Vidocq in die Unterwelt, und dort fand er dann auch seine Lehrer, Männer mit dunkler Vergangenheit und seltsamen Namen: den »Dragonerfranz« aus Wien beispielsweise, der ihm Deutsch beibrachte – genaugenommen Wiener Dialekt. Holländisch lernte er von einem Schwindler, der in Verballhornung des sagenhaften »Fliegenden Holländers« der »Lügende Holländer« genannt wurde. Mit »Ebbe-Jack« – einem ehemaligen Freibeuter aus England, in dessen Geldbörse ewige Ebbe herrschte – sprach er englisch.

Und noch eine Sprache lernte Vidocq zwangsläufig von den Ganoven: das Rotwelsch, den seltsamen Dialekt der Gauner und Bettler. Es war ein internationales Kauderwelsch, das sich aus Wörtern alter und neuer, abendländischer und orientalischer Sprachen zusammensetzte. Gewisse Vokabeln dieser Gaunersprache sind noch in der Umgangssprache unserer Zeit erhalten: »berappen« zum Beispiel, »foppen«, »mogeln« oder »verscherbeln«. Für den Bürger jener Tage war das Rotwelsch kaum verständlich. »Für ein Butterbrot arbeiten« hieß in der Gaunersprache: »For an Knacken trafaken.« »Friß, Vogel, oder stirb« hieß: »Schnapp, Flattrer, zi stieb ab.« »Die Zeche prellen« hieß: »Kretschmer filutiern.« Kein Wunder, daß dieses Kauderwelsch Geheimsprache und Erkennungszeichen der

Gauner war. Wer Rotwelsch sprach, genoß sofort ihr Vertrauen, denn er bewies, daß er einer der ihren war. Wer Rotwelsch verstand, konnte belauschen, was sie miteinander sprachen, berieten und planten, konnte erfahren, wo und wann ein Gaunerstreich verübt werden würde.

Abbé Constantin: Seelsorger der Gottlosen

Um Lesen, Schreiben und Rechnen zu lernen, wandte sich der junge Vidocq an Abbé Constantin, einen grauhaarigen Geistlichen, der es sich zur Aufgabe gemacht hatte, den Gaunern das Wort Gottes zu verkünden und sie zum Guten zu bekehren. Da sie nicht zu ihm in die Kirche kamen, kam die Kirche in Gestalt des Abbé Constantin zu ihnen, in ihre Schlupfwinkel, Elendsquartiere und in ihre Kaschemmen. Wenn der Abbé durch die Straßen schritt oder eine Verbrecherkneipe betrat, mild und gütig, dann wurde er von allen Seiten belächelt und verspottet. Er trug es mit Gottergebenheit. Seine Mühen, das wußte er wohl, waren so gut wie umsonst, denn er predigte tauben Ohren, und nur ganz selten gelang es ihm, eines der schwarzen Schafe seiner Herde auf den richtigen Weg zurückzuführen. Diese seltenen Erfolge aber machten ihn stolz, sie gaben ihm Mut und Hoffnung für sein Werk.

Eines Abends saß er im Wirtshaus »Zum Henker« an einem Tisch und sprach auf einen alten Mann ein, den die Unterwelt »Gurru« nannte. »Gurru« war ein ehemaliger Taschendieb, dessen zittrige Hände nicht mehr zum Griff in fremde Geldbörsen taugten und der sich nun als Schmierensteher, als Aufpasser bei Einbrüchen, ein Gnadenbrot verdiente. Er ließ die Worte des frommen Mannes zu einem Ohr hinein- und zum anderen hinausgehen und trank gelegentlich einen Schluck Rotwein aus einem irdenen Becher.

In diesem Augenblick trat der junge Vidocq an den Tisch heran. »Guten Abend, Abbé Constantin, ich habe eine Bitte.«

Der Priester wandte den Blick von dem Greisengesicht ab und schaute auf den armselig gekleideten Jungen, der da vor ihm stand.

»Du bist doch der Sohn des Bäckers«, sagte er bestürzt. »Was machst du denn hier in dieser verrufenen Kneipe?«

»Ich bin hier, um eine Bitte an Sie zu richten, Abbé.«

»Wenn die Erfüllung dieser Bitte in meiner Macht steht, will ich dir gern helfen, mein Sohn. Sprich!«

»Ich möchte von Ihnen lesen, schreiben und rechnen lernen.«

Der alte »Gurru« kicherte hämisch und setzte den Becher an die Lippen. Rotwein lief ihm übers Kinn und tropfte auf den Tisch.

Abbé Constantin blickte Vidocq fassungslos an. »Du machst dich doch nicht etwa lustig über mich?«

»Nein, Abbé Constantin, ich will wirklich etwas lernen von Ihnen.«

»Aber...«, der Priester schüttelte sein graues Haupt, als hätte er etwas vernommen, was er nicht glauben konnte, »... hier will doch keiner etwas Anständiges lernen.« Er faßte Vidocq scharf ins Auge. »Ist das dein Ernst?«

»Ja.«

»Man lernt nicht so schnell lesen und schreiben – das ist mühevoll und langwierig.«

»Das macht nichts. Es ist mein fester Wille.«

»Hm. Also gut. Ich will dir gern helfen. Komm, setz dich hier an den Tisch – oder nein, es ist besser, wir gehen von hier fort. Komm mit, in die Sakristei meiner Kirche, dort sind wir ungestört.« Der Abbé erhob sich und verließ an der Seite des jungen Vidocq das Wirtshaus »Zum Henker«.

François Eugène Vidocq wurde im Laufe der nächsten zwei Jahre die Freude des Abbé Constantin. Der alte Priester hatte endlich einen Menschen gefunden, der ihm aufmerksam lauschte – wenn es auch nicht das Wort Gottes war, das er verkündete, sondern das Abc und das Einmaleins. Vidocq nahm die Mühe des Unterrichts auf sich, weil er aus dem Sumpf herauswollte, in den er hineingeboren worden war: in die Armut und das Elend der bürgerlichen Welt des ausgehenden 18. Jahrhunderts. Der Staat war bankrott, mit 4000 Millionen Francs verschuldet. König Ludwig XVI., der Marie Antoinette geheiratet hatte, die Tochter Maria Theresias, versuchte die finanzielle Misere durch gnadenlose Steuerforderungen gegenüber dem kleinen Mann zu retten. Er belegte den sogenannten »dritten Stand« – die Handwerker, Bürger und Bauern – mit einer Vielfalt von Abgabepflichten, mit Grund- und Vermögenssteuern, mit Kopfsteuern, Zöllen, Salzauflagen und dergleichen mehr. Da seine Herrschaft absolutistisch war – er hatte als König die unbeschränkte gesetzgebende und vollziehende Gewalt –, konnte er die Steuerschraube dermaßen zudrehen, daß die von ihm geschröpften Handwerker, Bauern und Bürger kaum mehr das Brot zum Leben verdienten. Sie hatten keine Chance, dem Würgegriff der königlichen Steuerforderungen zu entkommen. Der Staat setzte Polizei, Gendarmerie, ja sogar Militär ein, wenn es galt, dem kleinen Mann die letzten Francs abzunehmen. Im Namen des Königs drangen schwerbewaffnete Miliztruppen in die armseligen Häuser der kleinen Leute, auf der Suche nach den Spargroschen, und wenn sie kein Geld fanden, dann rafften sie Gegenstände des täglichen Gebrauchs zusammen: Teller, Bestecke, Bettücher und Kleider. Fanden sie nichts mehr an Wertgegenständen, dann nahmen sie den Familienvater mit, steckten ihn ins Gefängnis, in die Schuldtürme und Kettenhäuser, so lange, bis seine Frau auf irgendeine Weise einige Francs zusammengekratzt hatte, um fällige Steuern für den König zu zahlen und den Ernährer auslösen zu können. Die Armen wurden immer ärmer – und die Reichen immer reicher.

Die Zeit war reif für eine Revolution.

Vidocqs Vater zahlte, zähneknirschend wie alle anderen Handwerker auch, die Steuern an den König. Büßen mußten dafür in erste Linie seine Frau und die Kinder. Sie gingen in Lumpen gekleidet und hatten immer Hunger. Obwohl es täglich frisches Brot gab in der Bäckerei, erhielten sie nur spärliche Rationen, wesentlich weniger als die Leute, die sich das Brot mit ihren letzten Francs kaufen mußten. Madame Vidocq sparte sich für die Kinder das Essen vom Munde ab, und deshalb war sie immer blaß, immer etwas kränkelnd. Die Arbeit ging über ihre Kräfte. Der Bäcker selbst allerdings gönnte sich einiges. Er wirkte wohlgenährt und war immer gut gekleidet, kaufte sich auch hin und wieder eine neue Hose oder einen Gehrock, weil er – wie er sich auszudrücken pflegte – in seinem Laden einen ordentlichen Eindruck machen müsse.

Der geheime Geldschatz

Man schrieb Ende Juni 1789, und François Eugène Vidocq war gerade vierzehn Jahre alt geworden, als er eines Nachmittags, während die Eltern nicht zu Hause waren, in der Backstube des Vaters neben den noch glühenden Backöfen an der sonst stets sorgfältig verschlossenen, eisenbeschlagenen Truhe den Schlüssel stecken sah. Vater hatte wohl vergessen, ihn abzuziehen.

Vidocq, von Neugier gepackt, drehte den Schlüssel. Das Schloß knirschte, schnappte und sprang auf. Er hob den Deckel und prallte zurück. Vor ihm schimmerten Münzen, viele silberne Münzen! Er ließ sie durch die Finger laufen. Rasselnd und klingelnd fielen sie in die Truhe zurück. Es mußten Hunderte, vielleicht sogar Tausende von Francs sein, die da in der Truhe lagen – ein Vermögen für einen Handwerker!

Vidocq ließ den Deckel zufallen und drehte den Schlüssel. Dann taumelte er hinaus auf den Platz. Fragen stürmten auf ihn ein. Woher kam das viele Geld? Warum gab der Vater seiner Familie kaum etwas zu essen, obwohl er diesen Schatz besaß? Warum war die Mutter krank und schwächlich, obwohl Vater soviel Geld hatte, daß sie sich satt essen könnten? Warum mußten sie und die Kinder wie Bettler gekleidet herumlaufen, wenn Vater ein reicher Mann war?

Der junge Vidocq hatte das Bedürfnis, mit Abbé Constantin zu sprechen. Ihm wollte er seine Fragen und Zweifel anvertrauen.

Er lief zur Kirche. Sie war verschlossen. Also mußte sich der Priester irgendwo in einer verrufenen Kneipe befinden, wo er sicherlich wieder einmal bemüht war, einen Verbrecher von der schiefen Bahn abzubringen.

Auf der Suche nach dem Abbé verschwand Vidocq im Schatten der engen Gassen. Verstört, noch immer mit seiner bestürzenden Entdeckung beschäftigt, drang er tiefer in das Verbrecherviertel von Arras ein.

»He, Vidocq!« Eine Stimme schreckte ihn aus seinen Gedanken. Er fühlte sich am Arm gepackt, verhielt seinen Schritt. Neben ihm stand Jacques de Payant, der Adlige unter den Gaunern, flott gekleidet mit blauen Pantalons, weißen Gamaschen, gelbem Frack, violettem Hemd und roter Krawatte. Er wirkte in seiner Farbenpracht wie ein Papagei. Ein elegantes Spazierstöckchen wirbelte in seiner Hand. »Wohin gehst du, Vidocq? Du blickst ja weder nach links noch nach rechts. Träumst du?«

»Laß mich in Ruhe!« Vidocq riß sich los und ging weiter.

Jacques de Payant blieb ihm auf den Fersen. »Komm«, sagte er, »ich spendiere ein Glas Wein.«

»Scher dich zum Teufel!«

»Warum so unwirsch, Vidocq? Ich dachte immer, du seist mein Freund. Jedenfalls warst du immer freundlich zu mir.«

»Ich will zum Abbé«, sagte Vidocq leise, Verzweiflung in der Stimme.

Jacques de Payant zog die Augenbrauen erstaunt hoch. Er betrachtete den düster vor sich hin schreitenden Vidocq von der Seite. Der Wunsch des Jungen nach einem Seelsorger verriet, daß er in trostloser Stimmung war. Und trostlose Stimmungen, das wußte ein Typ wie Payant sehr wohl, ließen sich irgendwie ausnützen. Er beschloß, dem jungen Vidocq seine besondere Form von »Seelsorge« angedeihen zu lassen. Zwar konnte er sich noch nicht vorstellen, was dabei herauskommen würde, aber gefühlsmäßig witterte er einen Vorteil für sich.

»Komm, mein Junge«, sagte er, scheinbar besorgt, »ich habe den Eindruck, daß ich dich jetzt nicht allein lassen sollte. Du bist traurig, das sehe ich dir an, du brauchst einen Freund, und ich fühle mich verpflichtet, dir zu helfen. Wer weiß, ob du den Abbé jetzt überhaupt findest. Du kannst ihn ja später noch suchen. Jetzt brauchst du einmal was Kräftiges in den Magen.« Mit diesen Worten zog er Vidocq durch die geöffnete Tür einer Kaschemme, ins übelbeleumundete »Café Bellevue«.

Vidocq leistete keinen Widerstand mehr. Er war plötzlich sogar dankbar, irgend jemanden zu haben, mit dem er sprechen konnte.

Das Café trug den Namen »Bellevue« – »Schöner Blick« – wahrlich zu Unrecht. An den schmutzigen Fenstern hingen Spinnweben, das Gebälk war verräuchert, und auf den Tischen zeichneten sich die Spuren vertrockneter Rotweinflecken wie die Umrisse einer Landkarte ab. Das Lokal war leer, denn zu dieser Stunde pflegten die meisten Gauner zu schlafen. Es roch nach kaltem Pfeifenrauch, nach säuerlichem Wein und angebrannten Kartoffeln.

Payant drängte den Jungen hinter einen Tisch auf eine Bank. Beide setzten sich. Vidocq stützte den Kopf in die Hände.

Eine fette Frau kam aus der Küche gewatschelt. Ihr ehemals elegantes langes Kleid mit dem gefälteten Rock und den weiten Ärmeln – Diebsgut eines Einbruchs bei Aristrokraten sicherlich – starrte vor Schmutz und paßte nicht zu ihrem schwammigen Gesicht, in das die Haarsträhnen hingen.

»Guten Tag, Herr Graf«, sagte sie mit einem Bückling zu Jacques de Payant, den sie offensichtlich als Stammkunden schätzte, »was darf's denn sein?«

»Zwei Brote, mit Fleisch belegt, und zwei Becher Wein, vom besten.«

»Sofort, Herr Graf.« Sie schlurfte davon.

Jacques de Payant legte Spazierstock und Zylinder vor sich auf den Tisch und holte eine silberne Schnupftabakdose aus seinem gelben Frack. Er bot Vidocq eine Prise an.

Vidocq schüttelte den Kopf.

Umständlich nahm Payant selbst eine Prise, dann beugte er sich zu Vidocq. »Also, mein Freund«, flüsterte er, »du hast doch etwas auf dem Herzen – sprich dich aus. Mit mir kannst du reden.«

Vidocq schwieg.

Jacques de Payant wußte, daß er jetzt warten müsse. Irgendwann würde Vidocq den Mund auftun.

Die Zeit verstrich. Fliegen summten durch den Raum. Aus der Küche hörte man das Klappern von Geschirr.

Kurz darauf kam die Wirtin mit dem Wein und den Broten.

»Noch etwas, Herr Graf?«

»Wir wollen nicht gestört werden, Madame, wir haben zu reden.«

Die Wirtin zog sich zurück. Payant setzte den Becher an den Mund und trank in kleinen Schlucken. Vidocq ergriff ein Brot, biß hinein, offensichtlich ohne rechten Appetit, denn er kaute lange an dem Bissen herum. Dann sagte er: »Jacques, du kennst doch meinen Vater.«

»Gewiß.«

»Wir haben daheim kaum zu essen, kaum etwas anzuziehen.«

»Ja, das ist ganz natürlich – denn dein Vater ist dumm genug, von ehrlicher Arbeit zu leben. Dabei kann man keine Reichtümer erwerben.«

»Er ist reich.«

Payant stutzte. Nun schien es ihm ratsam, vorsichtig zu sein und Vidocq nicht mit Fragen zu irritieren. Er beschloß zu warten, bis der Junge von sich aus weiterreden würde.

»Hör zu, Jacques, ich will dir etwas anvertrauen. Wenn du versprichst, daß du es niemandem erzählst.«

»Ich verspreche es.« Payant hob die Rechte zum Schwur.

»Mein Vater hat viel Geld.«

»Wo?«

»In der Bäckerei, in einer Truhe, neben den Backöfen.«

»Bist du sicher?«

»Ich hab' es selbst gesehen. Viel Geld, ein paar hundert oder ein paar tausend Francs, ich weiß es nicht genau.«

Beide schwiegen. Jacques de Payant überlegte, wie er an dieses Geld herankommen könnte.

Vidocq riß ihn aus seinen Gedanken. »Was glaubst du wohl, woher er das Geld hat? Hältst du es für möglich, daß er es auf unehrliche Weise...«

»Nein«, schnitt ihm Payant das Wort ab, »wenn dein Vater krumme Geschäfte machen würde, wüßte ich das. Hier in Arras entgeht mir nichts.« Er lächelte überlegen.

»Wie kann er dann so viel Geld besitzen?«

»Nun, er wird es gespart haben. Jahrelang gespart, auf deine Kosten. Auf Kosten deiner Mutter...« Payant merkte, daß Vidocq bei diesen Worten den Mund zusammenkniff. Instinktiv fühlte er, daß er den schwachen Punkt des Jungen getroffen hatte und daß es ratsam war, weiter in diese Kerbe zu schlagen. »Schau dir deine Mutter an«, fuhr er leise fort, »sie ist eine schöne Frau. Dein Vater läßt sie im Kittel und einer geflickten Bluse herumlaufen, als ob sie zum Gesinde gehören würde. Sie schaut aus, als ob sie am Verhungern wäre, blaß und müde und mager. Krank ist sie auch. Und dabei hat dein Vater so viel Geld, er hat einen dikken Bauch und ist immer fein gekleidet...«

»Ja, das wundert mich, er ist besser angezogen als die anderen Handwerker.«

»Die haben auch weniger Geld als dein Vater.«

»Wieso?«

»Überlege doch einmal: Als Bäcker hat er einen Vorteil gegenüber allen anderen Handwerkern. Wenn die Kunden kaum noch Geld haben, dann sparen sie an den Kleidern, am Küchengeschirr, an den Möbeln, dann hungern der Schneider, der Töpfer und der Schreiner – der Bäcker aber hungert nie. Brot braucht man immer. Dafür werden die letzten Francs lockergemacht. Dein Vater – er hat immer gut verdient! Nur ihr habt nichts davon gehabt. Deine Mutter nicht und du selbst auch nicht. Und so ist es ihm gelungen, eine Truhe voll Geld zu sparen, für seine persönlichen Vergnügen. Komm, trink.« Er schob Vidocq das Weinglas zu.

»Dieser Schuft!« stieß Vidocq hervor. »Ich schäme mich, sein Sohn zu sein. Am liebsten würde ich ihm . . .« Er brach den Satz ab.

Jacques de Payant grinste. »Sprich leise. Was würdest du am liebsten tun?«

»Offen gestanden, ich würde ihm am liebsten das Geld nehmen und dafür meiner Mutter schöne Kleider kaufen, Fleisch, Gemüse, Obst, damit sie sich ordentlich satt essen kann und sich erholt.«

Eine Schmeißfliege kroch über den Tisch. Jacques de Payant ließ die Hand drauf niedersausen. Als er die Hand hob, war ein neuer Fleck auf dem Tisch.

»Du bist«, sagte der Gauner, während er die Reste der zerquetschten Fliege von der Hand wischte, »ein elender Schwätzer. Du machst zu viele Worte. Tu's doch! Nimm ihm das Geld – und gib's deiner Mutter. Ich helfe dir dabei.«

»Du bist wohl verrückt – he?« Vidocq blickte auf Payant. »Denk bloß nicht daran, meine Eltern zu bestehlen.«

»Wir bestehlen doch deine Eltern nicht. Wir nehmen ja deiner Mutter nichts weg, sondern nur deinem Vater, dem alten Geizkragen.«

Vidocq griff zum Becher. »Jacques«, sagte er nach einer Weile, »ich wollte dich schon immer etwas fragen. Warum verdienst du dir dein Geld durch Gaunereien? Ich begreife das nicht. Du hättest es doch nicht nötig. Deine Familie ist reich. Du könntest in einem Schloß wohnen – aber du reißt von zu Haus aus, lebst hier in der Gosse von Arras. Und verübst Verbrechen, die dich aufs Schafott bringen können. Warum tust du das?«

»Weil's Spaß macht.«

Vidocq blickte ihn verwundert an.

»Ja, weil's Spaß macht«, wiederholte Jacques de Payant. »Glaube mir, es gibt nichts, was langweiliger ist, als das Geld reicher Eltern auszugeben, ein geruhsames Leben zu führen, ohne Risiko und ohne Abwechslung. Es ödet mich an, in Gesellschaft geistloser und witzloser Leute die Zeit totzuschlagen. Ich habe das lange genug mitgemacht. Jetzt, in Arras, plagt mich keine Langeweile. Bei jedem Einbruch riskiere ich, in Ketten geschmiedet zu werden oder den Kopf abgeschlagen zu bekommen – das ist ein Nervenkitzel, der mich munter hält. Der Polizei ein Schnippchen zu schlagen – das macht Spaß. Und hier unter diesem Gesindel zu leben, unter den Halsabschneidern und Wegelagerern, Taschendieben und Falschspielern, unter diesen Bestien, die einen jeden Augenblick hinterrücks anfallen können – das vermittelt mir den Reiz des Risikos, den vielleicht ein Tierbändiger so herrlich findet. Verstehst du jetzt, warum ich aus dem Schloß meiner Eltern ausgerissen bin?« Er blickte auf Vidocq und fügte hinzu: »Nein, ich sehe schon, du verstehst das nicht.«

»Ich könnte verstehen«, sagte Vidocq, »wenn einer wie ich ausreißt, von zu Hause und die Brücken hinter sich abbricht, wenn einer wie ich davonläuft und den Dreck von Arras zurückläßt, dieses Elend und diese Armut. Wenn einer wie ich ein neues Leben sucht, das könnte ich verstehen, aber . . .«

»Ich hab's schon gesagt, du bist ein Schwätzer. Tu's doch. Reiß aus. Jetzt bietet sich die Möglichkeit...« Im Eifer des Gesprächs verfiel Jacques de Payant in die Gaunersprache: »Wenn dein Herksplag – dein Vater – nicht daheim ist, stieren wir seinen Zaster ab und machen halbe-halbe. Dann gibst du deiner Gatschn – deiner Mutter – einen Teil und verschwindest mit dem Rest.«

»Meine Mutter würde dieses Geld niemals nehmen. Und mein Vater würde mich totschlagen.«

»Dein Herksplag sieht dich doch nicht mehr. Wenn er heimkommt und die Bescherung entdeckt, bist du längst über alle Berge. Dann liegt ein neues Leben vor dir. Ich habe gehört, daß du lesen und schreiben kannst. Was nützt dir denn das hier in Arras? Hier lachen sie dich doch nur aus, weil du dir die Mühe machst, das alles zu lernen. Du mußt hinaus in die weite Welt. Du hast doch alle Chancen, jetzt, wo du weißt, daß in der Werkstatt deines Vaters viel Geld zu holen ist.«

Jacques de Payant zog seine Schnupftabakdose heraus, nahm eine Prise und beobachtete aus den Augenwinkeln heraus, ob das Gift wirkte, das er dem Knaben da geschickt einträufelte. Es machte ihm Spaß, dieses Spielchen mit den Gewissensbissen eines jungen Menschen. Daß er Vidocq damit ins Verderben stoßen konnte, erhöhte für ihn nur den Reiz. Den Widerstand des Jungen ins Wanken zu bringen, ihn mit schönen Worten auf die schiefe Bahn zu treiben – das war für ihn eine Herausforderung, eine Art sportlicher Wettkampf. Er wollte, daß das Böse über das Gute siegte. Der Nervenkitzel, den er dabei genoß, war ihm mehr wert als die zu erwartende Beute.

»Es ist doch gar kein Diebstahl«, säuselte er, indem er Vidocq auf die Schulter klopfte, »sondern nur eine Strafe für deinen Vater, eine gerechte Strafe dafür, daß er sich selbst mästet und gut kleidet – ohne Rücksicht auf deine arme Mutter, die er wie eine Bettlerin herumlaufen und hungern läßt. Eine Strafe auch dafür, daß er dich wie Dreck behandelt. Er hat doch gar kein Interesse, daß etwas aus dir wird. Du mußt das ändern, Vidocq! Selbst ist der Mann. Jetzt bietet sich die Gelegenheit. Sie kommt so schnell nicht wieder.«

Vidocq setzte den Becher an den Mund und trank aus.

»Wirtin, noch zwei Becher Wein!« rief Jacques de Payant flugs.

»Sofort, Herr Graf.« Draußen in der Küche gluckerte Wein aus dem Faß in die Becher.

»Hör mir genau zu«, flüsterte Payant. »Ich habe da eine Idee ...«

Flucht aus dem Elternhaus

Drei Tage später fuhr der Bäcker Vidocq am Morgen mit einem geliehenen Eselskarren aufs Land, um Mehl von einem Bauern zu holen. Seine Frau stand im Laden und wartete auf Kundschaft.

Plötzlich wurde die Tür aufgerissen. Herein stürzte ein Mann, den Madame Vidocq nicht kannte. Er trug ein gelbes Halstuch, und seine Arme waren mit Tätowierungen übersät: Kennzeichen dafür, daß er zur Zunft der Gauner gehörte.

»Madame«, keuchte er, »kommen Sie schnell, Ihr Sohn ...«

»Was ist ...? Sprechen Sie! Was ist mit meinem Sohn?«

»Oh, es ist furchtbar. Ihr Sohn ... da drüben in der Kneipe ... Er ist in eine Schlägerei verwickelt. Er prügelt alles zusammen, was ihm in die Quere kommt. Die Wirtin liegt schon auf dem Boden, er verwüstet das ganze Lokal. Ich weiß nicht, was in ihn gefahren ist. Kommen Sie schnell, Madame, vielleicht können Sie ihn beruhigen. Es ist entsetzlich! Er stürzt sich noch ins Unglück, der arme Junge.«

Die Mutter hastete aus dem Laden, versperrte die Tür, zog den Schlüssel ab und lief dann mit wehendem Kittel hinter dem Fremden her, der sie in eine der engen Gassen führte, zu jener Verbrecherkneipe, in der François angeblich in Bedrängnis war.

In Wahrheit jedoch stand Vidocq unweit des elterlichen Ladens im Schatten einer Toreinfahrt verborgen und beobachtete den Vorgang. Als er sah, wie seine besorgte Mutter aus dem Laden rannte, um ihm zu helfen, kamen ihm die Tränen, aber nur einen Augenblick lang, dann faßte er sich wieder. Er trat aus seinem Versteck hervor und lief auf den Bäckerladen zu, wo er – wie vereinbart – gleichzeitig mit Jacques de Payant eintraf. Hinter dem Gauner standen einige Männer, tätowiert, mit Halstüchern.

»Ich mache nicht mit!« rief Vidocq.

Jacques de Payant stutzte. »Was sagst du da!« fuhr er ihn an. »Du bist wohl verrückt? Warum willst du plötzlich kneifen? Die Sache war abgemacht, und sie wird ausgeführt. Glaubst du, ich lasse mir den ganzen Plan von dir vermasseln? He?«

Vidocqs Blick fiel auf die Ladentür. Einer der Banditen war gerade dabei, mit einem Haken im Schloß herumzustochern. Ehe Vidocq ihn wegstoßen konnte, sprang die Tür auf. Die anderen Männer drängten ihn in den Laden hinein und drückten die Tür wieder zu.

»Du bleibst jetzt hier an der Theke stehen, wie abgemacht«, sagte Payant zu Vidocq, »und wenn jemand kommt, dann verkaufst du ihm in aller Ruhe das Brot.«

»Halt, ich habe gesagt, daß ich nicht mitmache. Geht raus! Raus mit euch!«

Die Männer lächelten.

»Du tust, was abgemacht war«, sagte Payant zornig.

»Nein, Jacques, laß die Sache fallen! Ich bitte dich, um Himmels willen, laß es sein!«

Jacques de Payant kümmerte sich nicht um Vidocq, sondern stürmte an der Spitze seiner Gaunerschar in die Backstube, wo die Truhe stand.

Vidocq rannte hinter ihm her und versuchte ihn wegzustoßen. »Laß das! Rühr die Truhe nicht an!«

»Geh raus in den Laden – raus! Verkauf Brot, wenn jemand kommt. Wir erledigen das hier schon.«

»Nein . . ., ich will nicht, ich mache nicht mit!«

»Mein guter Junge, wenn du nicht aufhörst, verrückt zu spielen, laß ich dir von meinen Freunden hier einen über den Kopf ziehen.«

»Dann schlagt mich von mir aus tot. Ich will nicht mithelfen, meinen Vater zu bestehlen. Laßt es sein. Außerdem steckt der Schlüssel nicht in der Truhe!«

»Das ist kein Problem.« Payant winkte einen seiner Komplicen herbei, einen muskelbepackten Kerl, der eine eiserne Stange unter seiner Jacke hervorzog. Er zwängte sie in den Spalt zwischen Truhenrand und Deckel, drückte sie federnd nach unten – und mit einem Krach sprang die Truhe auf. Teile des zerborstenen Schlosses fielen zu Boden.

Beim Anblick des vielen Geldes verloren die Gauner ihre Beherrschung. Sie drängten vor, bückten sich, wühlten in den Münzen.

»Laßt die Finger davon«, sagte Payant. Er sprach nicht laut, doch seine Komplicen folgten augenblicklich, wie unter einem Peitschenschlag. Sie ließen von der Truhe ab und richteten sich auf, ihre Augen blieben unverwandt auf die Ersparnisse des Bäckers gerichtet.

»Schert euch raus!« rief Vidocq. Er stürzte auf die

Männer zu und versuchte sie wegzudrängen – allerdings vergeblich, denn sie waren von der Aussicht auf Beute so gebannt, daß sie die Angriffe des Jungen gar nicht wahrnahmen.

Jacques de Payant packte Vidocq am Hemd, drehte ihm den Kragen zu. Seine Stimme war ein Knurren: »Hör auf, dich wie ein Idiot zu benehmen. Du hast dich bereit erklärt, deinem geizigen Herksplag den Zaster abzustieren. Es ist eine Strafe für ihn. Denk daran! Du bekommst deinen Anteil. Du willst ihn deiner Mutter geben. Denk auch daran. Und jetzt mach keine Schwierigkeiten mehr. Das ist mein letztes Wort. Deine besorgte Mutter, die wir so schön fortgelockt haben, würde sich nicht freuen, nach ihrer Rückkehr hier in der Backstube deine Leiche zu finden. Wir haben keine Zeit mehr.«

Mit einer Handbewegung gab er für seine Komplicen den Start frei. Sie stürzten vor, arbeiteten jedoch völlig diszipliniert, nach einem genauen Plan. Einige von ihnen hatten plötzlich kleine Säcke in den Händen, die sie aufhielten, andere schaufelten mit beiden Händen das Geld hinein. Es klingelte und klirrte.

Vidocq hatte sich in eine Ecke zurückgezogen. Er sah ein, daß er gegen diese Übermacht nichts ausrichten konnte. »Hört auf«, sagte er nur leise, »hört auf!«

Jacques de Payant stand mitten im Raum, kühl und gelassen. Es war nicht seine Art, mit den Händen zu arbeiten. Derlei Dinge ließ er vom »Personal« erledigen. Er, Sproß eines alten Adelsgeschlechts, pflegte mit dem Kopf zu arbeiten, zu planen, zu dirigieren und zu delegieren. »Macht schneller«, rief er, »die Alte muß bald zurückkommen.«

Vidocq trat aus seiner Ecke heraus. »Ich werde euch anzeigen, bei der Polizei, ich hetze euch den Henker auf den Hals«, sagte er. Seine Stimme war rauh vor Wut. »Ich gehe heute noch zur Polizei.«

»Daran habe ich schon gedacht«, sagte Payant gedehnt, »aber das wird dir nichts nützen. Denn wir sind hier mehrere, genaugenommen acht. Acht Zeugen, die übereinstimmend bestätigen können, daß wir nichts damit zu tun haben. Wir können uns gegenseitig ein hervorragendes Alibi geben. Wenn du uns bezichtigst, dann stehen acht Aussagen gegen deine. Das heißt, die Polizei wird dich wegen falscher Anschuldigung einlochen. Ich kenne das Gesetz. Mir hat man nie etwas nachweisen können. Und so ein Schwätzer wie du ist mir noch lange nicht gewachsen.« Er lachte.

Inzwischen war die Truhe leer. Die Gauner banden die prall gefüllten Säcke zu. »Wir sind fertig, Chef«, sagte einer.

»Gut, dann machen wir, daß wir davonkommen.« Jacques de Payant ergriff einen Geldbeutel, hielt ihn Vidocq hin und sagte: »Dein Anteil, wie versprochen. Ich bin nämlich ein ehrlicher Gauner. Die Hälfte bekommst du zwar nicht, ich bin ja nicht meschugge, aber da hast du den zehnten Teil, wie das bei seriösen Geschäftsleuten üblich ist. Nimm!«

»Ich will das Geld nicht«, sagte Vidocq.

»Mach, was du willst, deine Beute gehört jedenfalls dir«, sagte Jacques de Payant. Er warf den Geldsack auf einen Haufen frisch gebackenen Brotes.

Die Männer drängten zur Ausgangstür.

»Ruhe bewahren!« rief Jacques de Payant hinter ihnen her. »Geht langsam, verdammt noch mal, verliert nicht die Nerven.«

Die Gauner überquerten den Waffenplatz, als sei nichts geschehen, sie schlenderten ganz gemütlich dahin, die Geldsäcke unter den Jacken verborgen.

Vidocq blieb im Laden zurück. Mit einer mechanischen Bewegung ergriff er den Geldsack. Er stürzte zur Ladentür, blieb stehen, überlegte, ob er hinterherlaufen und um Hilfe rufen sollte – aber was hätte das für einen

Sinn? Weit und breit war kein Polizist zu sehen. Nur einige Bürger spazierten umher. Sie würden sich gewiß aus der Sache heraushalten, nichts hören, nichts sehen und nichts sagen, weil sie die Rache der Unterwelt fürchteten.

Vidocq stand in der Tür, reglos, wie verhext, zu keinem vernünftigen Gedanken fähig. Er konnte nicht mehr verstehen, wie er sich von Jacques de Payant vor drei Tagen im »Café Bellevue« so lange hatte beschwatzen lassen, bis er bereit gewesen war, seinen Vater zu bestehlen – ihn für seinen Geiz zu »bestrafen« – und seinen Anteil an der Beute mit der Mutter zu teilen. Seine Mutter würde dieses Geld niemals annehmen. Die Reue peinigte ihn. Doch jetzt war es zu spät. Da stand er, der junge Vidocq, barfuß, zerlumpt, mit einem Sack voll Geld in der Hand, todunglücklich und verzweifelt – und dort drüben sah er nun seine Mutter zurückkehren. Sie trat aus einer der Gassen heraus auf den Waffenplatz und schritt langsam zum Laden, armselig gekleidet wie er, blaß und verhärmt. Immer näher kam sie. Was sollte er ihr sagen?

Nichts – am besten nichts, fuhr es Vidocq durch den Kopf. Seine Spannung löste sich. Er lief davon, den Geldsack in der Hand, er lief und lief, ohne sich umzudrehen, ohne festzustellen, ob ihn seine Mutter sehen konnte. Er lief durch die Straßen der Stadt, verfolgt von den erstaunten Blicken der Bürger, er schob den Geldsack unter sein Hemd und lief weiter, ziellos, irgendwohin.

Bald erreichte er die Stadtmauer und schlüpfte durch ein Tor hinaus.

Erst als er Arras weit hinter sich zurückgelassen hatte, als er keine Mauern mehr sah, auf dem freien Feld, hörte Vidocq zu laufen auf. Seine nackten Füße bluteten. Er taumelte auf einen Strauch zu und sank unter den Zweigen zu Boden. Dort konnte ihn niemand sehen. Er fror und hielt den Geldsack umklammert, als würde er sich daran wärmen können. Der Sack roch ein bißchen nach frischem Brot, dem vertrauten Duft im Elternhaus. Schmerzlich wurde es Vidocq klar, daß er niemals wieder heimkehren dürfe. Die Strafe des Vaters würde er ertragen können, nicht aber die vorwurfsvollen Blicke seiner Mutter, nicht den milden Tadel des Abbé Constantin, an den er in den letzten Tagen nur selten gedacht hatte. Nein, er konnte nicht mehr zurück nach Arras. Es gab für ihn nur die Flucht: fort, in ein fremdes Land, in dem – wie man immer wieder hörte – Flüchtlinge aus Europa ihr Glück machten als Goldgräber, als Pelzhändler und Trapper. Dorthin wollte Vidocq. Vielleicht, so überlegte er, konnte er dann als reicher Mann zurückkehren und seinen Eltern den Schaden ersetzen und alles wiedergutmachen.

Er erhob sich, wanderte durch dichter werdenden Nebel, so lange, bis er einen Fuhrmann traf, den er fragte, in welcher Richtung Dünkirchen liege, der Hafen an der nordfranzösischen Küste. Der Kutscher zeigte mit seiner Peitsche nach Norden. In diese Richtung wanderte Vidocq.

Hafenräuber

Es begann zu regnen. Vidocqs Hemd und seine Hose tropften bald vor Nässe, seine nackten Füße glitschten im aufgeweichten Schmutz der Straße.

Die erste Nacht über wagte er sich noch nicht in die Nähe von Häusern, aus Angst, die Polizei könnte ihn wegen des Diebstahls verfolgen. Er schlief, vor Kälte zitternd, unter einer Tanne, deren Zweige ihm nur spärlichen Schutz vor dem Regen boten.

Am nächsten Tag nahm ihn ein Kutscher mit, dessen Karren kein Verdeck hatte. Vidocq saß auf der rumpelnden Ladefläche im Regen und fror.

Gegen Mittag brach die Sonne durch die Wolken, und nun stieg die Feuchtigkeit dampfend aus seinen durchnäßten Kleidern empor. Er wünschte nichts sehnlicher als einen trockenen, warmen Anzug – und besann sich darauf, daß er ja Geld bei sich hatte, viel Geld, mit dem er sich diesen Wunsch erfüllen konnte. Der Besitz von Geld war für ihn so ungewöhnlich, daß er vorher gar nicht auf den Gedanken gekommen war, einen Anzug zu kaufen. Es konnte freilich nur ein gebrauchter sein, denn neue Kleider mußte man vom Schneider anfertigen lassen. Dazu hatte Vidocq keine Zeit.

Er entdeckte bald einen Laden, vor dem an einer Querstange abgetragene Anzüge im Wind hin und her schwankten wie Gehenkte an einem Galgen.

Der Händler, ein glatzköpfiger Alter mit spitzem Kinn und spitzer Nase, bot ihm eine Hose, ein Hemd, eine Jacke, Schuhe und Strümpfe – alles gebraucht, für insgesamt fünf Francs.

»Kannst du denn auch bezahlen?« fragte er mißtrauisch.

Der Junge zog seinen Geldsack unter dem Hemd hervor. »Das wird wohl langen?«

Der Händler kniff die Augen zusammen. »Woher hast du das viele Geld?«

»Das geht Sie nichts an.«

»Du hast es gestohlen!«

Vidocq erschrak. Wußte dieser Mann etwa von seinem Diebstahl im Elternhaus? Kaum möglich. Er gewann seine Sicherheit wieder. »Also«, fragte er mit ruhiger Stimme, »verkaufen Sie mir nun die Kleider? Ja oder nein?«

»Hm.« Der Händler rieb sich das Kinn. »Ich verkaufe dir die Kleider wohl, aber wenn ich es so recht bedenke, dann sind fünf Francs zu wenig. Ich kann sie nur für zwanzig Francs hergeben.«

»Wieso das? Vor einigen Minuten haben Sie mir das alte Zeug für fünf Francs angeboten – warum verlangen Sie auf einmal mehr?«

»Ich hab's mir überlegt.« Der Alte grinste verschmitzt. Seine Augen blieben dabei starr auf Vidocq gerichtet.

»Was haben Sie überlegt?«

»Nun, wenn ich dich der Polizei ausliefere, mein Bürschchen, bekomme ich zwanzig Francs Belohnung. Denn das Geld ist zweifellos gestohlen. Ja, wenn ich's recht bedenke, sind zwanzig Francs für diese schönen Kleider sogar noch zuwenig. Ich habe sie dir zuerst für fünf Francs angeboten. Zwanzig Francs bekäme ich, wenn ich dich anzeigte. Macht zusammen fünfundzwanzig Francs, wenn ich dir die Kleider gebe und dich laufen lasse. Was sagst du dazu?«

»Sie sind ein Halsabschneider.«

»Werde nicht frech, mein Sohn, sonst verlange ich dreißig Francs.«

»Also gut, zwanzig Francs.«

»Fünfundzwanzig – oder du wanderst ins Gefängnis.«

Vidocq hatte keine Lust mehr, weiter zu handeln. Außerdem riskierte er tatsächlich, daß der Alte die Polizei holte. Also warf er fünfundzwanzig Francs auf den Ladentisch. Dann wechselte er seine Lumpen gegen die Kleider und schied grußlos von dem Handelsmann.

Er fühlte sich fein angezogen, obwohl die Kleider nicht mehr sauber und an einigen Stellen zerrissen waren.

Auf seinem weiteren Weg vermied Vidocq zunächst die Landstraße, denn er mußte befürchten, daß der Alte doch noch Lust auf die Belohnung verspürte und ihm die Gendarmen hinterherhetzte.

Vorsichtshalber lief er die nächsten Tage auf Jägerpfaden durch die Wälder. Während einer Rast zählte er die verbliebenden Francs: es waren 161 Silbermünzen, ein Haufen Geld für ihn, und doch wenig im Vergleich zu der Beute, die Jacques de Payant in der Schatztruhe seines Vaters gemacht hatte.

Am dritten Tag wagte sich Vidocq wieder auf die Landstraße. Unterwegs überholte ihn ein Fährmann mit seinem rumpelnden Gefährt.

»Bonjour, Monsieur«, rief Vidocq zum Kutschbock hinauf, »geht's hier nach Dünkirchen?«

Der Fuhrmann fühlte sich geschmeichelt, als Monsieur angesprochen zu werden, was ihm – einem Vertreter des »dritten Standes« – noch nie passiert war. Er griff in die Zügel und hielt die Pferde an. »Nein, mein Junge, das ist die Straße nach Calais. Was willst du denn in Dünkirchen?«

»Mich nach Amerika einschiffen.«

»Das kannst du doch auch in Calais. Dort gibt es ebenfalls einen Hafen. Ich bin auf dem Weg nach Calais. Komm, fahr mit!«

Dankbar schwang sich Vidocq auf den Karren.

Bevor der Kutscher weiterfuhr, kramte er noch ein Stück Brot aus seinem Leinensack: »Hier, iß, du siehst ja ganz verhungert aus!«

Nach dreitägiger Rumpelfahrt erreichten sie schließlich Calais. Der Fuhrmann brachte den Jungen noch bis zum Kai, zum Hafendamm, wo die Schiffe anlegten. Und hier sah Vidocq zum erstenmal in seinem Leben das Meer.

Zum Abschied wollte er den freundlichen Fuhrmann entlohnen, doch der winkte ab. »Ich wünsche dir viel Glück. Behalte dein Geld. Du wirst es für die Überfahrt brauchen. Das ist nämlich ein teurer Spaß.«

Er hatte nur allzu recht. Vidocq fragte an Bord mehrerer Schiffe bei den Kapitänen nach den Preisen für die Überfahrt. Sie schwankten zwischen 200 und 500 Francs. Erst auf einer elenden Schaluppe mit zerfledderten Segeln und einem Verdeck, das nach faulem Fisch stank, war das Angebot für ihn erschwinglich: 160 Francs. Der Kapitän hielt bereits die Hand auf und schnippte begehrlich mit Daumen und Zeigefinger. Doch Vidocq zögerte. Er wollte versuchen, ein billigeres Angebot einzuholen.

Als er über ein schwankendes Brett an Land zurückkehrte, stand dort ein Riese von Mann, bekleidet mit blauer Hose, weitem Pullover und einer Mütze, ein richtiger Seebär, der ihn freundlich anlächelte.

»Monsieur«, sagte der Fremde, indem er seine Mütze lüftete, »ich habe zufällig beobachtet, daß Sie sich nach den Preisen erkundigen. Wohin soll's denn gehen?«

Vidocq vergaß für einen Augenblick zu antworten, fassungslos darüber, daß er soeben zum erstenmal in seinem Leben mit »Sie« angesprochen worden war. Das werden die schönen Kleider ausmachen, dachte er.

»Nach Amerika will ich«, sagte er dann.

»Oho, ein stolzes Ziel! Was verlangen denn die Kapitäne?«

»Der Kapitän auf diesem Kahn da« – Vidocq zeigte mit dem Daumen hinter sich auf die Schaluppe, die er soeben verlassen hatte – »verlangt 160 Francs. Die anderen sind teurer.«

»Also, das sind doch schamlose Burschen! Einen solchen Preis zu verlangen! Wieviel Geld haben Sie denn, Monsieur?«

Vidocq zog seinen Geldbeutel aus der Jackentasche und schwenkte ihn hin und her. »161 Francs«, sagte er, »und keinen Sou mehr.«

»Und das wollen Sie alles ausgeben? Dann haben Sie ja drüben in Amerika nichts mehr.«

»Was nützt's? Ich will hinüber.«

»Aber ich kann Ihnen eine wesentlich billigere Überfahrt verschaffen.«

»Ist das wahr?«

»Ja, kommen Sie, ich werde das arrangieren. Doch vorher möchte ich Sie zum Abendessen einladen.«

Das Mißtrauen in Vidocq war plötzlich wach, für eine Sekunde nur, doch dann sagte er sich, daß er einem Mann mit solch ehrlichem Gesicht wohl trauen könne. »Warum tun Sie das für mich?« fragte er.

»Ich will's Ihnen sagen, ganz ehrlich: Ihr Äußeres gefällt mir. Ich mag offene Gesichter, das ist es. Und weil Sie mir gefallen, werde ich Ihnen eine fast kostenlose Überfahrt verschaffen. Haben Sie nur Vertrauen zu mir. Ich bin selbst in jungen Jahren nach Amerika gefahren. Ich kann viel erzählen. Kommen Sie, wir gehen essen.«

Kurz darauf saßen die beiden in einer dunklen Seemannskneipe. Durch das Fenster konnte man auf die Wasserfläche des Hafens hinaussehen, auf die vielen Schiffe. Sie aßen Fisch und tranken dazu herben Wein. Die Stunden verrannen im Flug, denn der offensichtlich weitgereiste Mann wußte viel zu erzählen von der großen, weiten Welt. Vor allen Dingen von Amerika.

Vidocq spürte die Wirkung des Weines. Noch einmal packte ihn kurz ein Gefühl von Mißtrauen. Dunkel erinnerte er sich, daß ihm der Teufel Alkohol schon einmal einen Streich gespielt hatte, damals im »Café Bellevue«, als es dem Gauner Jacques de Payant gelungen war, ihn zu einem Diebstahl im eigenen Elternhaus aufzustacheln. Doch ein Blick auf seinen jetzigen Begleiter zerstreute alle Bedenken. Diesmal war es anders. Der sympathische Seebär da war kein Spitzbube, sondern ein anständiger Mann. Prost!

Vidocq trank eine ganze Menge. Und als er aufstand, um zu gehen, wankte er beträchtlich. Draußen, auf dem einsamen Kai, konnte er sich kaum auf den Beinen halten. Es war dunkel, nur die im Wasser sich spiegelnden Positionslaternen der Schiffe gaben einen matten Schein.

Sein Begleiter führte ihn zu einer Treppe. Unten rauschte das Meer. »Da hinunter geht's«, sagte er.

Vidocq tastete mit dem Bein nach der ersten Stufe.

Plötzlich erhielt er einen Schlag auf den Kopf, dann einen Stoß in den Rücken, und gleich darauf flimmerte es schwarz vor seinen Augen.

Als er erwachte, schmerzte ihm der Schädel. Es roch nach Salzwasser. Er hörte Kreischen und Krächzen. Es machte ihm Mühe, die verklebten Augen zu öffnen. Es war schon hell. Über dem Wasser lag Nebel. Möwen flatterten wie schwarze Schatten in der Luft.

Vidocq richtete sich auf und lehnte sich ächzend an ein zusammengerolltes Seil. Benommen blickte er um sich. Er lag am Fuß einer Treppe, unterhalb des Hafendamms, auf einem etwa zwei Meter breiten Mauervorsprung direkt neben dem Meer. Wahrscheinlich war das der Anlegeplatz eines Ruderboots. Ein wahres Wunder, daß er nicht ins Wasser gefallen und ertrunken war. Neben seinen Füßen glitzerten silbrig die Bäuche zweier toter Fische. Er griff an seinen schmerzenden Kopf – und seine Hand glitt über eine klebrige Masse. Erschreckt zog er die Hand zurück. Sie war rot – rot vom eigenen Blut.

Plötzlich war Vidocq hellwach. Das Geld!

Hastig tastete er nach den Taschen seiner Jacke. Nichts! Der Geldbeutel! Er war fort.

Der freundliche Fremde hatte Vidocq beraubt.

Der Zirkus Cotte-Comus

Vidocq raffte sich auf und kletterte die Treppe empor. Der Kai war zu dieser frühen Stunde fast menschenleer, nur zwei Matrosen taumelten grölend aus dem Nebel auf ihn zu, schwer betrunken. Sie rülpsten, grunzten, streckten blöde grinsend die Zungen heraus und zogen wieder weiter.

Vidocqs Stimmung war grau wie der Nebel. Was konnte er jetzt tun, ohne Geld? Sollte er auf irgendeinem Boot als Schiffsjunge anheuern und das Weite suchen? Er wußte, daß er damit nicht nach Amerika kam. Denn die Besatzungen durften drüben nicht an Land und mußten wieder zurück in den Heimathafen. Das hatte keinen Sinn.

Ein Fuhrwerk rumpelte an ihm vorbei übers Pflaster. Die Pferde schnauften, hatten eingefallene Flanken; ihre Rippen ließen sich zählen. Der Kutscher saß schlafend auf dem Bock, und über die Ladefläche glitten frisch gefangene Fische im Rhythmus des Hinundherschaukelns von der einen Seite zur anderen.

Vidocq wanderte hinter dem Gefährt her, um nicht allein zu sein.

Der Fischkarren fuhr in das Häusermeer von Calais, einige Gassen kreuz und quer – und plötzlich war da ein Platz, voller Leben, laut, farbig, mit vielen Menschen. Ein Fischmarkt. Die Marktweiber kreischten und feilschten. Vidocq fühlte sich befreit von seiner Trübsal. Er tauchte in das Getriebe, froh darüber, in Gesellschaft zu sein, auch wenn die Menschen Fremde für ihn waren. Er beobachtete, schaute, lauschte. Überall sah er Interessantes.

Am späten Vormittag gab's Abwechslung. Aus einiger Entfernung waren Trompetenstöße, Trommelwirbel und das Geleier einer Drehorgel zu hören.

Die Menschen auf dem Fischmarkt liefen in die Richtung, aus der die Musik ertönte.

Vidocq ließ sich im Menschenstrom mittreiben, vom Fischmarkt fort, eine Straße entlang, bis zu einer Wiese, auf der Zirkusleute ihren Lagerplatz aufgeschlagen hatten. Vier Gitterkäfige waren dort halbkreisförmig um eine mit Sägemehl bestreute Manege gruppiert. In drei Käfigen lungerten, verstaubt und trübselig, eine Äffin, ein Löwe und ein Bär. Der vierte Käfig stand leer. Durch die Manege marschierten, bunt kostümiert, im übertriebenen Paradeschritt, zwei Trompeter und ein Trommler. Ein Hanswurst sprang Grimassen schneidend um sie herum. Die Lippen in seinem weißgefärbten Gesicht waren knallrot und mit übertrieben emporgezogenen Mundwinkeln geschminkt, er trug eine weiße, weite Hose, ein grasgrünes Leibchen und eine spitze Narrenkappe, an der die Schellen klingelten. Im Hintergrund leierte ein zerlumpter Invalide seine Drehorgel.

Der Bärentreiber, mit Pelzmantel und Pelzmütze bekleidet, öffnete einen der Käfige und führte sein zottiges Tier an der Kette heraus. Müde und lustlos trottete der Bär durch die Manege, bis er schließlich vom Hanswurst mit vielen Bücklingen und albernem Getue zum Tanz aufgefordert wurde. Das Publikum klatschte den Takt, als sie sich zur Melodie der Drehorgel im Kreis bewegten, der Mensch und das Tier.

Danach kletterten ein Mann und eine Frau zwei Maste empor und zeigten hoch droben auf einem zwischen den Mastspitzen verspannten, schwankenden Seil ihre Kunststücke. Mehrmals erweckten sie den Eindruck, als würden sie abstürzen und sich die Hälse brechen, und das Volk schrie auf vor Schreck. Als sie dann heruntergekletterten, gab es Applaus.

Weiter ging's im Programm. Die Zuschauer drängten sich nun um den großen Käfig, in dem zwischen einigen kreuz und quer verstrebten Baumstämmen ein mächtiges Orang-Utan-Weibchen saß.

Ein großer Mann – mit Reithose, Stiefeln und knallrotem Rock sehr imposant anzusehen – trat zum Käfig, schob seine Peitsche durchs Gitter. Er schlug, stichelte und kitzelte die Äffin so lange, bis sie zähnefletschend aufsprang, an den Gitterstäben rüttelte und schließlich, von der Peitsche ohne Unterlaß belästigt, auf die Baumstämme kletterte und im Käfig umherturnte. Mit langen Armen schwang sie sich von Stamm zu Stamm, bis das Publikum Tränen lachte über die komischen Verrenkungen des gequälten Tiers.

Bedauerndes Gemurmel wurde laut, als der Mann im roten Frack das Orang-Utan-Weibchen in Ruhe ließ und sich dem Volk zuwandte. Er verbeugte sich tief und lang. Trompetenstöße, Trommelwirbel. Dann richtete er sich auf und rief: »Ende der Vorstellung!« Der Hanswurst ging mit einem Hut auf das Publikum zu, um einzusammeln. Doch die Zuschauer verschwanden flugs, als sie zahlen sollten; bloß ein paar von ihnen ließen kleine Münzen in den Hut klimpern.

Die Manege war leer, nur Vidocq stand noch dort, allein, merkwürdig berührt von der Darbietung des fahrenden Volkes. Er wollte diese Artisten kennenlernen, sich ihnen vielleicht anschließen. Zögernd schritt er zwischen den Käfigen hindurch, hinter die Kulissen des Zirkus gewissermaßen, dorthin, wo die Seiltänzerin und der Seiltänzer, der Affendompteur und der Bärentreiber auf einer Wiese saßen; ohne Publikum wirkten sie matt. Der Hanswurst zählte die paar Münzen im Hut. Sein Gesicht war freudlos, und nur die nach oben geschminkten Mundwinkel erweckten den falschen Eindruck, als würde er lachen.

»He, was willst du denn da?« Der Affendompteur, dessen roter Frack abgewetzt und von Weinflecken besudelt war, stand auf, trat auf Vidocq zu und schubste ihn mit der Peitsche, die ihm vor kurzem noch zur Belästigung der Äffin gedient hatte.

»Ich will den Besitzer des Zirkus sprechen.«

»Der bin ich«, sagte der Mann, indem er sich mit weitausholender Armbewegung auf die Brust schlug, »ich bin der Besitzer und Direktor des Unternehmens. Man nennt mich den großen Cotte-Comus. Hast du schon von mir gehört?«

»Ja.«

Cotte-Comus war in jenen Tagen der bekannteste Wanderzirkus in Nordfrankreich. Vidocq hatte natürlich schon von ihm gehört, gesehen hatte er ihn allerdings noch nicht.

»Also, was willst du?«

»Arbeiten.«

»Kannst du was Vernünftiges?«

»Ich spreche fünf Sprachen, kann lesen, schreiben und rechnen.« Vidocq spürte in diesem Augenblick so etwas wie Stolz.

»Ich habe dich gefragt, ob du etwas Vernünftiges kannst: einen Löwen dressieren, auf dem Hochseil tanzen, jonglieren?«

»Nein, das kann ich nicht.«

»Also kannst du nichts Vernünftiges. Doch warte. Ich könnte dich schon zu etwas gebrauchen. Da du das Alphabet beherrschst und zu rechnen verstehst...«

Vidocq spitzte die Ohren.

»... da du also ein gelehrter junger Mann bist, darfst du hier die Käfige ausmisten.« Der Direktor lachte über diesen seiner Meinung nach superben Scherz. Auch die Artisten lachten. Der Hanswurst kicherte. Die Schadenfreude stimmte ihn heiter.

Vidocq blieb ernst. »Gut, ich mach's. Und was verdiene ich?«

»Das wirst du schon sehen«, sagte Cotte-Comus.

»Zeig erst einmal, was du kannst. Fang gleich einmal im Stall der Äffin an.«

Vidocq blickte in den Käfig. Aus unmittelbarer Nähe wirkte das Orang-Utan-Weibchen noch größer, noch unheimlicher. »Wird sie mich beißen?«

»Nein«, sagte der Hanswurst schnell. Seine Augen leuchteten. Er reichte Vidocq einen Besen. »Hier, damit kannst du saubermachen. Geh hinein.«

Der Zirkusdirektor öffnete die ins Gitter eingefügte Tür zum Käfig nur einen Spaltbreit, ganz vorsichtig, jederzeit bereit, sie zuzuschlagen, falls die Äffin flüchten sollte.

Vidocq schlüpfte hinein und wollte beginnen, den Mist zusammenzukehren – da erhob sich die Äffin mit bösem Knurren. Blitzschnell sprang sie auf ihn zu.

Vidocq ließ den Besen fallen. Er versuchte, durch die Tür zu flitzen. Doch sie war verschlossen, und draußen stand grinsend Direktor Cotte-Comus. Der Hanswurst jauchzte vor Gelächter. Die anderen Artisten blickten besorgt.

Nun blieb Vidocq nichts anderes übrig, als innerhalb des Käfigs der Äffin zu entkommen. Er hetzte von einer Ecke in die andere, kletterte durchs Gebälk, schlängelte sich zwischen den Stämmen hindurch, schwang sich von Balken zu Balken, rasend schnell, verfolgt von der Bestie, die das Gebiß aufgerissen hatte und mit krallenbewehrten Fingern nach ihm zu schlagen versuchte. Vidocq entwischte ihren Attacken stets um Haaresbreite, er rettete sich nur, weil er flink und behende war – so flink und behende wie ein Affe.

»Komm raus!« brüllte Cotte-Comus.

Während seiner schnellen Sprünge blickte Vidocq zur Tür. Sie war jetzt halb geöffnet. Er hetzte auf sie zu, stürzte sich kopfüber hinaus, fiel zu Boden, keuchend vor Angst und Anstrengung. Die Tür knallte hinter ihm ins Schloß. Das Orang-Utan-Weibchen blieb im Käfig zurück, tobend vor Wut.

»Alle Achtung«, sagte Cotte-Comus, »du bist ein behendes Bürschchen. Aus dir werde ich noch einen großen Artisten machen. Wir brauchen sowieso eine neue Nummer im Programm, seit der Löwe einen Dompteur zerfleischt hat. Komm, steh auf und iß mit uns. Nach dem Essen wirst du erfahren, was ich vorhabe. Ich werde inzwischen nachdenken.«

Die Seiltänzerin reichte Vidocq eine irdene Schüssel, in der einige gekochte Karotten und winzige Fleischstücke schwammen. Eine trübe Suppe war's, aber er konnte sie erst verzehren, nachdem der Bärentreiber seinen Napf ausgegessen hatte und ihm seinen abgeleckten Zinnlöffel lieh: »Da – guten Appetit.«

Nachdem Vidocq sein schales Süppchen gelöffelt hatte, nahm ihn Cotte-Comus zur Seite. »Wir haben«, sagte er, »diesen Scherz mit der Äffin schon einige Male gemacht. Vier- oder fünfmal haben wir ahnungslose Leute, die auf Arbeitssuche waren, zu ihr hineingeschickt, denn auch wir müssen einmal was Lustiges sehen, ein bißchen was zu lachen haben. Jeder von denen, die da drinnen waren, ist arg zerzaust herausgekommen, manchmal sogar ganz schön zerbissen, so daß ich fast ein schlechtes Gewissen hatte hinterher. Aber keinem ist es gelungen, behender und flinker zu sein als die Äffin. Du warst schneller als ein Orang-Utan-Weibchen! Weißt du, was das heißt? Daß du Talent hast. Und siehe, mein Sohn, dieses Talent müssen wir nützen. Ich mache eine Weltsensation aus dir. Du wirst im Zirkus Cotte-Comus auftreten, du wirst reich und weltberühmt werden in einer einzigartigen Nummer: als Acci, der Affenmensch, der im Dschungel aufgewachsen ist. Hör gut zu, damit du weißt, was du zu tun hast.«

Acci, der Affenmensch

Gegen Abend wurden in den Lampions, die auf einem Seil rund um die Manege hingen, die Kerzen angezündet. Der Trommler ließ die Schlegel über das Kalbfell wirbeln, zwei Trompeter schmetterten einen Tusch, und der Invalide leierte eine Marschmelodie auf seiner Drehorgel.

Das Volk strömte herbei, scharte sich am Rand der Manege und applaudierte, als der Zirkusdirektor zum Rhythmus der Marschmusik in die Arena schritt. Seine gewichsten Stiefel spiegelten sich im Licht der Lampions.

Cotte-Comus verbeugte sich und hob die Hand. Augenblicklich verstummte die Musik. Der Beifall verrauschte.

»Meine Damen und Herren«, rief der Zirkusdirektor und zog mit großartiger Geste seinen Hut, »mein weltberühmter Zirkus hat heute eine noch nie dagewesene Attraktion zu bieten, die Sensation der Sensationen, das größte Wunder des Erdballs!« Er schritt gravitätisch auf und ab. »Ich führe Ihnen«, fuhr er fort, »heute, an diesem Abend, zu dieser Stunde, zum erstenmal in der Geschichte der Menschheit ein Lebewesen vor, von dem die Wissensschaft vor kurzem noch behauptet hat, meine Damen und Herren, daß es so etwas gar nicht gibt, nicht geben kann. Ich führe Ihnen Acci vor, den Affenmenschen.«

Cotte-Comus machte eine Kunstpause.

Der Seiltänzer und die Seiltänzerin in ihren bunten Kleidern traten mit brennenden Fackeln links und rechts neben den größten Käfig, in dem am Vormittag noch das Orang-Utan-Weibchen eingesperrt gewesen war. Das Licht der Fackeln fiel hinter die Gitter und beleuchtete ein dort kauerndes, halbnacktes, nur mit einem Lendenschurz bekleidetes Wesen. Es war Vidocq. Selbst Vater und Mutter hätten ihn nicht wiedererkannt. Das Haar hing ihm tief ins Gesicht. Seine Haut war mit dem Absud von Nußbaumblättern dunkelbraun gefärbt.

Vidocq zog die Lippen zurück und schnitte eine furchterregende Grimasse.

Gemurmel im Publikum.

»Dieses bedauernswerte Wesen, meine Damen und Herren, das unser tiefstes Mitleid verdient...« Cotte-Comus unterlegte seiner Stimme ein Hauch von Schluchzen, als würden ihn Schmerz und Rührung übermannen.

»Lauter!« rief ein Zuschauer.

»Dieses bedauernswerte Wesen«, brüllte Cotte-Comus aufschluchzend, »an dem mein Herz hängt, das ich liebe wie mein eigenes Kind, dieses Wesen, meine Damen und Herren, war früher, als Säugling, ein Mensch wie Sie und ich. Doch seine hartherzige Mutter, die Frau eines Forschungsreisenden, hat dieses Kind gleich nach der Geburt in Chinesien – oder, wie man auch sagt: China – ausgesetzt, verstoßen, im afrikanischen Dschungel Chinas bei den Tigern und Löwen, den Affen und den Hyänen.« Gegen Ende war Cotte-Comus wieder leise und weinerlich geworden.

»Lauter!«»

»Dieses arme Menschenkind«, die Stimme des sich ermannenden Direktors steigerte sich zum Pathos, »wäre heute tot, verhungert oder zerfleischt von wilden Tieren, wenn nicht, meine Damen und Herrn, diese einfache Äffin da drüben die Stelle der Mutter eingenommen hätte.« Er zeigte mit der Peitsche auf den Käfig, der früher leer gewesen war und in dem nun das Orang-Utan-Weibchen saß, beleuchtet von einer Fackel, die der dort aufmarschierte Bärentreiber hielt. Im Fackelschein wirkte das mächtig behaarte Tier wie ein Dämon.

»Ja, meine Damen und Herren, diese Äffin, der unser aller Hochachtung gelten muß, hat das ausgesetzte Kind gesäugt, geherzt und gewiegt.« Er ging auf sie zu, und mit dem Ausruf »Vielen Dank« reichte er ihr vorsichtig eine Banane. Ein schwarzer, behaarter Arm streckte sich zwischen den Gitterstäben heraus, lange dürre Affenfinger ergriffen die Frucht.

Das Publikum rief: »Hoch!«

»Diese Äffin da«, überbrüllte Cotte-Comus die Beifallskundgebungen, »diese einfache Äffin da, meine Damen und Herren, hat mehr Herz bewiesen als die wahre Mutter. Dieses Tier da, hochverehrtes Publikum, war menschlicher als ein Mensch. Jawohl!«

»Bravo!« Die Zuschauer zeigten sich ergriffen von so viel Affenliebe.

»Und deshalb, meine Damen und Herren, blieb dieses Menschenkind am Leben. Es wuchs heran, unter den Affen, der menschlichen Sprache entrückt, es wuchs heran als Waldmensch, als Affenmensch, und als mein weltberühmter Zirkus mit seinen Attraktionen und Sensationen vor zwei Jahren nach China kam, da entschloß ich mich, jenen Löwen und jenen Bären« – er zeigte auf die entsprechenden Käfige – »zu fangen. Und mitten im afrikanischen Dschungel Chinas oder auch Chinesiens, meine Damen und Herren, da begegnete ich einer Horde von Affen und sah plötzlich dieses damals etwa vierzehn Jahre alte Menschenkind, das in ganz offensichtlicher Zärtlichkeit an diesem Orang-Utan-Weibchen hing. Für mich als weitgereisten Mann war sogleich erkennbar, daß es sich um die zarte, innige Beziehung eines Kindes zur Mutter handelte, einer Beziehung, meine Damen und Herren, zwischen Menschenkind und Affenmutter.«

Das Publikum war gerührt und applaudierte.

»Ich fing diesen Affenmenschen ein, obwohl er sich erbittert wehrte, und da ich ein Mensch bin, der nichts so sehr schätzt wie den Wert des Familienlebens, fing ich selbstlos auch jenes Orang-Utan-Weibchen da drüben, um das Menschenkind nicht zur Waise zu machen, um diesem bemitleidenswerten Geschöpf nicht die Mutter zu nehmen. Meine Damen und Herren, ich brachte unter furchtbaren Strapazen diesen bissigen und angriffslustigen Affenmenschen, der nichts Menschliches mehr an sich hatte, und seine nicht minder bissige Mutter aus dem fernen Indien, äh, Chinesien, oder wie man auch sagt, Afri... äh – gleichviel, ich brachte beide hierher nach Europa, und nun werden Sie mich fragen, warum ich heute erst, an diesem Abend, den Waldmenschen zum erstenmal der Öffentlichkeit vorführe. Ich kann es Ihnen sagen, meine Damen und Herren: weil ich kein schlechter Mensch bin, weil ich diesen Affenmenschen nicht als Sensation mißbrauchen wollte, weil ich mit ihm von einer Universität zur anderen reiste, zu weltberühmten Wundärzten und Doctores, und alle meine Ersparnisse hingab, um ihn von seiner äffischen Vergangenheit zu befreien, um das Menschliche in ihm zu wecken, um ihm wenigstens die menschliche Sprache zu geben, dieses wertvolle Gut. Aber ach, meine Bemühungen blieben ohne Erfolg. Acci, wenngleich äußerlich ein Mensch, ist in seinem Wesen nach wie vor ein Affe geblieben, ein wildes Tier, woran man, meine Damen und Herren, wieder erkennt, wie entscheidend die elterliche Erziehung den Menschen prägt. Das Elternhaus Accis – es war eine Affenhorde! Ja, das haben auch die gelehrten Doctores gesagt, die Acci – bisher – nicht helfen konnten. Und da die Konsultationen bei Europas berühmtesten Heilkundigen meine Ersparnisse aufgebraucht haben, bin ich nun gezwungen, diesen Affenmenschen im Zirkus zu zeigen, auch wenn mir das Herz dabei bricht. Das Geld, das ich solcherart verdiene, will ich nicht anrühren, um persönlicher Vorteile willen, nein, ich spare es nur, um weitere Ärzte bezahlen zu können. Ich gebe nicht auf, ich will nichts unversucht lassen, um Acci den menschlichen Verstand wiederzugeben. Deshalb trete ich hier mit ihm auf. Ich habe, glauben Sie mir das, meine Damen und Herren, viel Leid erlebt bei dem Bemühen, den Affenmenschen zu dressieren. Denn er ist wild und bissig, ungebärdig und böse. Mit jener unsäglichen Geduld, die nur ein liebender Vater seinem eigenen Sohn gegenüber aufzubringen imstande ist, konnte es mir gelingen, an diesem Affenmenschen das Wunder der Dressur zu vollbringen. Und heute ist es Ihnen, meine Damen und Herren, gegönnt, den ersten Auftritt Accis vor dem Publikum zu erleben.«

Er verbeugte sich tief und drehte sich dann, im Bückling verharrend, zu den Musikanten um. Eine ungeduldige Handbewegung. Die Trompeter schreckten zusammen, setzten ihre Instrumente an die Lippen: Tusch.

Applaus, Bravorufe.

Cotte-Comus richtete sich auf und schritt auf den Käfig zu.

Vidocq sprang an die Gitterstäbe vor, rüttelte an ihnen und fletschte die Zähne.

»Ich bitte Sie jetzt, meine Damen und Herren, um Aufmerksamkeit und Ruhe«, rief Cotte-Comus, während er Vidocq scheinbar vorsichtig im Auge behielt, »denn es ist für mich lebensgefährlich, den Käfig zu betreten.« Er atmete tief, gab sich dann einen Ruck und riß die ins Gitter eingefügte Tür auf, schlüpfte in den Käfig. Der Hanswurst kam herbeigeeilt und schloß die Tür hinter ihm. Den Schlüssel ließ er stecken.

Vidocq tat, als ginge er dem Zirkusdirektor sogleich an die Gurgel, ließ sich dann aber von einigen Befehlen einschüchtern und kroch in eine Ecke, wo er sich gebärdete, als könnte er seinen Blutdurst kaum zügeln. Cotte-Comus starrte ihn an wie ein Hypnotiseur. Und siehe: die Raserei im aufgebrachten Gemüt des Affenmenschen verflog unter dem herrischen Blick allmählich. Vidocq sank in sich zusammen. Cotte-Comus trat auf ihn zu und streichelte ihn über den Kopf.

Der Applaus des Publikums explodierte wie eine Bombe.

Es wurde jählings still, als Vidocq nun mit einem Satz aus der Ecke hervorkam und im Balkenwerk seines Käfigs herumzuspringen begann. Er schwang sich hin und her, wie vor einigen Stunden, am Vormittag, als es galt, der Äffin zu entkommen. Seine Behendigkeit wirkte in der Tat affenartig und löste neuerliche Beifallsstürme aus. Die Darbietungen endeten damit, daß er – von Entsetzensschreien des Publikums begleitet – einen Scheinangriff gegen Cotte-Comus unternahm, sich aber von dem hypnotischen Blick wieder bannen ließ.

»Und nun, meine Damen und Herren«, rief Cotte-Comus aus dem Käfig heraus, »sehen Sie eine kaum noch glaubhafte Steigerung unserer Darbietungen: Jetzt sehen Sie, was Sie noch nie gesehen haben! Den Sprung des Affenmenschen durch einen brennenden Reifen. Die Vollendung der Zirkuskunst!« Der Hanswurst pinselte Pech auf einen etwa wagenradgroßen Drahtreif, der an einer Stange befestigt war. Dann hielt der Seiltänzer seine Fackel dran. Das Pech flammte auf, und der Drahtreifen brannte in Form eines Feuerrings.

Cotte-Comus griff mit der Linken durch die Gitterstäbe, packte die Stange und zog den Reifen in den Käfig. Er hob ihn hoch und rief: »Allez – hopp!«

Vidocq kauerte sich zum Sprung zusammen. Er zauderte. Der Flammenring war ihm nicht geheuer. Er brannte weitaus stärker als bei der Probe vor ein paar Stunden.

»Allez – hopp!«

Vidocq rührte sich nicht.

Cotte-Comus holte mit der Peitsche aus, die er in der Rechten hielt, und schnalzte Vidocq einen Striemen über den nackten Rücken.

Der Schmerz jagte durch Vidocqs Körper. Zum zweitenmal hob der Zirkusdirektor die Peitsche, da schnellte sich Vidocq ab, hechtete durch den Ring und landete mit einer Rolle, die ihn sofort auf die Beine brachte. Sogleich kauerte er sich zusammen. Er spürte, wie ihm der Geruch versengter Haare in die Nase stieg. Kein Zweifel, daß es seine eigenen Haare waren. Das Publikum raste.

Der Hanswurst schloß die Käfigtür auf, öffnete sie blitzschnell, ließ Cotte-Comus heraus und schleuderte sie wieder ins Schloß, drehte den Schlüssel und zog ihn ab.

Cotte-Comus, stolz wie ein Pfau, verbeugte sich immer wieder. Vidocq starrte teilnahmslos vor sich hin und begann seine Achseln zu kratzen.

»Meine Damen und Herren«, rief Cotte-Comus in den Applaus hinein, »meine Damen und Herren!«

Neugierig verstummte das Publikum.

»Ich kann Ihre Begeisterung verstehen, und deshalb bitte ich Sie, mit einer kleinen Spende ein Zeichen Ihrer Anerkennung zu geben. Nicht für mich, sondern für Acci, den Affenmenschen. Er braucht ein bißchen Lob. Und er braucht auch Geld. Ich werde keine Münze für mich selbst verwenden, sondern alles dafür ausgeben, damit Acci mit Hilfe der Wissenschaft wieder das wird, was er ursprünglich war: ein Mensch, hochverehrtes Publikum. Irgendwann werde ich vielleicht den richtigen Heilkundigen finden. Und weil dieses Geld Acci gehört, gehe ich nicht selbst mit dem Hut herum, nein, ich bitte Sie, meine Damen und Herren, geben Sie Ihre Anerkennung Acci persönlich!«

Das Volk ließ sich, gerührt von solcher Rede, nicht lange bitten. Die Zuschauer drängten vor, blieben aber im Respektabstand einer Armlänge vor dem Käfig stehen und warfen von dort aus die Münzen in den Käfig. Vidocq saß im Geldregen und schnitt Grimassen.

Noch drei Vorstellungen gab es an diesem Abend, und erst um Mitternacht verlor sich das Volk vor der Manege.

Cotte-Comus kam zum Käfig. »Gratuliere«, sagte er. Vidocq hatte inzwischen die im Schmutz des Käfigs umherliegenden Münzen in einen Sack gesammelt, den er Cotte-Comus durch die Gitterstäbe reichte.

Der wog den Sack, schmunzelte, schnalzte mit der Zunge, drehte sich um und sagte: »Gute Nacht. Schlaf gut.«

»He, soll ich vielleicht hier im Käfig bleiben?«
»Natürlich.«
»Das war nicht vereinbart! Außerdem will ich meinen versprochenen Anteil am Geld!«
»Später!«
»Ich will hier raus!«
»Das geht nicht. Wenn irgend jemand beobachtet, daß ich dich nach der Vorstellung rauslasse, fliegt der ganze Schwindel auf. Das riskiere ich nicht. Außerdem könntest du flüchten. Auch das riskiere ich nicht. Du bist zu wertvoll für mich.« Cotte-Comus schlenkerte mit dem Geldsack und ging davon.

Vidocq untersuchte den Käfig. Wütend stellte er fest, daß es keine Möglichkeit gab zu entkommen. Er mußte sich in sein Schicksal fügen.

»Meine Damen und Herren, kommen Sie näher, mein weltberühmter Zirkus hat Ihnen heute eine noch nie dagewesene Attraktion zu bieten, die Sensation der Sensationen, das größte Wunder des Erdballs: Acci, den Affenmenschen...«

Am nächsten Vormittag ging es wieder los mit Trompetenschall, Trommelwirbel, Drehorgelmusik.

Die Kunde von der Anwesenheit des Affenmenschen hatte sich schnell in der Stadt verbreitet, und das Volk rannte von allen Seiten zur Manege.

Der erste Auftritt spielte sich genauso ab wie am Abend zuvor, allerdings nur bis zu dem Zeitpunkt, da sich Cotte-Comus den Flammenreifen durch das Gitter reichen ließ.

Vidocq hatte beobachtet, daß, wie gestern, der Schlüssel an der verschlossenen Käfigtür steckte. Und als Cotte-Comus ihm den Flammenring zum Sprung hinhielt, da duckte sich Vidocq – er sprang aber, sehr zum Unbehagen des Zirkusdirektors, nicht durch den Reifen, sondern zur Tür.

Mit einer Logik, die einem äffischen Fabelwesen eigentlich fremd sein mußte, griff er durch die Gitterstäbe, drehte den Schlüssel, öffnete die Tür und sprang ins Freie. In der Arena stand er nun, lauernd geduckt, mit wirrem Haar, gefärbter Haut.

Die Zuschauer wichen geschlossen zurück, mit angststarren Augen. Der Chor entsetzter Stimmen schwoll an zum weithin hörbaren Schreckensgeheul.

Vidocq blickte sich um. Hinter ihm, zwischen den Käfigen, standen die Artisten, muskulös, und vor allen Dingen nicht verängstigt, weil sie den Schwindel kannten. Sie würden ihn zu fassen versuchen. Besser, so überlegte Vidocq, war die Flucht nach vorn, wo jeder Zuschauer voller Grausen die Berührung mit dem blutrünstigen Untier vermeiden wollte.

Er sprang auf die Menschenmassen zu, den entsetzten Gesichtern und aufgerissenen Mündern entgegen.

Einer der Trompeter des Zirkus, ein ehemaliger Militärhornist, riß in diesem Augenblick sein Instrument an die Lippen, ohne es eigentlich zu wollen, dem Zwang früherer Routine folgend. Und zum Attackensignal des französischen Kavallerieregiments »Dauphin« stürzte Vidocq in eine sich auftuende Gasse zurückweichender Menschen. Er rannte hindurch und hetzte davon.

Zum erstenmal: ein falscher Name

Als er, weit außerhalb der Stadt erst, in einem Wäldchen zu Boden sank, um auszuruhen, da fühlte er sich so beschämt, daß er die wiedergewonnene Freiheit gar nicht so recht genießen konnte. Der Auftritt als Affenmensch war die größte Erniedrigung seines Lebens gewesen. Tiefer, so sagte er sich, konnte ein Mensch wohl kaum noch sinken. Zähneknirschend erinnerte er sich, was Cotte-Comus bei seiner Rede an das Publikum alles über ihn gesagt hatte: »... Er ist äußerlich ein Mensch, in seinem Wesen aber nach wie vor ein Affe, ein wildes Tier ... er hat nichts Menschliches an sich ... er ist wild und bissig, ungebärdig und böse.«

Damit nicht genug. Auch das Andenken an seine Mutter und sein Elternhaus waren verunglimpft worden. Vidocq klangen die Worte des Zirkusdirektors noch in den Ohren: »... Er hing in offensichtlicher Zärtlichkeit an diesem Orang-Utan-Weibchen ... Es war die zarte, innige Beziehung eines Kindes zur Mutter ... das Elternhaus Accis – es war eine Affenhorde.«

Das Blut schoß Vidocq in den Kopf. Er stützte das Gesicht in die Hände, beschämt darüber, daß er diese Worte zugelassen hatte, aus Feigheit, aus Angst vor Hunger. Er wußte, daß er etwas ändern mußte in seinem Leben, und zwar sogleich, sonst würde er vor die Hunde gehen. Die Rede Cotte-Comus', so gemein und demütigend sie war, hatte einen großen Vorteil: sie gab dem nur mit einem Lendenschurz bekleideten, mit Nußöl eingefärbten Vidocq jetzt, am Stadtrand von Calais, in seiner trostlosen Situation die Kraft für einen neuen Start, gab ihm den Mut, sein Dasein als herumstreunender Ausreißer sofort zu beenden und ganz von vorn zu beginnen, ein ehrliches Leben anzustreben, ohne Diebstahl, Gaukelei und ohne Lüge.

Wichtigstes Ziel war ihm die Versöhnung mit Vater und Mutter, doch nicht jetzt wollte er vor sie hintreten, als hilfsbedürftiger Habenichts, und sie um Verzeihung anflehen. Er wollte erst etwas werden und dann als erfolgreicher Mann heimkehren, mit genügend Geld in der Tasche, um Vater und Mutter den Schaden des Diebstahls zu ersetzen. Vidocq überlegte, wie er schnell Erfolg haben könnte. Er kam zu dem Schluß, daß seine Chancen durchaus gut waren, denn er wußte mehr als andere, er verstand Fremdsprachen, konnte lesen, schreiben und rechnen. Und fechten.

Fechten! – Damit ließ sich vorerst am meisten anfangen. Als guter Fechtlehrer würde er beim Militär sofort unterkommen. Dort hatte er gewiß die besten Aufstiegsmöglichkeiten.

Sein Alter war kein Hindernis. Man sah ihm nicht an, daß er erst vierzehn war. Er war überdurchschnittlich groß, breitschultrig und kräftig. Die harte Kindheit auf dem Waffenplatz von Arras hatte in sein Gesicht energische Züge gekerbt. Auf Personalien legte man in jenen Tagen keinen gesteigerten Wert. Es gab kaum jemanden, der Papiere besaß. Das Militär war bei der Auswahl seiner Söldner nicht wählerisch. Wer sich bewarb, wurde angenommen, wenn er nur einigermaßen auf zwei Beinen gehen konnte, ohne Rücksicht darauf, ob er ein vorbestrafter Gauner, ein Ausreißer oder sonstwas war. Eine zentral gesteuerte Ausbildung des Militärs gab es nicht. Jeder Kompaniechef trug die Verantwortung, daß aus dem Haufen zusammengewürfelter Söldner eine schlagkräftige Gruppe wurde. Vidocq zweifelte nicht daran, daß er als Fechtlehrer mit seiner Begabung eine solide Laufbahn bis zum Korporal beschreiten konnte. Eine Karriere als Offizier freilich, so glaubte Vidocq damals, würde ihm wohl versagt bleiben, da er nicht adliger Herkunft war.

Er raffte sich voller Zuversicht auf, wusch sich die dunkle Farbe in einem Bach ab und wanderte dann gegen Süden, eine Woche lang. Er ernährte sich von Beeren und Bucheckern. Am siebenten Tag sah er schließlich auf einem Feld die bunten Zelte einer lagernden Infanterietruppe.

Vidocq ließ sich beim Kompaniechef melden.

Kurz darauf standen sie einander dann gegenüber:

Vidocq, der nur mit einem Lendenschurz bekleidet war und sich das zerzauste Haar aus der Stirn strich – und der Kompaniechef, ein Leutnant, der den sogenannten »Justaucorps« trug, den grauen Offiziersrock der französischen Infanterie mit sechs Goldknöpfen an jeder Seite und umgeschlagenen, rot gefütterten Ärmelstulpen. Weste und Hose waren rot. Die Stiefel reichten über die Knie. Auf seinem Kopf saß der »Dreispitz«, ein grauer Hut, dessen Krempe so eingedrückt war, daß sie drei Spitzen bildete.

»Du siehst ja aus wie ein Waldmensch«, sagte der Leutnant. »Woher kommst du denn, Bursche?«

»Ich war auf der Reise und bin in Calais einem Gauner in die Hände gefallen. Dabei habe ich alles eingebüßt, sogar meine Kleider.«

»Was bist du denn von Beruf?«

»Ich habe Fechtunterricht gegeben.« Das war nicht gelogen. Da Vidocq in Arras der beste Schüler des alten Fechtlehrers gewesen war, hatte er, als eine Art Assistent, gelegentlich angehende Offiziere in die Grundbegriffe der Fechtkunst einweihen dürfen.

»Hm, du bist also Fechtlehrer. Wenn das stimmt,

könnte ich dich gut gebrauchen. Aber wer garantiert mir, daß du mich nicht anschwindelst? Kannst du überhaupt fechten?«

»Geben Sie mir die Gelegenheit, es zu beweisen«, sagte Vidocq und streckte die Hand nach dem Säbel des Leutnants aus.

Der Offizier stutzte, zögerte, zog dann den Säbel und reichte ihn Vidocq. »Na gut«, sagte er, »zeige mir, wie man eine Quint schläg, eine Terz, eine Prim.«

Vidocq ergriff den Säbel und ging in Fechtstellung, ganz nach Vorschrift. Er sprang in genau einstudierter Schrittfolge auf einen imaginären Gegner zu, ließ den Säbel durch die Luft sausen, einmal, zweimal, dreimal. Eine Quint, eine Terz, eine Prim. Tadellos.

»Ich bin beeindruckt«, sagte der Offizier, »es ist auf den ersten Blick zu sehen, daß du – daß Sie von der Sache viel verstehen. Sie können sofort als Fechtlehrer anfangen. In dieser Hinsicht habe ich großen Bedarf. Es liegt einiges im argen mit meiner Kompanie. Sie sind engagiert. Übrigens, ich bin Leutnant de Brissac, Kompaniechef im Infanterieregiment Bourbon. – Und wie heißen Sie?«

»Vi... Victor Rousseau.«

Ein falscher Name! Vidocq hatte bei der Frage nach seinem Namen für den Bruchteil einer Sekunde überlegt, daß der Diebstahl in seinem Elternhaus möglicherweise der Polizei bekannt sein konnte und daß man nach ihm fahndete – deshalb war ihm der falsche Name entschlüpft; deshalb hatte er, jählings von Angst gepackt, aus der bereits ausgesprochenen ersten Silbe seines Namens Vidocq den Victor gemacht, und der Name Rousseau war ihm einfach dazu eingefallen. Nun war's passiert.

Er konnte nicht mehr zurück. Eine Lüge stand am Beginn seines neuen Lebens – eine Lüge, die sich später als fatal erweisen sollte. Vorerst aber war er Fechtlehrer in der Kompanie de Brissac des Infanterieregiments Bourbon. Und ein geachteter Mann, wie er dem Tonfall entnahm, mit dem Leutnant de Brissac zu ihm sprach: »Ich werde dafür sorgen, Monsieur Rousseau, daß Sie neue Kleidung bekommen. Morgen sind Sie dann bitte so freundlich, sogleich mit dem Fechtunterricht in der Kompanie zu beginnen. Wir haben keine Zeit zu verlieren. Meine Leute müssen mit dem Säbel wesentlich besser umgehen lernen als bisher. Und zwar schnell. Sie wissen ja, Monsieur Rousseau, daß sich Dinge ereignet haben, ungeheuerliche Dinge, deren Auswirkungen noch nicht abzusehen sind.«

Vidocq wußte natürlich nichts. Während der letzten Tage, als er sich, nur mit einem Lendenschurz bekleidet, im Wald südlich von Calais auf der Flucht befunden hatte, war die Französische Revolution ausgebrochen: Am 14. Juli 1789 hatte das Volk von Paris die Bastille gestürmt, ein mittelalterliches Kastell, das als politisches Gefängnis Symbol für die Gewaltherrschaft der damaligen Zeit war. Nun lösten sich alle sozialen Spannungen im Lande. Die jahre- und jahrzehntelang aufgestaute Wut des unterdrückten Volkes über den Absolutismus des Königs, über die Verschwendungssucht des Adels, über den Staatsbankrott, über Knechtschaft, Frondienst und Steuerdruck explodierte in jenen Julitagen des Jahres 1789. Bauern und Bürger erhoben sich und stürmten die Schlösser der Aristokratie. Die ersten Adligen verließen das Land.

Das Militär blieb vorerst königstreu. Der aristokratische Offiziersstab hatte die Führung der Armee fest in der Hand. Wie lange noch?

Vidocq gab seinen Fechtunterricht in der Kompanie nach wie vor unter dem adligen Leutnant de Brissac. Wenn er seine Einheit verließ, um sich auf dem Lande umzuschauen, dann erlebte er in Dörfern und Städten den Jubel des befreiten Volkes. Als Sproß armer Leute war er beeindruckt von der Umwälzung, die im Lande vor sich ging – doch mitreißen ließ er sich nicht, er verlor im Taumel der allgemeinen revolutionären Stimmung nie die Kontrolle über sein Temperament. Haß gegen den Adel war ihm fremd, denn er hatte die Aristokraten nie als Feinde empfunden, sondern als Vorbilder, denen es nachzueifern galt. Und schon gar nicht kam es ihm in den Sinn, gegen Leutnant de Brissac vorzugehen, von dem er stets anständig behandelt worden war und dem er sich zu Dank verpflichtet fühlte. Im Gegenteil, wenn innerhalb der Mannschaft Murren gegen den Kompaniechef mit dem Adelstitel laut wurde, war Vidocq bemüht, durch Beredsamkeit oder Drohungen eine offene Rebellion zu unterbinden. Ohne es zu wollen, fühlte er sich dabei in die Rolle des eigentlichen Kommandeurs gedrängt. Die Soldaten schätzten Vidocq mehr als den Leutnant, denn er imponierte ihnen nicht nur mit seinen Fechtkünsten, sondern auch als kluger, unbeeinflußter Berichterstatter der aktuellen politischen Situation. Vidocq nämlich wußte sich Pariser Zeitungen zu beschaffen, deshalb war er stets auf dem laufenden. Er informierte die Analphabeten seiner Mannschaft über Daten und Fakten, die wie niemals andere politische Entwicklungen zuvor das persönliche Schicksal jedes einzelnen verändern würden:

4. und 5. August 1789: Offizielle Abschaffung des Ständestaates mit seinen Vorrechten des Adels zugunsten eines Klassenstaates, der dem bisherigen »dritten Stand« die Ämter- und Gewerbefreiheit garantierte.

26. August 1789: Erklärung der Menschenrechte. Proklamation von Liberté, Égalité, Fraternité – Freiheit, Gleichheit, Brüderlichkeit.

5. Oktober 1789: Marsch der Marktweiber zum königlichen Schloß Versailles. Über die königliche Familie wird Hausarrest verhängt.

10. Oktober 1789: Beschlagnahmung aller Besitztü-

mer des früheren ersten und zweiten Standes, des Adels und des Klerus.

Juli 1790: Verstaatlichung der Kirchen.

2. April 1791: In Paris stirbt Gabriel de Riqueti, Graf von Mirabeau, Präsident der Nationalversammlung. Trotz seiner adligen Herkunft war er vom Volk akzeptiert worden. Er hatte die liberalen Reformen gefördert, gleichzeitig aber dank seiner brillanten Beredsamkeit Ausschreitungen vermieden und sich für die Erhaltung des Königshauses eingesetzt. Nun war zu befürchten, daß die Revolution blutigen Höhepunkten entgegentreiben würde.

Juli 1791: Fluchtversuch König Ludwigs XVI. Er wird in Varennes erkannt, nach Paris zurückgebracht und völlig entmachtet.

3. September 1791: Verkündung einer neuen Verfassung im Stil des Parlaments, einer gewählten Volksvertretung, die später Vorbild aller bürgerlichen Verfassungen des 19. Jahrhunderts wird. Allerdings haben die 745 Abgeordneten nicht genügend politische Erfahrung. Sie arbeiten mehr gegeneinander als miteinander, fühlen sich nur den vier Parteien, denen sie angehören, verpflichtet; den Feuillants (Anhängern des Königs), den Girondisten (Vertretern der Besitzbürger), den Indépendents (ohne erkennbare Zielsetzung) und den Jakobinern (radikalen Zentralisten), die immer mehr an Anhang und Einfluß gewinnen.

Die Guillotine vor dem Vaterhaus

Für Vidocqs Lebensweg waren diese Entwicklungen verheißungsvoll. Die Welt hatte sich verändert, seit er vor zwei Jahren im Lendenschurz aus dem Wald gekommen war. Vidocq, inzwischen sechzehn Jahre alt, erkannte in der Revolution seine Chance. Trotz seiner bürgerlichen Herkunft stand ihm nun beim Militär eine Karriere als Offizier bevor. Das Talent dazu hatte er. Zu seiner Bildung, seinem Fleiß und seiner Tatkraft kamen auch, wie sich immer mehr zeigte, Fähigkeiten als Organisator, als Planer und als Vorbild für die anderen. Er fühlte, daß er begabt war, Menschen zu führen. Allerdings verleiteten ihn weder die Gunst der Stunde noch sein offensichtlicher Einfluß auf die Soldaten dazu, sich den Aufstieg in die militärische Hierarchie überstürzt zu erkämpfen. Sein Vorgesetzter war nach wie vor Leutnant de Brissac. Daran gab's nichts zu rütteln. Doch als der Kompaniechef eines Morgens verschwunden war, geflüchtet vor der politischen Entwicklung wie andere Adelige auch, da übernahm Vidocq ganz selbstverständlich das Kommando. Die Mannschaft akzeptierte ihn, und kurz darauf wurde er offiziell als Leutnant bestätigt – vom Regimentskommandeur persönlich, einem Aristokraten, dem es gelungen war, mit seinem Stab adliger Offiziere an der Spitze zu bleiben.

François Eugène Vidocq war einer der ersten bürgerlichen Leutnants der französischen Armee.

Kurz darauf dröhnten die Kriegstrommeln durch das Land.

Aus Sorge, die Revolution könnte sich über Frankreichs Grenzen hinaus ausweiten, hatten Österreich und Preußen – später auch England und andere Mächte – sich verbündet, mit dem Ziel, König Ludwig XVI. wieder zur Macht zu verhelfen. Frankreich reagierte im

April 1792 mit einer Kriegserklärung. Es kam zu den sogenannten »Ersten Koalitionskriegen«.

Unter den Klängen der »Marseillaise«, eines Schlachtliedes, dessen Text und Musik von Hauptmann Rouget de Lisle stammten und das zum Revolutionsgesang, später sogar zur französischen Nationalhymne werden sollte, marschierten die Soldaten Frankreichs den Koalitionstruppen entgegen. Vidocq erwies sich als ein hervorragender Kompaniechef, er erlebte die berüchtigte »Kanonade von Valmy« am 20. September 1792, wurde ausgezeichnet, zum Hauptmann befördert, geriet später in die Hände der Österreicher – wo er sich dank des vom »Dragonerfranz« erlernten Wiener Dialekts rettete –, er flüchtete und kämpfte auf französischer Seite weiter.

An der Front hörte er von kaum glaubhaften Greueltaten: In dem Lande, das er unter Lebensgefahr verteidigte, war die Revolution zum Blutbad entartet, zur Schreckensherrschaft der radikalen Politiker Robespierre, Danton und Marat, die alle unter dem Einfluß eines Mannes standen, der aus dem Hintergrund heraus agierte, als graue Eminenz gewissermaßen: Joseph Fouché. Revolutionstribunale verurteilten unzählige Aristokraten zum Tode, auch den König Ludwig XVI. und seine Gemahlin Marie Antoinette. Sie alle starben nicht unter dem Schwert des Henkers, nicht am Galgen oder im Kugelhagel von Hinrichtungskommandos, sondern unter der Guillotine, einer nach dem Arzt Josephe-Ignace Guillotin benannten Hinrichtungsmaschine.

Vidocq sah die Guillotine erstmals am 23. Juni 1793, als er an seinem Geburtstag heimkehrte nach Arras, um seine Eltern überraschend zu besuchen und um Verzeihung zu bitten. Dort, auf dem Waffenplatz, vor dem väterlichen Bäckerladen, war so eine Hinrichtungsmaschine aufgestellt: ein erhöhtes, aus Holz gezimmertes

Podium – ähnlich der Bühne einer wandernden Schauspielertruppe – mit zwei nebeneinanderstehenden, drei Meter hohen Stangen, die mit einem Querbalken verbunden waren, an dem ein Fallbeil hing.

Das Volk von Arras hatte sich um die Guillotine geschart und begann zu jubeln, als auf Eselskarren gefesselte Menschen herbeigefahren wurden: Aristokraten aus der Nachbarschaft, ehemals unermeßlich reich, jetzt zerlumpt, kreidebleich, die Gesichter zu Masken des Entsetzens verzerrt.

Ein ganzes Rudel von Henkersknechten schleppte den ersten von ihnen, einen vor Angst schlotternden Greis, hinauf auf das Schafott und warf ihn nieder auf den Bretterboden, so daß sein Hals genau zwischen den Stangen zu liegen kam. Dann sauste das Fallbeil herab, ein dumpfer Krach, der Kopf wirbelte, blutige Fontänen versprühend, durch die Luft und fiel in einen Korb. Die Menge schrie schrill und verstummte dann, in gespannter Erwartung weiterer Hinrichtungen. Das Fallbeil wurde wieder emporgezogen, der nächste Mensch auf das Podium geschleift. Das Gejohle schwoll von neuem an, der nächste Massenschrei stand bevor. In einer Minute würde wieder ein Mensch sterben. Das Volk war wie im Rausch.

Vidocq wandte sich ab und betrat den dunklen Bäckerladen. Der Geruch von frischem Brot stieg ihm in die Nase. Sein Vater stand vor ihm, ohne ihn zu erkennen. Er verbeugte sich vor dem imponierenden jungen Offizier, der ihm sporenklirrend, eine Hand vorschriftsmäßig am Säbelgriff, die unerhörte Ehre seines Besuches erwies: Dann: Stutzen, Staunen, Erkennen. Weit aufgerissene Augen. Zurücktaumeln. Sprachlosigkeit.

Da kam die Mutter über die Treppe herunter, in Lumpen gekleidet, kränklich und blaß wie eh und je – wie einer der Todeskandidaten da draußen. Sie war spürbar gealtert in den letzten Jahren.

Sie erkannte ihn sofort, fiel ihm um den Hals. Tränen stürzten aus ihren Augen.

Draußen krachte das Fallbeil nieder. Die Menge brüllte auf vor Begeisterung. Das Geheul verebbte. Nur Gemurmel war noch zu hören, wie das Rauschen des Gewitterregens nach einem Donnerschlag.

»Ich bin gekommen, um euch um Verzeihung zu bitten.«

Vidocqs Stimme klang belegt.

»Wir haben dir schon längst verziehen«, sagte die Mutter.

Der Vater stand daneben, nicht ganz so versöhnlich gestimmt, denn er dachte an seine gestohlenen Ersparnisse. Die Uniform des Sohnes raubte ihm jedoch die Sprache, unterdrückte die Worte des Vorwurfs, die er sich vorgenommen hatte zu sagen, falls der Dieb jemals zurückkehrte.

Nun stand er da, eben dieser Dieb, achtzehn Jahre alt, als Offizier, in Uniform. An Ohrfeigen war nicht zu denken.

»Ich werde alles wiedergutmachen«, sagte Vidocq.

»Rede nicht. Es ist gut, daß du da bist.« Die Mutter streichelte die Ärmel seiner Uniform.

Das Gejohle der Menge da draußen auf dem Waffenplatz schwoll allmählich an, wie eine Flutwelle, denn wieder wurde ein Mensch, Todesangst im Gesicht, unter die Guillotine gelegt. Gleich war es soweit . . .

»Ich hoffe«, sagte Vidocq, »ihr schämt euch nicht, daß euer Sohn ein Dieb ist . . . ein Dieb war. Sicherlich weiß es die ganze Stadt.«

»Niemand weiß es«, sagte die Mutter, »niemand. Wir haben dich nicht angezeigt, denn wir wollten dein Leben nicht zerstören.«

»Ihr habt mich nicht angezeigt?« fragte Vidocq entgeistert.

Brüllendes Aufheulen der Massen draußen im Augenblick des Todes. Rasender Beifall für die grinsenden Henker. Der Jubel verebbte diesmal langsamer als zuvor. Das Volk war in Stimmung gekommen.

Im dunklen Bäckerladen sank Vidocq stöhnend auf einen Stuhl. Er stützte das Gesicht in die Hände. »Ihr habt mich nicht angezeigt«, wiederholte er leise. Starr blickte er zu Boden. Er erinnerte sich, wie er damals Leutnant de Brissac einen falschen Namen angegeben hatte, aus spontaner Angst, die Polizei könnte nach ihm suchen – nach François Eugène Vidocq, dem Dieb der väterlichen Ersparnisse. Es wäre gar nicht nötig gewesen, zu lügen! Selbstvorwürfe und späte Reue brachen schmerzhaft über ihn herein: Hätte er nur nicht gelogen, damals, hätte er nur seinen Vorsatz ausgeführt, das neue Leben ohne Lüge zu beginnen! Dann könnte er jetzt, dank der Rücksichtnahme seiner Eltern, ohne Sorgen in die Zukunft sehen. Alles wäre gut. Er könnte alles erreichen beim Militär, sogar General könnte er werden. Mit seinem richtigen Namen. Er könnte General Vidocq werden – aber General Rousseau? Die Lüge, er spürte es in diesem Moment mehr als je zuvor, würde ihm irgendwann einmal zum Verhängnis werden. Der falsche Name war eine Zeitbombe in seinem Lebenslauf. Irgendwann würde sie explodieren. Was dann?

Die Fenster des Bäckerladens klirrten im Begeisterungsschrei der Massen draußen. Ein blutüberströmter Kopf war soeben wieder in den Korb gefallen.

Der Schwindel fliegt auf

Nach dem Besuch im Elternhaus am 23. Juni 1793 zog Vidocq, versehen mit den Segenswünschen von Vater und Mutter, zurück an die Front.

Seine Chancen stiegen immer mehr, denn die Verfolgung der Aristokraten machte bald auch vor der Armeespitze nicht mehr halt. Die adligen Heerführer wurden gestürzt, verhaftet, teils gelang ihnen in letzter Sekunde die Flucht, teils landeten sie unter der Guillotine. In die frei werdenden Posten drängten begabte Offiziere bürgerlicher Herkunft nach, und so kam es, daß Vidocq Brigadier wurde, in einer Armee allerdings, deren Regimenter, Bataillone und Kompanien nicht mehr nach Herrscherhäusern, nach Prinzen oder nach Landstrichen benannt, sondern mit Nummern bezeichnet wurden. Das Infanterieregiment Bourbon beispielsweise, in dem Vidocq diente, hieß nun Infanterieregiment Nr. I.

Vidocq kam viel herum während der Koalitionskriege. Auch in seinem Privatleben tat sich einiges. Er verlobte sich einige Male und heiratete eine gewisse Marie Anne Louise Chevalier, doch seine Ehe ist kaum der Erwähnung wert. Denn nach der Hochzeit am 8. August 1794 riefen ihn seine Pflichten sofort wieder fort von seiner Frau, die er nicht länger als fünf Tage gekannt hatte – und erst bei der Scheidung wiedersah.

Während er an der Front an wechselnden Kriegsschauplätzen eingesetzt wurde, geriet in Paris die Revolution völlig außer Kontrolle. Die Führer der Schreckensherrschaft wurden selbst Opfer des von ihnen ausgelösten Blutrausches: Marat starb am 23. Juli 1793 in der Badewanne unter den Dolchstichen des adligen Fräuleins Charlotte Corday d'Armens. Robespierre drängte nach Alleinherrschaft und wollte Danton und

Fouché beseitigen. Es gelang ihm, Danton zu stürzen und am 5. April 1794 hinrichten zu lassen, allerdings wurde er wenige Wochen später selbst gestürzt und am 28. Juli 1794 hingerichtet, und zwar auf Veranlassung von Fouché, der, wie immer, als graue Eminenz aus dem Hintergrund wirkte. Fouché wandte sich geschmeidig den neuen Machthabern zu, den fünf Vertretern des sogenannten »Direktoriums«, das sich als Reaktion auf Terror und Volksdiktatur gebildet hatte. Und als am 5. Oktober 1795 ein bürgerlicher General aus Korsika namens Napoleon Bonaparte, nur 1,55 Meter groß, den Aufstand der Royalisten – der Befürworter eines neuen Königstums – niederschlug, da erkannte Fouché die eminente militärische und politische Begabung dieses Mannes. Er schien zu wittern, daß diesem kleinen Mann aus Korsika eine große Karriere bevorstand. Flugs schloß der schlaue Fuchs Fouché sich Napoleon an, als graue Eminenz, wie gehabt, als aalglatter Einflüsterer. Er legte in weiser Voraussicht seines eigenen Vorteils den Grundstein für eine Verbindung – Freundschaft konnte man wohl nicht sagen –, die später größten Einfluß haben sollte auf die Weltgeschichte. Und auf den persönlichen Lebensweg des François Eugène Vidocq.

Vidocq befand sich zu dieser Zeit mit seinem Regiment nahe von Lille an der französisch-belgischen Grenze.

Eines Tages im Oktober erschien auf dem Lagerplatz ein fahrender Barbier. Er stellte im freien Feld einen Stuhl auf und wartete auf Kundschaft. Sein pelerineartiger Überwurf aus gelbem Samt starrte vor Schmutz. In seiner großartig aufgetürmten Haarlocke steckte ein roter Kamm, das weithin leuchtende Zeichen seiner Zunft. Er verbeugte sich mehrmals tief, als die ersten Offiziere – unter ihnen Vidocq – auf ihn zukamen, um sich von ihm die Haare schneiden zu lassen.

Den Vortritt hatte natürlich der Regimentskommandeur, ein General, der sich als erster auf dem Stuhl niederließ. Der Barbier band ihm ein schmutzigweißes Tuch um den Hals, fingerte den roten Kamm aus der eigenen Lockenpracht und begann das schüttere Haar des Kunden zu kämmen. Dann griff er zur Schere. Während er routiniert drauflosschnipselte, blickte er auf die anderen Offiziere, die wartend herumstanden.

Plötzlich rief er: »Ja, gibt es denn so was? Das ist doch Vidocq aus Arras!«

Vidocq zuckte zusammen, tat aber so, als fühlte er sich nicht angesprochen. Die Offiziere blickten einander verwundert an. Sie wußten nicht, wer von ihnen gemeint war.

»He, Vidocq«, rief der Barbier, mit der Schere auf ihn zeigend, »kennst du mich nicht mehr?«

Vidocq kannte ihn wohl: es war Bourselle, ein Friseur aus Arras. Er zog es allerdings vor, keine Antwort zu geben.

Der Vorfall hatte Aufsehen erregt. Die anderen Offiziere blickten auf Vidocq. Der General wandte sich um. »Wer ist Vidocq?« fragte er den Barbier.

»Na, der da drüben.« Die Schere wies auf Vidocq.

»Brigadier Rousseau«, sagte der General zu Vidocq, »können Sie sich erklären, was der Mann da meint?«

Vidocq schwieg.

Nun faßte der General Verdacht. Er erhob sich, band das schmuddelige Tuch ab und schritt auf Vidocq zu. »Können Sie eine Erklärung abgeben, Brigadier Rousseau? Wieso behauptet dieser Barbier, Ihr Name sei Vidocq?«

»Ich weiß nicht.« Die Stimme Vidocqs klang wenig überzeugend. »Vielleicht eine Verwechslung.«

»Eine Verwechslung!« ließ sich nun der Barbier empört vernehmen. »Ich bin doch nicht blöd! Ich verwechsle den Mann da nicht. Das ist Vidocq aus Arras.«

»Brigadier Rousseau«, beharrte der General, »ich erwarte eine Erklärung.«

Keine Antwort. Vidocq verscheuchte eine Fliege, die vor seiner Nase herumschwirrte. In der Ferne war Kanonendonner zu vernehmen.

»Brigadier Rousseau, antworten Sie! Heißen Sie Rousseau oder Vidocq? Ich frage Sie bei Ihrer Ehre als Offizier der französischen Armee, ob . . .«

»Ja – ich heiße Vidocq!«

Zwei Stunden später erzählte Vidocq vor einem schnell einberufenen Ehrengericht der Offiziere seine Geschichte. Das Urteil: schimpfliche Ausstoßung aus der Armee, Degradierung, Verhaftung wegen falscher Namensführung. Am selben Tag noch kam Vidocq ins nahe gelegene Gefängnis von Lille. Er war damals zwanzig Jahre alt.

Flucht mit Dschingis Chan

Das Gefängnis von Lille, der sogenannte St.-Peters-Turm, war ein mehrstöckiger, aus großen Steinquadern zusammengefügter Rundbau, vergittert und verriegelt, zusätzlich noch gesichert von einer etwa drei Meter hohen Mauer, die ihn im Abstand von einigen Schritten umgab. In dem Rundgang zwischen Bau und Mauer patrouillierten Tag und Nacht Wachtposten mit einem Hund. An Flucht war kaum zu denken. Selbst gerissene Ausbrecher waren an den Sicherheitsmaßnahmen gescheitert.

Vidocq, bis vor wenigen Stunden noch Offizier, frei, selbständig und von den Soldaten mit Ehrerbietung behandelt, empfand es wie einen Höllensturz, als er, an

Ketten geschlossen, von Gendarmen mit Kolbenstößen vorangetrieben, ins Gefängnis stolperte.

Bedrückende Enge schon in der Aufnahmestube, wo ein griesgrämiger Gendarm, ohne ihn eines Blickes zu würdigen, seinen Namen in ein Buch eintrug.

Die Ketten wurden ihm abgenommen. Er mußte seine Kleider ausziehen und in die knallrote Sträflingskluft schlüpfen. Dann wurde er ins Innere des Gefängnisses geführt, durch einen langen Gang im Parterre tief hinein in den mittelalterlichen Steinbau. Links und rechts schwere Balkentüren, aus dicken Baumstämmen zusammengezimmert.

Vor einer dieser Türen machten die Gendarmen halt. Schlüssel rasselten. Der Riegel polterte, als er zurückgeschoben wurde. Die Tür war so schwer, daß zwei Gendarmen sich mit ihren Schultern dagegenlehnen mußten, um sie aufzuwuchten. Die Angeln quietschten.

Eine Öffnung tat sich auf, düster und miefig, der Gestank von Schweiß und Schmutz drang ihnen entgegen.

Vidocq rang nach Luft und wich zurück – doch ein paar Gendarmenfäuste packten ihn. Es gab kein Entkommen. Er bekam einen Fußtritt und flog kopfüber hinein in das schwarze Loch.

Allmählich gewöhnten sich seine Augen an die Düsternis. Durch ein einziges vergittertes Fenster fiel schwaches Licht. Er sah, daß er sich in einer Massenzelle befand, unter einer Schar von Menschen, die fast alle zum Skelett abgemagert waren. Gesichter waren zu erkennen, Zähne, glanzlose Augen, die tief in den Höhlen lagen. Wie Totenköpfe wirkten sie, diese Gesichter der Gefangenen. Gespenstisch war's, als sich die skelettartigen Gestalten langsam aufrichteten, um ihn, den Neuen, besser sehen zu können.

»Hippeg im Knast!« rief ihm mit krächzender Stimme ein Greis zu, der vor ihm saß. Vertraute Töne waren das, vertraut und fatal. Denn es waren Worte der Gaunersprache, das Rotwelsch, das Vidocq aus der Unterwelt von Arras kannte. Er hatte gehofft, nie wieder Rotwelsch zu hören. Und nun wurde er begrüßt mit den Worten »Willkommen im Gefängnis«.

Verzweiflung packte Vidocq. »Ich smergs dada nicht paschulke«, brach es aus ihm heraus, »ich kann's hier nicht aushalten!« Er sank vor dem Greis zu Boden.

»Man smerg monde paschulke«, sagte der Greis, indem er Vidocq seine Knochenhand auf die Schulter legte. »Man kann vieles aushalten.«

Einige Minuten vergingen. Vidocq versuchte, seine Verzweiflung zu beherrschen. Sein Lebenswille erwachte. Es dauerte nicht lange, dann hatte er sich wieder im Griff.

»Gibt's Plöckel z'amratschieren?« fragte er den Greis. »Gibt's eine Chance zu flüchten?«

Der Greis legte den Finger an seinen eingefallenen Mund. »Batsch Fress, sonst schündelt dich einer den Fieseln – sprich leise, sonst verrät dich einer den Gendarmen.«

»Gibt's denn keinen hier, der flüchten will?« flüsterte Vidocq.

»Doch«, die Stimme des Greises war kaum hörbar, »dort drüben: der Dschingis Chan. Keiner weiß, daß er flüchten will. Keiner außer mir.« Er zeigte auf einen Mann, der nahe dem Fenster saß und einigermaßen gut erkennbar war.

Dschingis Chan hatte wulstige Lippen, geschlitzte Augen, geschwungene Brauen und einen Kranz langgekräuselter Haare. Er wirkte besser ernährt und kräftiger als die anderen.

Vidocq ging auf ihn zu, setzte sich neben ihn und begann ein Gespräch. Sein Rotwelsch schaffte Vertrauen.

Der Mann mit dem Spitznamen Dschingis Chan

war kein Asiate, wie sein Äußeres vermuten ließ, sondern ein Franzose, der wegen Einbruchdiebstahls zehn Jahre Gefängnis abzusitzen hatte und sich – wie er alsbald flüsternd zugab – tatsächlich mit Fluchtgedanken trug. Er vertraute Vidocq an, daß er im geheimen Besitz einer »Schleifglanze«, einer Feile, war und während der letzten Nächte zu den Schnarchtönen der Mithäftlinge mühselig die Gitterstäbe am Fenster angesägt hatte. Alles war vorbereitet. Jetzt wartete er nur noch auf einen Fluchtpartner, denn er konnte ohne fremde Hilfe nicht über die drei Meter hohe Mauer im Gefängnishof flüchten.

»Machst du mit?« fragte er.
»Ja. – Wann?«
»In der kommenden Nacht.«

Im Lauf der Nacht rissen sie eine Decke in Streifen, die sie zu einem provisorischen Seil knüpften.

Um etwa drei Uhr früh sägte Dschingis Chan leise die Eisenstangen durch. Er wartete, bis draußen die Wachtposten mit ihrem Hund vorbeigezogen waren und auf ihrem Patrouillengang die andere Seite des Gefängnisses erreicht haben mußten, dann nahm er den Gitterrost heraus, schlüpfte durch das Fensterloch und sprang auf den Pflasterboden des Rundgangs. Sekunden später stand Vidocq neben ihm.

Sie hatten keine Zeit zu verlieren.

Vidocq machte vereinbarungsgemäß die »Räuberleiter«: Er lehnte sich mit dem Rücken an die etwa drei Meter hohe Mauer, die den Rundgang zur Außenwelt hin begrenzte, und bildete mit den verschränkten Fingern der herabhängenden Arme eine Art Steigbügel. Dschingis Chan stieg erst mit dem linken Fuß in diesen Steigbügel, dann mit dem rechten Fuß auf Vidocqs Schulter, und von dort schwang er sich auf den Mauersims. Vor ihm lag die Freiheit.

Plötzlich wütendes Hundegebell, Alarmrufe, das Scheppern einer Glocke. Die Flucht war entdeckt!

Vidocq blickte nach oben. Würde Dschingis Chan flüchten und ihn im Stich lassen?

Der Wachhund, furchterregend wie der Teufel, schwarz, gesträubtes Rückenhaar, die Zähne gebleckt, kam durch den Rundgang gerast, auf Vidocq zu, gefolgt von zwei Gendarmen, die im Laufen ihre Gewehre von den Schultern nahmen.

Dschingis Chan bewies Ganovenehre. Er blieb – obwohl er sich einen großen Vorsprung hätte herausschlagen können – auf der Mauer stehen und entrollte das provisorische Seil. Vidocq ergriff es und hangelte sich empor. Keine Sekunde zu früh, die Zähne des hinter ihm hochspringenden Hundes schnappten ins Leere.

Vidocq und Dschingis Chan ließen sich vom Mauersims ins taufeuchte Gras fallen, und dann rannten die Ausreißer auf das nahe Häusermeer Lilles zu, kreuz und quer durch die Gassen, so ziellos, daß sie einander aus den Augen verloren.

Kurz darauf donnerten drei Kanonenschüsse durch die Nacht. Vidocq verharrte in seinem Lauf und blickte sich gehetzt um. Er wußte: drei Kanonenschüsse signalisierten der Bevölkerung die Flucht von Strafgefangenen, forderten die Bürger zur gnadenlosen Jagd nach Männern in Sträflingskleidern auf. Drei Kanonenschüsse, das hieß: Fangt die Ausreißer! Bringt sie zurück, tot oder lebendig, egal, die Belohnung gibt es in jedem Fall!

Hinter den Fensterscheiben flammten Lichter auf. Schattenbilder von Menschen, die in Kleider schlüpften, waren zu sehen. In wenigen Minuten würden die Männer der ganzen Stadt ihn hetzen, einige würden ihn fassen, zusammenknüppeln, totschlagen. Die drei Kanonenschüsse gaben ihnen ja den Freibrief. Viele Hunde sind des Hasen Tod.

Vidocq flitzte durch eine Toreinfahrt in einen Hinterhof und prallte zurück beim Anblick eines alten Mannes, der auf dem Pflaster saß, offensichtlich eben erst von den Kanonenschüssen geweckt. Er hatte einen Spitzbart, trug eine schwarze Hose und einen abgewetzten, an vielen Stellen zerrissenen Gehrock, dem man den vornehmen Zuschnitt auch jetzt noch ansah. Ein wandernder Quacksalber war's, denn neben ihm stand ein Bauchladen mit allerlei Arzneiflaschen, und ein Trödler war er wohl auch nebenbei, wie ein vollgepackter Sack verriet.

Schon wollte Vidocq sich umdrehen und hinaushetzen auf die Straße, da hörte er den Alten rufen: »He, Jingelchen, Novotny hat dich blinkert. Spenn da! – He, Junge, niemand hat dich gesehen. Bleib da!«

Das Rotwelsch beruhigte Vidocq. Er blieb stehen. Wenn der Mann ein Gauner war, so überlegte er, dann würde er ihm vielleicht helfen.

Der Alte kramte eine Jacke und eine Hose aus dem Sack: »Da – wechsle die Klamotten, schnell.« Er hielt sie ihm entgegen.

Vidocq sprang hinzu, griff danach, doch da zog der Alte die Kleider wieder zurück, als wollte er sie nicht hergeben.

»Was soll das?« sagte Vidocq atemlos. »Geben Sie her. Ich habe keine Zeit zu verlieren.«

»Du kriegst die Klamotten nur, wenn du versprichst, mit mir auf die Walz zu gehen.«

»Ja.«

Die Kleider flogen vor seine Füße. Vidocq riß die verräterische Häftlingskluft vom Körper, zog Jacke und Hose an.

Dann setzte er sich, scheinbar schlaftrunken blinzelnd, neben den Alten, der die abgelegten Lumpen inzwischen im Sack versteckt hatte. Draußen auf den Gassen war das Geschrei und Getrappel hin und her laufender Menschen zu hören. Die Jagd nach den Flüchtlingen war in vollem Gange. Männer mit Messern, Knüppeln, Äxten und Seilen in den Händen schauten gelegentlich in den Hinterhof hinein, für Sekunden nur, denn es war auf einen Blick zu sehen, daß es dort keine Gefangenen gab, sondern nur einen fahrenden Wundarzt und seinen jungen Gehilfen.

Die Geheimnisse des Hexenbanners

Der Quacksalber hieß Christian und behauptete von sich, daß er der größte Wundarzt für Mensch und Tier sei, weil er Schadenzauber bannen könne. Er war also das, was man heute im Sprachgebrauch der modernen Kriminalistik einen »Okkulttäter« nennt: ein Gauner, der sein Geschäft mit dem Aberglauben der Bevölkerung macht.

In jenen Tagen waren die Chancen für diese Art von Gaunern groß. Fast alle Menschen glaubten an Zauberei und Schwarze Magie. Daß Krankheiten natürliche Ursachen haben könnten, kam ihnen nicht in den Sinn. Wer beispielsweise an Grippe erkrankte, den hielten sie für behext, vom bösen Blick oder von ähnlichem Schadenzauber verfolgt, und wenn eine Kuh keine Milch mehr gab, dann glaubten sie, das Tier sei verflucht worden oder das Opfer magischer Bannsprüche. Gesund wurden Mensch und Tier ihrer Meinung nach nur, wenn der Arzt gleichzeitig auch Hexenbanner war und etwas vom Gegenzauber verstand, wenn er nicht nur Arzneien verabreichte, sondern auch allerlei Hokuspokus trieb, um die schwarzen Mächte in den Griff zu bekommen.

Christian also war so ein Arzt und Hexenbanner, und Vidocq zog am nächsten Morgen mit ihm aufs Land hinaus. Er wunderte sich, mit welcher Ehrfurcht der Quacksalber, dem offensichtlich ein großer Ruf vorausging, überall empfangen wurde.

Vidocqs Aufgabe war es, den schweren Bauchladen zu schleppen, außerdem mußte er bei den Zauberritualen, die der alte Christian ausführte, den Assistenten spielen: er zündete Kerzen an, ließ Feuerwerkskörper explodieren und drängte die Zuschauer zurück, wenn der große Wundarzt vor den Kranken in Meditation versank oder magische Formeln murmelte. Mit diesem Hokuspokus hatte er unbestreitbaren Erfolg, der alte Hexenmeister. Denn die Menschen genasen von ihren meist harmlosen Krankheiten – von Fieberanfällen, Grippe, Kopfschmerz und dergleichen – schneller als sonst, weil sie an die schwarzen Künste Christians glaubten.

Bei Tieren mußte der Quacksalber freilich andere Methoden anwenden. Er hatte da ein ganz besonderes Rezept: zwei Tage bevor er in ein Dorf oder auf einen Hof kam, beauftragte er Vidocq, vorauszueilen, heimlich in die Stallungen einzudringen und dort ein gewisses Pulver in das Futter zu schütten.

»Laß dich ja nicht erwischen dabei«, hatte er Vidocq beim erstenmal eingeschärft.

»Warum? Was soll das alles? Was ist das für ein Pulver?«

»Weißt du, Jingelchen, dieses Pulver ist heilsam, ein großartiges Medikament, aber es wirkt erst nach zwei Tagen. Ich brauche den schnellen Erfolg. Deshalb gibst du diese Arznei zwei Tage vor meiner Ankunft, und wenn ich ins Dorf komme, wirkt das Pulver pünktlich. Ich mache dann meinen Zauber, gebe noch ein paar überflüssige Pillen, und die seit langem kranken Tiere sind plötzlich gesund. Hast du kapiert?«

Vidocq kam das alles etwas seltsam vor, aber er tat, wie ihm geheißen, so lange, bis er hinter den Schwindel kam. Er hörte nämlich von den Bauern immer wieder, daß die Tiere bei ihrem Eintreffen genau zwei Tage lang krank waren, seit dem Zeitpunkt also, da er das Pulver in das Futter geschüttet hatte. Und plötzlich ging ihm ein Licht auf.

»Christian«, sagte er, als sie nach einer längeren Reise nach Lille zurückkehrten und die Mauern der Stadt schon zu sehen waren, »Christian, Sie sind ein ganz gerissener Gauner.«

Der Alte widersprach nicht, er fühlte sich nicht beleidigt, eher geschmeichelt. Mit verschmitztem Grinsen sagte er: »Laß hören, wieso du zu dieser Erkenntnis gekommen bist.«

»Das Pulver, das ich ins Futter mische, ist keine Arznei, sondern ein Gift. Es macht gesunde Tiere krank. Wenn Sie dann als der große Heilkundige ins Dorf der kranken Kühe kommen, werden Sie mit offenen Armen und offenen Geldbörsen empfangen. Weil Sie die Ursache der Erkrankung kennen, können Sie sie heilen. Sie geben ein Gegenmittel, und die Tiere werden wieder gesund.«

»Gut beobachtet, Jingelchen. Du irrst nur in einem Punkt: meine Gegenmittelchen taugen nichts.«

»Wieso werden die Tiere dann gesund?«

»Das Gift, das du ihnen ins Futter mischst, wirkt nur zwei Tage lang. Nach zwei Tagen werden die Tiere von selbst wieder gesund. Da ich zu diesem Zeitpunkt komme, meine Medikamente gebe und meinen Zauber treibe, denkt alle Welt, daß ich das Vieh gesund gemacht habe.« Er lachte.

»Ich mache diese Gaunerei nicht mehr mit«, sagte Vidocq.

Christian erschrak. Er blieb stehen. »Was bist du doch für ein Idiot!« sagte er. »So leicht verdienst du nimmermehr dein Geld. Als mein Gehilfe geht es dir doch gut. Außerdem: ich bin ein alter Mann. Ich vererbe dir einmal mein Geschäft. Dann kannst du das Geld allein scheffeln.«

»Ich will nichts mehr davon wissen. Ich will ein ehrliches Leben führen.«

»Wie willst du das anfangen – als entsprungener Häftling? Ein anständiges Leben, wenn ich so was schon höre! Du Narr! Das ist doch unmöglich für dich. Du mußt immer auf der Flucht sein, immer im Untergrund, sonst erwischen sie dich. Wenn du irgendwo mit deinem richtigen Namen auftrittst, dann schnappen dich die Fieseln. Wenn du irgendwo ein Handwerk oder ein Gewerbe ausübst, dann ist es nur eine Frage der Zeit, bis du wieder in Ketten liegst. Du hast keine Chance, ein anständiges Leben zu führen. Ich aber gebe dir die Chance zu einem guten Auskommen. Du hast Talent. Du bist geschickt, wenn es gilt, in die Ställe einzuschleichen und das Gift in die Tröge zu streuen. Bis jetzt hat dich noch niemand erwischt. Du hast schauspielerische Begabung, was sehr wichtig ist für den Hokuspokus, den wir ausführen. Sei vernünftig!«

»Ich weiß, daß meine Chancen gering sind. Trotzdem will ich ein ehrliches Leben anfangen.«

»Deine Chancen als entsprungener Häftling sind nicht gering – sie sind null und nichtig.«

»Ich werde jetzt fortgehen. Alles Gute, Christian.«

»Halt, Jingelchen! Siehst du dort das Haus am Stadtrand, außerhalb der Mauern?« Christian wies auf ein verfallenes Gebäude, das von dem Ruß aus dem Schornstein einer nahen Schnapsbrennerei schwarz gefärbt war.

»Ja.«

»Dort wohne ich, zusammen mit meinen Freunden. Komm mit dorthin. In unserem Kreis kannst du ein neues Leben beginnen.«

»Ein anständiges Leben?«
»Nun, hm, ein anständiges Leben – das nicht.«
»Dann habe ich kein Interesse.«
»So komm doch einmal mit, für kurze Zeit nur, vielleicht gefällt es dir.«

Vidocq zuckte mit den Achseln. Für ein paar Stunden konnte er ja mitgehen.

Das schwarze Haus der Trickdiebe

Das Haus bestand nur aus einem einzigen großen Raum. Durch das schadhafte Schindeldach sickerte das Tageslicht. Die Wände waren rußgeschwärzt. Um ein offenes Feuer auf dem Fußboden lagerten Gestalten mit schwarzem Haar, dunkler Haut und bunten, fremdländischen Kleidern. Sie erhoben sich, als Christian und Vidocq eintraten. Der billige Schmuck, den Frauen wie auch Männer trugen, glitzerte im Feuerschein. In einer Ecke waren Gitarrenklänge zu hören.

»Kinder, ich bringe einen Neuen!« rief Christian.

Im Nu war Vidocq umringt, die Männer schüttelten ihm die Hand, die Frauen umarmten ihn. Er wurde genötigt, sich auf den Boden zu setzen, und bekam ein Stück Lammbraten in die eine Hand gedrückt, eine halbleere Rotweinflasche in die andere. Die Männer und Frauen hockten sich um ihn herum.

»Du siehst, daß man dich hier herzlich aufnimmt, Jingelchen«, sagte Christian, der ebenfalls zu essen und zu trinken bekommen hatte. Er schmatzte und schlürfte mit Behagen.

Später, nach dem Essen, nahm er Vidocq beiseite. »Diese Leute«, erklärte er, »sind alle keine Franzosen, sondern Menschen aus fernen Ländern, aus dem Orient, dem Balkan, aus Spanien. Einige von ihnen sind Zigeuner. Sie haben eine Bande gebildet und halten zusammen wie Pech und Schwefel. Dank meiner Empfehlung haben sie dich akzeptiert. Du kannst Bandenmitglied werden. Das ist eine große Ehre für dich – und eine Chance. Deine einzige Chance.« Und dann begann Christian zu erklären, warum Vidocqs einzige Chance darin bestand, Mitglied dieser Bande zu werden. Mit der eindringlichen Beredsamkeit, die er als fahrender Hexenbanner entwickelt hatte, erzählte er folgendes: Die Bande bestand aus Wahrsagerinnen, Handleserinnen, Messerschluckern, Marionettenspielern, Seiltänzern, Bärentreibern und ähnlichen Artisten, die – zusammen mit einigen Einbrechern – in Gruppen zu fünf bis acht Personen durchs Land reisten, aber immer wieder, nach spätestens zwei Wochen, in das rußgeschwärzte Haus am Stadrand von Lille zurückkehrten. Die Künste, die von den Artisten auf den Dorfplätzen gezeigt wurden, waren nur ein Vorwand, um die Zuschauer von zu Hause wegzulocken. Während nämlich die Wahrsagerinnen und Seiltänzer, die Jongleure und Bärentreiber das Volk unterhielten, schlichen andere Bandenmitglieder in die unbeaufsichtigten Häuser. Wachhunde oder versperrte Türen waren kein Problem für sie. Denn die Bande hatte für jede Aufgabe einen »Spezialisten«. Da gab es einen, der mit einem Stück Draht jedes Schloß öffnete – und auch wieder versperrte, was sehr wichtig war, damit der Einbruch nicht sogleich entdeckt wurde. Ein anderer verstand es meisterhaft, mit Hunden umzugehen: er besänftigte trickreich die bissigsten Wachhunde und schläferte sie mit präparierten Fleischködern ein. Dann gab es unter der Bande einige Talente, die mit fast hellseherischer Begabung alle nur denkbaren Geheimfächer in Schränken und Schubladen, unter Bodenbrettern und hinter Täfelungen auf einen Blick entdeckten und somit Zugang schafften zu den Ersparnissen, zu den wirklichen Schätzen. Einer stand inzwischen Schmiere, das heißt, er paßte auf, ob die Hausbesitzer heimkehrten, und gab den Einbrechern unauffällige Warnsignale. »Und du, Jingelchen«, sagte Christian schließlich ermunternd, »wirst ordentlich in die Lehre genommen. Du sollst hier was Gescheites lernen. Wie man ein Schloß knackt, beispielsweise, wie man einen bissigen Hund beruhigt, wie man eine Uhr oder einen Geldbeutel aus fremden Taschen fingert und derlei nützliche Dinge mehr. Bei deiner Klugheit und deiner Geschicklichkeit wirst du ein ganz Großer. Glaub mir, du hast das Zeug in dir. Du wirst ein Gauner, von dem man im ganzen Land voll Ehrfurcht sprechen wird.«

Vidocq war von der Aussicht auf solchen Ruhm keinesfalls so angetan, wie Christian hoffte. »Nein, danke«, sagte er, »ich habe andere Ziele. Ich will ein ehrliches Leben beginnen.«

»Jingelchen«, sagte Christian begütigend, ganz langsam, wie zu einem Narren, dessen Gerede man nicht ernst nehmen dürfte, »Jingelchen, laß doch diese unsinnigen Pläne fallen. Es ist zu spät, ein ehrliches Leben zu führen. Deine Vergangenheit läßt sich nicht mehr abschütteln. Sowie du versuchst, ein ehrliches Leben zu beginnen, bist du schon geliefert. Kaum zeigst du dich sozusagen im Tageslicht – schnappt dich die Polizei. Ich hab's dir doch schon einmal gesagt. Renn doch nicht in dein Verderben. Du mußt den Weg beschreiten, den ich dir empfehle: du muß ein Gauner werden. Nur dann kann ich dich vor dem Gefängnis schützen . . .«

»Sie können mich vor dem Gefängnis schützen? Sie?«

»Freilich.«

»Ja – wie denn?«

»Hör mir zu! Wir haben, wie gesagt, Spezialisten für

alle Arten von Gaunereien. Auch Paßfälscher. Du bekommst zunächst einmal einen falschen Paß. Damit ist die Sache schon geritzt. Es gibt keine Probleme mehr. Vergiß nicht, daß wir hervorragend organisiert sind. Unsere Bande schützt dich mit Zeugenaussagen, was immer auch gegen dich vorgebracht wird. Wenn einer daherkommt und sagt, daß du Vidocq heißt, dann kommen von uns zwei, die jeden Eid ablegen, daß du anders heißt. Wenn die Polizei zwei Belastungszeugen daherbringt, die aussagen, daß du im Westen der Stadt etwas ausgefressen hast, dann bringen wir drei Entlastungszeugen, die dir für die Tatzeit ein Alibi im Osten der Stadt geben. Wir haben immer um mindestens einen Zeugen mehr. Einen falschen Zeugen, ja, zugegeben. Aber glaub mir, ob falscher oder echter Zeuge, das ist egal. Die Anzahl macht's. Vor Gericht gilt ein Meineid genausoviel wie ein Eid. Die Richter sind ja keine Hellseher, um die Lüge von der Wahrheit trennen zu können. Wenn drei falsch schwören, wird ihnen mehr geglaubt, als wenn zwei richtig schwören. Wir haben Erfahrung auf diesem Gebiet. Und diese Erfahrung wollen wir dir mitteilen. Sei doch nicht undankbar, Jingelchen. Wenn du Mitglied unserer Bande bist, wirst du nie mehr wieder ein Gefängnis von innen sehen. Wenn du nicht bei uns bleibst, bist zu verloren.«

Vidocq ließ sich nicht überreden. »Ich gehe fort von hier. Vielen Dank, Christian, für den guten Willen, den Sie gezeigt haben.« Damit erhob er sich und verließ das Haus.

»Jingelchen, der erste Gendarm, der dich aus dem Gefängnis kennt, wird dich verhaften!« rief Christian zum Abschied.

Wenig später wurde Vidocq verhaftet. Der erste Gendarm, dem er über den Weg lief, hatte ihn als Ausreißer erkannt: »Halt, Hände hoch! Umdrehen. Abmarschieren.«

Mit erhobenen Händen, den Gewehrlauf in den Rücken gedrückt, von Spott und Schmähreden schadenfroher Bürger begleitet, so mußte Vidocq vor dem Gendarmen durch die Gassen der Stadt marschieren, dem St.-Peters-Turm zu.

In der Aufnahmestube wurde er mit ironischer Wiedersehensfreude begrüßt. Ein Gendarm teilte ihm im Tonfall selbstgefälliger Belehrung mit, daß Dschingis Chan unmittelbar nach seiner Flucht in der Stadt von Bürgern erkannt und an Ort und Stelle totgeschlagen worden war. Die Häscher hatten seine Leiche zum Gefängnis gebracht, um die Belohnung beanspruchen zu können. »Das soll dir eine Lehre sein«, sagte der Aufnahmebeamte, »so wird es dir auch ergehen, wenn du noch mal ausreißen solltest. Hier, nimm die Gefängniskleider, damit dich jeder als Sträfling erkennt. Ich hoffe, du bist vernünftig genug, solchen Unsinn zu lassen.«

Vidocq starrte auf die verräterische Kluft, die ihm hingehalten wurde. Fieberhaft überlegte er, was er tun sollte. Wenn er erst einmal Sträflingskleidung trug, wenn er tief drinnen im Maulwurfsbau des Gefängnisgebäudes steckte, dann waren seine Chancen jedenfalls geringer als jetzt. Er blickte um sich. Die Gendarmen paßten nicht auf, denn hier, in der Aufnahmestube, hatte noch nie ein Gefangener einen Fluchtversuch unternommen. Soviel Frechheit hielten die Gendarmen für unvorstellbar. Deshalb kümmerten sie sich kaum um Vidocq. Sie erwachten freilich jäh aus ihrer Teilnahmslosigkeit, als Vidocq, wie von der Feder geschnellt, dem Ausgang zusprang. Er entriß einem der verdutzten Gendarmen das Gewehr, stürzte zur Tür, hielt die Wächter mit der Waffe in Schach, schob schnell den Riegel zurück, öffnete die Türflügel und raste hinaus in den Gefängnishof, dessen Toreinfahrt gerade geöffnet war, um einen Schub Gefangener einzulassen. Er rannte vorbei an zwei Schildwachen, die derart verblüfft waren, daß sie zu lange brauchten, um die Gewehre von den Schultern zu nehmen und zu zielen. Als sie abdrücken wollten, war es schon zu spät, die Kugeln hätten auch einige in Vidocqs Fluchtrichtung gaffend herumstehende Bürger treffen können.

Es krachten also keine Schüsse, aber Geschrei gab's zu hören, das Fußgetrappel rennender Gendarmen, das Scheppern der Alarmglocken, das Gebell von Hunden, die jedoch nicht losgelassen werden durften, weil sie jedermann anfielen, nicht nur Flüchtlinge.

Vidocq warf das erbeutete Gewehr weg. Er rannte durch die Gassen, kreuz und quer, schlug ein paar Haken, bis er niemanden mehr hinter sich sah, dann fiel er in langsamen Trott. Die Flucht war geglückt. Jetzt galt es, eine neuerliche Verhaftung zu vermeiden.

Vidocq übertrieb seine Vorsicht. Er wagte nicht, sich um Arbeit zu bewerben. Er betrat kein Gasthaus, aus Angst, dort könnte er einem Gendarmen in die Hände laufen. Er drückte sich in Hinterhöfen herum, erweckte dadurch den Argwohn von Hausbesitzern und war gezwungen, sich aufs neue zu verkrümeln.

Bald sah er ein, daß es so nicht weitergehen konnte. Was aber sollte er tun?

Zu Christian und seiner Bande wollte er nicht mehr zurück. Dort wäre ihm zwar geholfen worden, aber nur unter der Bedingung, daß er sich zum Gauner ausbilden ließe – zu »einem Gauner, von dem man im ganzen Land voll Ehrfurcht sprechen wird«. Er hatte die Worte des alten Christian noch im Ohr. Und auch an andere Belehrungen des Hexenmeisters erinnerte er sich: Sowie du versuchst, ein ehrliches Leben zu beginnen, bist du schon geliefert. Kaum zeigst du dich sozusagen im Tageslicht – schnappt dich die Polizei.«

Er schien recht zu haben, der alte Christian.

Vidocq überlegte lang. Schließlich sah er keine andere Möglichkeit, als dort Schutz zu suchen, wo jeder das Tageslicht scheute: im Verbrecherviertel von Lille, in der Unterwelt, die er so gern vermieden hätte. Er wollte sich als Schankkellner bewerben, in einer Gaunerkneipe, die erfahrungsgemäß Hintertürchen und verborgene Ausgänge hatte. Dort hoffte er auf Ruhe und Sicherheit vor polizeilichem Zugriff.

Die Unterwelt von Lille zu finden fiel ihm nicht schwer, denn er kannte ja aus Arras die für alle Verbrecherviertel so typische Atmosphäre von Winkelwerk und Schleichweg, Versteck und Verwahrlosung. Außerdem sah er jedem Menschen auf den ersten Blick an, ob er der Gaunerzunft angehörte oder nicht. Er brauchte gewissermaßen nur in die Luft zu schnuppern und sich – wie ein Fährtenhund – vom eigenen Spürsinn ins Revier der Gauner führen zu lassen.

Die Schenke zum fröhlichen Meineid

Vidocq fand im Verbrecherviertel bald eine Kneipe, die ihm als Unterschlupf geeignet schien. Sie war klein, finster und verstaubt, hatte drei geheime Ausgänge und trug den großspurigen Namen »Grand-Café Europe«, wurde aber von der Kundschaft nur »Schenke zum fröhlichen Meineid« genannt. Dort bekam er Arbeit als Kellner und Tellerwäscher.

Als sich herumsprach, daß er lesen und schreiben konnte, wurde er von Gaunern gebeten, Schriftstücke abzufassen: Gnadengesuche, Bittschriften, Bettelbriefe, Privatbriefe und sogenannte Kassiber, geheime Nachrichten für Gefangene.

Er war bald ein hochgeschätzter Mann. Alle rühmten seine »Gelehrtheit« und seinen Verstand. Einer der Unterweltkönige von Lille, der wegen seiner Vorliebe für das Fluchen »Juhuerbassel«, der Fluchende, genannt wurde, bot ihm sogar einen Posten in seiner Bande an, als Generalstäbler gewissermaßen, der die Pläne für Einbrüche auszuarbeiten hatte. Als Vidocq dankend ablehnte, fluchte »Juhuerbassel« erstaunt.

Mit der Zeit faßten alle Kunden der Schenke Vertrauen zu Vidocq, und so kam es, daß er, ohne es eigentlich zu wollen, in die sorgsam gehüteten Geheimnisse des internationalen Gaunertums eingeweiht wurde.

Er erfuhr, daß Verbrecher nicht gleich Verbrecher war, sondern daß es strenge Standesunterschiede gab. Die »Schenke zum fröhlichen Meineid« beispielsweise war nur Stammlokal der Diebe. Kein Betrüger oder Bettler, kein Wegelagerer oder Halsabschneider durfte dort durch die Tür treten. Die Diebe wiederum hatten zum Beispiel in Räuberschenken keinen Zutritt. Andere Zünfte, andere Lokale.

Innerhalb der Diebeszunft gab es wieder feine Unterschiede. Dieb war nicht gleich Dieb. Die »Boucardiers« brachen nachts in Kaufläden ein, die »Detourneurs« stahlen dort tagsüber während des allgemeinen Gedränges. Die »Rouletiers« holten Koffer und Reisetaschen aus den Gepäckträgern fahrender Kutschen, die »Floueurs« wiederum waren auf Taschendiebstähle spezialisiert. Und so weiter.

Eine Art von Standesrecht zwang jeden Gauner, seiner einmal gewählten Diebestour treu zu bleiben. Ein Taschendieb mußte also immer wieder Taschendiebstähle begehen und durfte nicht den Einbrechern Konkurrenz machen. Einem Einbrecher war es nicht gestattet, Gepäck von fahrenden Kutschen zu stehlen.

Vidocq bekam das alles mit. Er hörte auch, wie sich die Verbrecher in den Kneipen ihrer Schandtaten brüsteten. Oder wie sie Pläne für beabsichtigte Einbrüche schmiedeten. Er wußte daher, wer was verbrochen hatte, er wußte auch im voraus, wann und wo eingebrochen werden würde. Er kannte die Bandenführer, die Schmieresteher, er kannte auch die Hehler, zu denen die Diebe gingen, um die Beute zu verkaufen. Mit seinen Kenntnissen hätte er die halbe Unterwelt von Lillie auffliegen lassen können.

Die Polizei hatte gegenüber den Gaunern keine Chance. Eine gezielte Bekämpfung des Verbrechertums gab es nicht. Erfolge wurden mehr oder weniger dem Zufall überlassen. Die Gendarmen traten prächtig uniformiert in Aktion und waren daher sofort zu erkennen. Ihr Erscheinen löste in der Unterwelt ein ganzes System von Alarmsignalen mit entsprechenden Vorsichtsmaßnahmen aus. Sie wußten nichts von der Organisation der Verbrecher, von den Plänen, sie kannten keine Bandenführer, keine Hehler, sie verstanden das Rotwelsch nicht, und selbst von den seit Jahrhunderten üblichen »Gaunerzinken« hatten sie keine Ahnung. Vidocq freilich kannte das Geheimnis der Zinken. Ein alter Einschleichdieb hatte ihm in der »Schenke zum fröhlichen Meineid« davon erzählt.

Zinken sind internationale Zeichen, die von Gaunern unauffällig neben den Haustüren angebracht werden und der Verbrecherwelt Informationen über die Bewohner übermitteln. Wer das Geheimnis kennt, für den ist jedes Haus gewissermaßen ein offenes Buch. Wenn beispielsweise in einem Haus ein Polizist wohnt, so befindet sich neben seiner Tür als Warnung ein senkrechter Strich mit drei Querstrichen. Ein Quadrat mit einem Punkt darin bedeutet: Besitzer macht von der Waffe Gebrauch. Ein Dreieck: nur Frauen im Haus. Drei Ringe: Bewohner sind sehr reich. Eine Zickzacklinie: bissiger Hund. Eine Wellenlinie: gutmütige Leute, die sich viel gefallen lassen. Wellenlinie im Dreieck:

Hilfe bei Flucht zu erwarten. Halbkreis mit schrägem Querstrich: hier ist ein Hehler im Haus. Ein Herz bedeutet: Der Hausbesitzer läßt sich von weiblichen Reizen leicht ablenken.

Wenn der Herz-Zinken irgendwo eingeritzt war, dann traten die Damen der Diebsgilde in Aktion. Sie verwickelten den Hausbesitzer in ein kokettes Gespräch, während die Einbrecher hinter seinem Rücken unbeobachtet die Wohnung ausräumten.

Solange sie keinen »Einsatz« hatten, saßen die Damen bei Vidocq in der »Schenke zum fröhlichen Meineid« herum: die »Schwärzer-Madeleine« zum Beispiel und die »Branntwein-Lili«, die »Absinth-Angélique« und die »Amerikanerin«, die »Bankrott-Paulette« oder die »Madrid-Monique« – durchwegs Frauen, die man besser mit einer Feuerzange anfaßte.

Da war aber auch Francine, die gelegentlich in die Kneipe kam, ein Mädchen unbekannter Herkunft, zurückhaltend und freundlich, bescheiden, fast ein wenig scheu. Vidocq wußte nicht, wovon sie lebte. Diebstähle traute er ihr nicht zu. Sie verkörperte für ihn die heile Welt des Bürgertums, der Sittsamkeit, der Ordnung. Er fühlte sich hingezogen zu ihr, verlobte sich mit ihr und war glücklich – bis er sich eines Tages aus der Unterwelt hinauswagte in ein anderes Stadtviertel und dort in einem Café seine Francine an der Seite eines fremden, kostbar gekleideten Mannes sah. Von Eifersucht gepackt, stellte er sie zur Rede. Francine wollte ihn beruhigen, wollte Aufsehen vermeiden – doch der fremde Mann sprang auf, zupfte seine Weste mit den silbernen Knöpfen zurecht, verbat sich hochnäsig und empört die Belästigungen, packte Vidocq am Schlafittchen – und da passierte es: Vidocq ging das Temperament durch. Er packte nun seinerseits den Fremden am Seidenschlips. Ein Kinnhaken folgte dem anderen. Aus Vidocqs Nase tropfte das Blut, sein linkes Auge schwoll blauviolett an, aus dem Mund des Fremden flog Zahn um Zahn. Doch dann eilten einige Männer herbei, packten Vidocq, fesselten ihn und schleppten ihn zum St.-Peters-Turm: »Hier«, schrien sie, »bringen wir euch einen Kerl, der einen braven Bürger zusammengeschlagen hat!«

»Einen guten Fang habt ihr da gemacht«, sagte der Gendarm im Aufnahmebüro, »das ist nämlich Vidocq, der hier schon zweimal ausgerissen ist.«

Unschuldig verurteilt

Vidocq wurde noch am selben Tag einem Richter vorgeführt. Seiner Beteuerung, er habe in einem unkontrollierten Anfall von Zorn gehandelt und bereue alles zutiefst, schenkte der Richter keinen Glauben. Es stellte sich bei der Verhandlung nämlich heraus, daß Francine keinesfalls so zurückhaltend, bescheiden, fast ein wenig scheu war, wie Vidocq zuerst angenommen hatte, sondern daß sie einer Beschäftigung nachging, die man als galant bezeichnete; dabei hatte sie hier und dort auch schon etwas mitgehen lassen – und der Richter vermutete deshalb, daß der Angriff Vidocqs nicht Zufall gewesen war, sondern eine abgekartete Sache, mit dem Ziel, den Fremden bei der Auseinandersetzung zu berauben.

Das Urteil: drei Monate Gefängnis wegen versuchten Raubes. Ein klares Fehlurteil!

Kurz darauf sollte Vidocq das Opfer eines zweiten Fehlurteils sein. Und das kam so: Vidocq genoß damals bereits den zweifelhaften Ruf eines »Fluchtgenies«. Die Gefängnisleitung hielt es deshalb für ratsam, ihn nicht zusammen mit anderen Häftlingen einzusperren, sondern in eine ausbruchsichere Einzelzelle zu stecken, die man das »Ochsenauge« nannte, weil sich dort ein kleines, rundes, an das Auge eines Ochsen erinnerndes Fenster mit Gittern befand. Die Zelle lag im fünften Stock des St.-Peter-Turms. Wer es von dort oben verlassen wollte, mußte insgesamt acht Kontrollen passieren: jeweils eine in jedem Stockwerk, dann in der Aufnahmestube, am Turmtor und am Eingangstor zur Gefängnismauer. Noch nie war es einem Gefangenen geglückt, auf diesem Weg zu entkommen. Auch durch das Fenster schien die Flucht, vorerst wenigstens, für Vidocq so gut wie unmöglich zu sein, denn er hatte keine Feile, um die Fenstergitter durchzusägen, und kein Seil, um sich in die Tiefe zu lassen. Außerdem kamen täglich Gendarmen, um zu prüfen, ob er die Gitterstäbe vielleicht angesägt hatte.

Vidocq hoffte, daß ihm Francine eine Feile und ein Seil ins Gefängnis schmuggeln würde, doch mit ihrem Besuch war in nächster Zeit nicht zu rechnen. Sie hatte als seine angebliche Mittäterin eine Strafe von zwei Monaten Gefängnis erhalten, die sie erst absitzen mußte. Für Vidocq galt es also, sich in Geduld zu üben. Er stand stundenlang am runden Fenster und blickte durch das Schachbrettmuster der verkreuzten Gitterstäbe hinaus auf die im Herbstwind wirbelnden Blätter.

Eines Tages wurden zwei Häftlinge namens Herbeaux und Grouard in seine Zelle geführt. Herbeaux, ein wortgewandter, gestenreicher Mann mit Geiernase und engstehenden Augen, die ständig in Bewegung waren, erzählte folgendes: In einer der Massenzellen sei ein gewisser Sebastien Boitel gefangengehalten, ein armes altes Bäuerlein mit großer Familie. Boitel müsse sechs Jahre wegen Saatdiebstahls absitzen. Inzwischen würden seine Frau und seine Kinder zu Hause auf dem armseligen Hof fast zugrunde gehen, weil sie des Ernährers beraubt seien. Nun hätte er, Herbeaux, sich zusammen mit Grouard entschlossen, für den armen Boitel eine Bittschrift auszuarbeiten, damit er vorzeitig begnadigt werde. Da er und Grouard in der Massenzelle keine schöpferische Ruhe hätten für so wohlüberlegte Schreibarbeit, seien sie auf ihre Bitten hin von der Gefängnisleitung hierher ins »Ochsenauge« gebracht worden. Grouard, blaß und teilnahmslos, bestätigte, von Herbeaux ermuntert, diese Worte: »Ja, ja«, lallte er, »genau so ist es.«

Vidocq war froh, etwas Gesellschaft zu haben. Er bot auch seine Mitarbeit an, mit der Begründung, er sei des Lesens und Schreibens mächtig, doch die beiden anderen Häftlinge lehnten sein Anerbieten übertrieben freundlich ab; sie verbargen auch ihre Schreibarbeit vor ihm, als ob sie eifersüchtig wären auf das eigene Werk.

Nach einigen Tagen verließen Herbeaux und Grouard die Zelle Vidocqs wieder. Sie gaben das Schreiben Madame Boitel, die ins Gefängnis gekommen war, um es abzuholen und – angeblich – nach Paris zu senden. Niemand merkte, daß die Frau den beiden Gaunern als Belohnung einen unverhältnismäßig hohen Geldbetrag zusteckte.

Zwei Tage später – auffallend schnell! – brachten zwei Brüder Boitels den Gnadenerlaß der Regierung, mit Datum aus Paris und großartiger Unterschrift. Boitel, der solches geahnt zu haben schien, hatte bereits am Morgen seine Habseligkeiten zusammengepackt und war sofort reisefertig. Die diensthabenden Gendarmen in der Aufnahmestube ließen ihn ziehen und brachten das Schriftstück in das Büro des Gefängnisleiters.

Der Gefängnisdirektor, ein dicker Mann mit Schnauzbart, hochrotem Gesicht und stets etwas hervorquellenden Augen, gefürchtet für seinen Jähzorn, las das Schriftstück am nächsten Tag – und stellte auf einen Blick fest, daß jener Gnadenerlaß gefälscht war, einschließlich Text, Datum aus Paris und Unterschrift!

Grouard und Herbeaux hatten in Vidocqs Einzelzelle also nicht eine Bittschrift, sondern ein falsches Begnadigungsschreiben abgefaßt.

Die beiden Gauner wurden zum Verhör geführt und heuchelten dem vor Wut rasenden Gefängnisdirektor gegenüber Unwissenheit. Herbeaux argumentierte wortgewandt und der Wahrheit widersprechend, er und Grouard würden die Kunst des Schreibens gar nicht beherrschen, wohl aber sei Vidocq darin bewandert, der Häftling aus dem »Ochsenauge«. Deshalb hätten sie sich in seine Einzelzelle versetzen lassen, damit er dort auf ihre Bitte hin ein Gnadengesuch an die Regierung abfasse – und nun seien sie ganz bestürzt, ja erbittert, zu hören, daß er, statt ein Gnadengesuch zu schreiben, einen Gnadenerweis gefälscht habe. Mit so etwas wollten sie nichts zu tun haben, denn sie wüßten ja, wie schwer das Delikt der Urkundenfälschung bestraft werde. Grouard bestätigte die Worte seines Kumpans.

Vidocq, zum Verhör geführt, war zunächst völlig verwirrt und begriff nicht, was der erzürnte Gefängnisleiter von ihm wollte. Als ihm schließlich klar wurde, wessen man ihn bezichtigte, bestritt er die Tat – doch was half's. Zwei Zeugen sagten gegen ihn aus. Er war geliefert.

Bei der Gerichtsverhandlung am 27. Dezember 1796 beschworen Grouard und Herbeaux, daß sie die Wahrheit gesagt hätten, nichts als die reine Wahrheit. Vidocq beteuerte vergeblich seine Unschuld. Verzweifelt schlug er vor, man solle seine Handschrift mit den völlig anders gestalteten Schriftzügen auf dem Dokument vergleichen, zum Beweis dafür, daß er als Schreiber nicht in Frage kommen könne – doch der Richter winkte gelangweilt ab. »Kommen Sie mir nicht mit so neumodischen Beweismethoden daher. Hier stehen zwei Zeugen, die gegen Sie aussagen. Das genügt mir.«

Er verurteilte Vidocq zu acht Jahren Zwangsarbeit.

Acht Jahre Zwangsarbeit – das bedeutete, acht Jahre lang an Ketten geschmiedet zu sein. Acht Jahre lang mit der übelsten Sorte von Schwerverbrechern zusammen Sklavenarbeit leisten zu müssen. Acht Jahre lang Nacht für Nacht in einem Bagno eingesperrt zu werden, in einem der drei am meisten gefürchteten und berüchtigten Gefängnisse Frankreichs. Acht Jahre Zwangsarbeit waren erfahrungsgemäß kaum zu überleben. Und wer sie überlebte, der war seelisch und körperlich zerstört. Ein hilfloses Wrack bis ans Lebensende.

Vidocq war einundzwanzig Jahre alt.

Er wußte, wenn er erst einmal in Ketten lag, wenn er im Bagno eingesperrt war – dann gab es so gut wie kein Entkommen mehr. Also mußte er jetzt flüchten, aus dem »Ochsenauge«, so unmöglich das auch schien.

Flucht aus dem »Ochsenauge«

François Vidocq stand am Fenster und schaute durch die Gitterstäbe hinaus in die Freiheit, ins Land, wo jetzt sanft die Schneeflocken fielen, da hörte er hinter sich Schlüsselrasseln und Riegelpoltern. Er drehte sich um. Die Tür wurde aufgeschlossen, und herein trat Francine, die vor kurzem aus dem Gefängnis entlassen worden war. Sie trug einen riesigen Muff aus Fuchspelz, ein wertvolles Stück, das – so überlegte Vidocq – wahrscheinlich gestohlen war. Als der Gefängnisaufseher sie für einen Augenblick allein ließ, zog Francine ein zusammengeknülltes Bündel aus ihrem Muff. Vidocq rollte es auseinander und glaubte nicht recht zu sehen: das Bündel entpuppte sich als dunkelblauer Rock eines hohen Gendarmerieoffiziers, mit Goldknöpfen, roten Ärmelaufschlägen und rotem Revers.

»Woher hast du das?« fragte er.

Francine wich seinem Blick aus. »Frag mich nicht – laß es besser so schnell wie möglich verschwinden.«

Vidocq stopfte das Bündel unter das Stroh in seinem Bett. Gerade zur rechten Zeit, denn der Aufseher kehrte zurück und sagte, daß die Besuchszeit um sei. Francine winkte Vidocq, kniff ein Auge zu und ging.

Am selben Abend noch prüften die Gendarmen mit großer Sorgfalt die Gitterstäbe am Fenster. »Falls dir deine Freundin eine Feile mitgebracht haben sollte«, sagten sie, »dann spiele nicht damit herum. Wir merken sofort, wenn du flüchten willst.«

»Gewiß«, sagte Vidocq mit einer Verbeugung.

In den nächsten Tagen brachte Francine nach und nach weitere Teile der Uniform ins »Ochsenauge«. Zuerst den Dreispitz, dann die dunkelblaue Hose, die Sporen und schließlich die schwarzen Kurzstiefel, wie sie damals die Gendarmen trugen, zum Glück Vidocqs, denn die langen Militärstiefel hätte sie im Muff nicht untergebracht.

Eines Tages im Januar 1797 war die Uniform komplett. Vidocq entschloß sich, die nächstbeste Gelegenheit zur Flucht zu nützen.

Als der Zellenaufseher einmal für kurze Zeit die Tür zum »Ochsenauge« offenließ – er tat dies ohne Sorge, denn kein Flüchtling konnte seiner Meinung nach die insgesamt acht Kontrollen passieren –, schlüpfte Vidocq in die Uniform, verließ die Zelle und stapfte sporenklirrend, das Gesicht zu einer herrischen Grimasse verzogen, auf den Kontrollposten des fünften Stockwerks zu. Der Gendarm sprang auf, salutierte, wohl etwas verwundert über den hohen Offizier, der da fortging, ohne gekommen zu sein – doch die Uniform verwirrte ihn dermaßen, daß er kaum einen Gedanken fassen konnte. Er zog es vor, still zu sein, aus Angst, etwas falsch zu machen.

Vidocq schritt über die Treppe, ohne Hast und selbstbewußt, er passierte die weiteren Wachtposten, kam an ehrfürchtig salutierenden Gendarmen vorbei in den dritten, in den zweiten und ersten Stock, ins Parterre – da gellte der Alarm durch das Haus: Glockengebimmel, Geschrei, Hundegebell.

Von oben, aus dem fünften Stockwerk, rief der Zellenaufseher durch ein System von Luftschächten: »Alarm . . . Häftling aus dem Ochsenauge geflüchtet . . . Vidocq geflüchtet . . . Er muß sich noch im Haus befinden . . . Alarm!« Seine Stimme klang hohl in den Schächten.

Für Vidocq kam nun die gefährlichste Phase des ganzen Fluchtmanövers. Bisher hatte er nur Kontrollposten passiert, die ihn nicht persönlich kannten – jetzt aber würde er gleich den Gendarmen in der Aufnahmestube gegenüberstehen: jenen Männern, die ihn seit der letzten Flucht sehr wohl noch in Erinnerung haben mußten, die sich seine Gesichtszüge gewiß eingeprägt hatten!

Ohne zu zögern, mit knallenden Stiefelabsätzen, schritt er auf die Aufnahmestube zu.

Um die Gendarmen zu täuschen, bediente er sich eines Gaunertricks, den er in der »Schenke zum fröhlichen Meineid« kennengelernt hatte: er saugte die Wangen zwischen die Backenzähne und bewirkte dadurch, daß sein Gesicht schmaler wirkte und daß die Lippen auf ungewohnte Weise hervortraten. Ein Auge kniff er zusammen. Die Braue des anderen Auges zog er empor, streng und skeptisch. So betrat er die Aufnahmestube. Mehrere aufgeregt umherlaufende Uniformierte, unter ihnen der Gefängnisdirektor selbst, nahmen bei seinem Anblick sofort Haltung an.

Der Gefängnisdirektor, triefende Ergebenheit im Blick, trat einige Schritte auf Vidocq zu, ohne ihn zu erkennen – obwohl er ihn erst vor kurzem mit zornigem Gebrüll verhört hatte. Er hielt ihn für ein ganz hohes Tier, für einen Gefängnisinspektor der Regierung. »Ich melde gehorsamst«, sagte er voll Beflissenheit, »daß einer der Gefangenen geflüchtet ist, ein gewisser Vidocq. Ein ganz übler Bursche, verurteilt zu acht Jahren Zwangsarbeit. Zweimal ist ihm schon die Flucht gelungen – doch diesmal kommt er nicht weit. Er ist noch im Haus ...«

»Ich hoffe, daß der Bursche nicht entkommt. Ich hoffe es in Ihrem ureigensten Interesse«, nuschelte Vidocq. Die zwischen den Zähnen festgebissenen Wangen hinderten ihn am deutlichen Reden.

Der Gefängnisdirektor zuckte zusammen. Die versteckte Drohung dieses Satzes war ihm nicht entgangen. Was ihn zusätzlich beunruhigte, war das Genuschel, das er für einen Sprachfehler hielt. Ein mit solch peinlichem Gebrechen behafteter hoher Gendarm, das glaubte er auf Grund seiner Menschenkenntnis annehmen zu müssen, war zu Untergebenen gewiß ganz besonders aufsässig, unbeherrscht, ja jähzornig vielleicht. Er hielt es für ratsam, Vidocq zu beschwichtigen, und sagte deshalb sanft, unter fortwährenden Bücklingen: »Ich verspreche Ihnen, daß dieser Erzgauner Vidocq nicht entkommen wird. Er ist ja noch im Hause. Keine Sorge – wir kriegen ihn schon!«

Vidocq wandte sich jählings um, denn die linke Wange war aus der Zahnreihe gerutscht. Unauffällig biß er sie wieder fest. Ohne den Gefängnisleiter eines Blickes zu würdigen, verließ er die Aufnahmestube.

Dröhnenden Schritts, herablassend grüßend, passierte Vidocq die Posten am Turmtor und an der Mauereinfahrt.

Er stiefelte in die Stadt Lille hinein und strebte eilig dem wohlvertrauten Winkelwerk des Verbrecherviertels zu. Dort löste die Ankunft eines Gendarmerieoffiziers höchste Alarmstufe aus. Alle Gauner verkrochen sich vor dem verkleideten Vidocq. Völlig allein schritt er durch menschenleere Gassen. Das Viertel wirkte wie ausgestorben.

Als er die »Schenke zum fröhlichen Meineid« betrat, hörte er die Türangeln der geheimen Ausgänge quietschen. Das Lokal war leer. Der Wirt stand still in der Küche, Angstschweiß auf der Stirn.

Vidocq setzte sich an einen Tisch und rief in reinstem Rotwelsch: »He, Kritschimari, ein Gehlchen Schnauzfunkel, aber dallidalli! – He Wirt, ein Gläschen Rotwein, aber schnell!«

Der Wirt wankte, ein Glas Rotwein in der Hand, auf den Uniformierten zu und starrte ihn lange an.

»Vidocq...« murmelte er dann, »Vidocq... wie kannst du einen so rohen Scherz mit mir treiben?«

Die Schmuggler von Calais

Im Nu sprach sich herum, daß der hohe Gendarm, dessen Erscheinen die Gassen leergefegt hatte, niemand anders war als der verkleidete Vidocq. Die Gauner kamen aus ihren Verstecken hervor, beglückwünschten ihn zu seinem Streich, gaben aber zu bedenken, daß die Gefängnisleitung und die Gendarmen mit großem Aufwand nach ihm fahnden würden, um die Schmach zu tilgen. Besser sei es, so sagten sie, er würde schleunigst – vor der nächsten Razzia noch – Lille verlassen. »Juhuerbassel« gab ihm die Adresse eines »Geschäftsfreundes« in Calais, eines Wacholderbeerenhändlers, der ihm weiterhelfen würde.

Nachts stahl sich Vidocq, nun wieder in Zivilkleidern, aus der Stadt hinaus.

Er kam unangefochten nach Calais, wo er den Wacholderbeerenhändler aufsuchte und um Arbeit bat. Der Mann konnte keine Anstellung bieten, empfahl ihm aber, zu einem Bootsbauer namens Peters zu gehen, der einige Kilometer westlich der Stadt am Strand seine Werkstatt hatte.

Diese Werkstatt war eine halbverfallene Hütte aus morschem Holz. Über der Tür hing eine mit ausgebreiteten Schwingen aufgenagelte Möwe. Drei alte Boote, halbvoll mit fauligem Wasser, schaukelten an einem Steg. Weit und breit keine neu gebauten Boote – erstaunlich für einen Bootsbauer.

Peters selbst war ein riesiger Geselle mit zernarbtem Gesicht und verquollenen Augen. Als er hörte, daß Vidocq Arbeit suchte, forderte er ihn mit einer Handbewegung auf, über eine Kellertreppe in einen tiefen Gang hinunterzusteigen. Vidocq stieg also zaudernd abwärts, dicht gefolgt von Peters, bis er zu einer Tür kam. Er öffnete sie und betrat einen von Kerzenlicht erhellten Raum, in dem etwa zwanzig Männer in Hängematten lagen. Es roch nach Schweiß und Branntwein.

»Los, Jungs«, hörte er hinter sich die Stimme Peters', »sagt ihm mal schön guten Tag.«

Ehe Vidocq sich's versah, waren die Männer aus ihren Hängematten gesprungen. Sie umringten ihn, prügelten ihn grün und blau, rissen ihm die Haare büschelweise aus und schleppten ihn schließlich die Kellertreppe empor, um ihn wie einen Hund davonzujagen. »Wenn du noch einmal zu spionieren versuchst«, brüllte Peters hinter ihm her, »dann legen wir dich um!«

Vidocq, völlig verstört, ging zurück zum Wacholderbeerenhändler, der sich köstlich zu amüsieren schien, als er erfuhr, was sich zugetragen hatte. »Ich habe«, sagte er kichernd, »ganz vergessen, dir zu sagen, daß du beim alten Peters nur Arbeit bekommst, wenn du einen geheimen Satz als Parole sagst. Geh nochmals zu Peters und sage die Worte ›Meide die Haifische‹, dann ist alles in Ordnung.«

»Warum«, fragte Vidocq, »bedarf es einer geheimen Parole, um bei Peters Arbeit zu bekommen?«

»Na hör mal«, sagte der Wacholderbeerenhändler verwundert, »du bist doch von meinem Freund Juhuerbassel geschickt?«

»Ja.«

»Na – was fragst du dann so dumm?«

Vidocq entschloß sich, Peters nochmals aufzusuchen. Er wollte wissen, was es mit der halbverfallenen Hütte und dem tiefen Keller für eine Bewandtnis hatte.

Peters sah ihn schon von weitem kommen. Er rief sogleich seine Männer herbei. Im Tageslicht sah die Horde noch furchterregender aus als in der Düsternis des Kellers. Galgenvögel und Halsabschneider waren sie alle, das sah man auf den ersten Blick.

Langsam ging Vidocq auf sie zu. Er blieb einen Steinwurf weit weg stehen, zur sofortigen Flucht bereit, und rief: »Meide die Haifische!«

Der Satz wirkte wie eine Zauberformel. Die Männer legten sogleich die drohende Haltung ab und kamen mit herzlichen Gebärden auf ihn zu. Sie entschuldigten sich für die Prügel und machten ihm Vorwürfe, daß er nicht gleich die Parole gesagt habe. Dann nahmen sie ihn mit in den Keller, um den nächsten »Arbeitseinsatz« zu besprechen.

Schon nach den ersten Worten bekam Vidocq mit, daß es hier nicht um die ehrliche Arbeit von Bootsbauern ging, sondern – um Schmuggel. Er war also in eine

Schmugglerbande geraten und mußte jetzt wohl oder übel mitmachen, wollte er eine zweite Abreibung vermeiden. In der kommenden Nacht schon, so erfuhr Vidocq, sollte eine Ladung des heißbegehrten, in englischen Kolonialländern gewonnenen Tabaks – dessen Einfuhr seit Kriegsbeginn verboten war – von einem Schmuggelschiff an die Küste gebracht werden.

»Die Besatzung des Schiffes«, sagte Peters erklärend zu Vidocq, »hat den Tabak in Fässer gefüllt, allerdings nur zur Hälfte, damit die Fässer genügend Hohlraum haben, um zu schwimmen. Sie werden vom Schiff aus ins Wasser geworfen. Unsere Aufgabe ist es, die Fässer an Land zu bringen – was in der Nacht gar nicht so einfach ist – und an Hehler zu verkaufen. Wir müssen allerdings in letzter Zeit noch wesentlich vorsichtiger sein als früher, denn ich weiß, daß die Polizei Spione auf mich angesetzt hat. Ich bin ziemlich nervös und wittere überall Verrat – deshalb habe ich dich auch versehentlich verprügeln lassen, mein Junge.«

Bis zum Abend wurde dann kein Wort mehr über die bevorstehende Aktion gesprochen.

Als die Dunkelheit hereinbrach, hörte der Regen auf. Der Wind aus Nordwest steigerte sich zum Sturm.

Die mit Pistolen, Messern und Äxten bewaffneten Bandenmitglieder kamen aus ihrem Kellerloch heraus und schlichen – Vidocq und Peters an der Spitze – zu einer etwa zwei Kilometer entfernten felsigen Uferstelle. Unweit vom Strand standen auf einem Feld, im Mondlicht kaum erkennbar, zwei mit Pferden bespannte Fuhrwerke, die, wie Peters erklärte, dem Abtransport der Schmuggelware dienten. Zwei zu diesem Zweck gedungene Bauern sollten die Gefährte lenken.

Vidocq und die Bandenmitglieder bezogen Posten direkt neben dem Ufer, wo schaumbedeckte Wellen an die Felsen klatschten. Der scharfe Wind peitschte ihnen den Gischt in die Gesichter. Vidocq war völlig durchnäßt und fror.

Gegen Mitternacht, nach stundenlangem Warten, tauchte draußen auf dem Meer ein winziges Licht auf, das näher kam, größer wurde, auf den Wellen auf und ab tanzte und schließlich als Positionslaterne eines sonst unbeleuchteten Schiffes erkennbar war. Das Schiff selbst wirkte wie ein Schattenriß.

Peters stand auf einer Felsklippe und schwenkte eine Laterne im Kreis.

Das Schiff kam immer näher. Etwa fünfzig Meter von den Uferfelsen entfernt rasselte die Ankerkette. Trotz des wütenden Sturmes dröhnten Kommandorufe herüber.

An Bord waren schattenhafte Gestalten zu sehen, die mehrere mit Seilen aneinandergebundene Fässer über die Reling wuchteten und ins Meer warfen. Sogleich sprangen einige Schmuggler aus Peters' Bande ins Wasser, um hinauszuschwimmen und die Fässer ans Ufer zu schleppen. Dort, auf Felsvorsprüngen stehend, mußten die Männer der Bande die Fässer aus dem Wasser hieven und zu den Fuhrwerken bringen.

Vidocq machte alles mit. Trotz Sturm und Kälte rann ihm der Schweiß über die Stirn.

Als das letzte Faß aufgeladen war – die Männer hatten schnell und lautlos gearbeitet –, tauchten schwarze Schattengestalten auf, wie aus dem Erdboden gestampft. Uniformknöpfe und blankgeputzte Gewehrläufe glitzerten im Mondlicht. »Halt, Hände hoch! Polizei!«

Die Schmuggler waren umzingelt.

Schüsse krachten, Mündungsfeuer erhellten wie Blitzschläge die Nacht.

»Verrat!« brüllte Peters. »Wehrt euch!«

Es kam zu Kämpfen von Mann zu Mann, Freund und

Feind konnten einander in der Dunkelheit kaum unterscheiden, und im allgemeinen Getümmel gelang es Vidocq zu flüchten. Er rannte in die Dunkelheit hinein, einfach fort, weit fort, bis er so außer Atem war, daß er erschöpft zu Boden sank. Voll Schauder dachte er daran, was ihm ums Haar passiert wäre: verhaftet zu werden als Mitglied einer Schmugglerbande, in die er schuldlos geraten war – und das, nachdem man ihn zu Unrecht wegen Urkundenfälschung verurteilt hatte!

Vidocq verbrachte die Nacht in einem Wald, hungrig und frierend. Die Wunden und Blutergüsse, die er bei der Prügelszene abbekommen hatte, begannen immer heftiger zu schmerzen.

Er hatte Heimweh, Heimweh nach Ordnung, nach einem Leben als geachteter Bürger, irgendwo auf dem Lande, wo ihn keiner kannte, wo er arbeiten konnte, fleißig und ehrlich, als Handwerker oder Händler. Er sehnte sich nach Menschen, die ihm nahestanden, denen er Vertrauen schenken durfte. Nach seiner Mutter. Und nach Francine.

Vidocq nahm sich vor, so bald wie möglich eine ständige Wohnung zu beziehen, so schwierig das in seiner Situation auch sein mochte. Seine Mutter sollte dann bei ihm wohnen und einen schönen Lebensabend verbringen. Er wollte auch Francine aus der Unterwelt herausholen und mit ihr ein neues Leben aufbauen, ein Leben ohne Lüge, nicht unter falschem Namen, sondern als François Eugène Vidocq. Zu diesem Zweck freilich mußte er weit fort ziehen, wo niemand den Namen Vidocq mit Verbrechen und Vorstrafen in Verbindung bringen würde, nach Südfrankreich vielleicht, oder ins Ausland, am besten nach Übersee. Er war voll Tatendrang, wollte alles schnell in Ordnung bringen. Vor der Zukunft hatte er keine Angst mehr.

Um Francine zu holen, mußte er noch einmal mit

Verbrechern Kontakt aufnehmen, zum letztenmal in seinem Leben, wie er hoffte.

Als die Sonne aufging, machte er sich auf nach Lille, allen Gefahren zum Trotz, die ihm dort drohten.

Drei Tage später, knapp vor dem Ziel, betrat er ein Wirtshaus am Stadtrand von Lille – und prallte zurück, als er zwei Gendarmen sah, die erstaunt aufblickten, aufsprangen, ihre Gewehre hoben. »Da ist er ja, unser lieber Vidocq«, höhnte einer von ihnen. »Versuche ja nicht, davonzulaufen, sonst siehst du aus wie ein Sieb. Na, unser Gefängnisdirektor wird sich aber freuen, dich wiederzusehen!«

Die Massenflucht der Mörder

Beim Anblick Vidocqs erreichte der Gefängnisdirektor den höchsten Grad der Wut: Sprachlosigkeit. Seine hervorquellenden Augen, die rote Farbe seines Gesichts und das gurgelnde Geräusch seiner Atemzüge waren beängstigende Symptome des Jähzorns, der sich nicht Bahn brechen konnte mit befreiendem Gebrüll, sondern gewissermaßen innerlich explodierte. Es war zu erkennen, daß der Gefängnisdirektor etwas sagen wollte, sein Mund bewegte sich auf und zu, wie bei einer Kaulquappe, doch kein Ton kam heraus außer einem heiseren Röcheln. Erst nach einiger Zeit konnte er unartikulierte Worte krächzen: »Na warte!« Er atmete schwer. »Na warte«, wiederholte er. Dann gab er den begleitenden Gendarmen mit einer Handbewegung zu verstehen, daß sie Vidocq abführen sollten. »Ins Loch mit ihm!« keuchte er.

Vidocq kam ins »Loch«, in ein tief im Keller gelegenes, menschenunwürdiges Verlies, fensterlos, fünf mal fünf Meter im Quadrat, mit einer eisenbeschlagenen Tür versperrt. Vor dieser Tür lag ein großer Kellerraum, in dem sich Gerümpel staute. Er war ebenfalls verschlossen. Dann kam die Kellertreppe mit vier Wachtposten.

Im »Loch« hockten beim Licht einer Kerze insgesamt zwanzig Schwerverbrecher, durchwegs Mörder, der Abschaum.

Als Vidocq, nun wieder in Sträflingskleidern, ins »Loch« geworfen wurde, begrüßten ihn die anderen Gefangenen herzlich, denn sein Name war ihnen ein Begriff. Vidocq galt als Ausbrecherkönig, als Fluchtgenie, und nichts imponierte diesen Banditen mehr als ein gewiegter Ausreißer.

Vidocq seinerseits kannte die Namen einiger seiner Zellengenossen vom Hörensagen. Namen mit schauderhaftem Klang: Desfosseux zum Beispiel oder Salambier. Desfosseux war des achtfachen Mordes angeklagt und mußte mit der Todesstrafe rechnen, Salambier, der Einhändige, wurde »Monsieur Intrépide« genannt, »Herr Unerschrocken«. Er trug den Namen wahrlich nicht zu Unrecht: Als seine rechte Hand während einer nächtlichen Diebestour in eine sogenannte »Schlingkette« geraten war – in eine Einbrecherfalle, aus der es erfahrungsgemäß kein Entkommen gab –, da hatte er sie einfach am Gelenk abgeschnitten, um fliehen zu können.

Alle Zelleninsassen gehörten den »Blasbalgziehern« an, einer gefürchteten Bande, die ihre Zentrale in Paris hatte und von dort aus Raubzüge weit ins Land hinein unternahm. Der Gefängnisdirektor hatte Vidocq zu diesen schwerbewachten Gaunern gesteckt, weil er glaubte, daß es im »Loch« nicht die geringste Möglichkeit zur Flucht gab – tatsächlich aber hatte Vidocq gerade dort die größten Chancen. Die Mörder verfügten nämlich über einige Werkzeuge, die ihnen von Komplizen auf geheime Weise ins Gefängnis geschmuggelt worden waren: Messer und Äxte. Damit wollten sie von dem mit Gerümpel gefüllten Vorraum ihrer Zelle einen unterirdischen Gang aus dem Gefängnis heraus graben. Das Problem war nur, durch die versperrte, eisenbeschlagene Tür in den Vorraum zu gelangen.

»Laß dir dazu was einfallen, Vidocq«, sagte Salambier, »du bist doch das Fluchtgenie.«

Vidocq beobachtete drei Tage lang das Kommen und Gehen der Wachmannschaften. Sie brachten einmal am Tag das Essen. Dann kamen sie ein zweitesmal, in großer Besetzung, zur Zellenvisitation. Dabei wurden die Gefangenen in den Vorraum getrieben und von Gendarmen mit angelegten Gewehren in Schach gehalten, während zwei Aufseher die Zelle nach Fluchtspuren durchsuchten. In dieser Zeit ließen sie den Schlüssel in der Zellentür stecken.

»Mit einigem Glück«, erklärte Vidocq seinen Zellengefährten, »ist es möglich, den Schlüssel abzuziehen, einen Abdruck zu machen und ihn wieder ins Schlüsselloch zurückzustecken.«

»Wie will man denn einen Abdruck vom Schlüssel machen?« fragte Salambier. »Wir haben keinen weichen Ton, den man dazu braucht.«

»Das macht nichts«, sagte Vidocq. »Aus unserer Nahrung, aus Wasser, Brot und Kartoffeln, können wir einen Teig formen, der den Ton ersetzt.«

»Du bist ein schlauer Bursche, Vidocq, mein Kompliment. Aber was nützt dir die Abdruckmasse, wenn wir kein Material haben, um den Schlüssel herzustellen, he?«

»Wir haben doch Zinnlöffel. Und die Kerze. Wir schmelzen einige Löffel und gießen das flüssige Zinn in den Schlüsselabdruck der Teigmasse. Klar?«

»Natürlich! Sag mir, Vidocq, wer hat dich das gelehrt? Wieso weißt du das?«

»Das hat mich niemand gelehrt. Solche Ideen kommen mir von selbst.«

»Hör mal, Vidocq«, sagte Salambier, »wenn wir draußen sind, dann arbeitest du mit uns zusammen, mit den berühmten Blasbalgziehern. Du kannst einer der Chefs unserer Bande werden. Was sagst du dazu? Du hast das Zeug zu einem ganz Großen.«

Vidocq erinnerte sich, daß ihm so etwas schon einmal gesagt worden war: von Christian, der ihm eine große Gaunerkarriere prophezeit hatte.

»Erst einmal müssen wir draußen sein«, erwiderte er ausweichend.

Es gelang den Gefangenen, nach Vidocqs Plan einen Schlüssel zu gießen, mit dem sie täglich, wenn der Besuch von Gendarmen nicht zu erwarten war, in den Vorraum gelangten. Sie lösten, hinter Gerümpel verborgen, einen Quaderstein aus der Wand und gruben einen unterirdischen Gang. Nach drei Wochen war es dann endlich soweit: eines Nachts krochen sie auf einer Wiese außerhalb des Gefängnisses wie Maulwürfe an die Erdoberfläche und flüchteten.

Vidocq hatte nun das Problem, noch einmal ausreißen zu müssen: vor den Gaunern, die sich an ihn anhängten und auf nächtlichen Gewaltmärschen nach Paris wollten, zur Zentrale der »Blasbalgzieher«. Nahe von Douai, einer Stadt südwestlich von Lille, gelang es ihm endlich, den Banditen zu entkommen. Als er sicher war, sie abgeschüttelt zu haben, setzte er sich im »Forêt de Douai« auf einen Baumstumpf, verschnaufte einige Minuten lang und überlegte seine weiteren Schritte. Sollte er, so fragte er sich, sogleich nach Lille zurückkehren, um Francine zu holen, oder war es besser, abzuwarten, bis sich die Aufregung nach der Massenflucht gelegt hatte?

Er wurde der Entscheidung enthoben. Denn hinter seinem Rücken hörte er plötzlich das Kommando »Hände hoch – keine verdächtige Bewegung! Wir schießen sofort.« Er sprang auf, wirbelte herum. Zwei Infanteriesoldaten, die sich auf der Jagd befanden, standen da, das Gewehr angelegt. »Bist wohl ausgerissen, he?« fragte einer.

Vidocq nickte. Was sollte er auch sagen? Die Sträflingskleidung hatte ihn verraten.

Wenig später schlossen sich hinter ihm die Tore des Gefängnisses von Douai.

Der trickreiche »Hans Listig«

Der Gefängnisdirektor von Douai, ein kleiner, nervöser Mann mit kurzsichtigen Augen, die hinter den Brillengläsern verschwammen, hatte schon von Vidocqs Ausbrecherkünsten vernommen und ordnete eine Sonderbewachung an: Vidocq kam in eine Zelle, die alle zwei Stunden von Gendarmen durchsucht werden mußte.

In dieser Zelle saßen fünf besonders fluchtverdächtige Gefangene. Unter ihnen einer, der »Jean Astucieux«, »Hans Listig«, genannt wurde. Vidocq kannte ihn aus dem Verbrecherviertel von Lille.

»Hans Listig«, trug diesen Spitznamen, weil er ungewöhnlich listig und trickreich war, wenn es galt, in Kaufläden während der Geschäftszeit zu stehlen. Seine Erfolge hatten ihn in der ganzen Unterwelt als abgefeimten Schlaumeier und Trickdieb berühmt gemacht. Zwischendurch verdiente er sich sein Brot auch als Bettler, »zur Erholung der Nerven«, wie er sich ausdrückte. Merkwürdigerweise befielen ihn immer dann, wenn er in die Rolle des Bettlers schlüpfte, an den Händen und im Gesicht zahlreiche Geschwüre, die so mitleiderregend aussahen, daß die Spaziergänger ihm reichlich Almosen zuwarfen. Man munkelte, daß »Hans Listig« über eine besondere Methode verfüge, mit der er diese nützliche Krankheit termingemäß hervorrufen könne.

Von »Hans Listig« erfuhr Vidocq, daß Francine nicht mehr in Lille lebte, sondern nach Paris übergesiedelt war, um dort einen Dragoneroffizier, der sie seit Jahren verehrte, zu heiraten.

Diese Nachricht traf Vidocq wie ein Keulenschlag. Tagelang saß er da, an die Kellerwand gelehnt, und starrte vor sich hin.

»Hans Listig« versuchte ihn aufzuheitern, vorerst ohne Erfolg. Erst als er von seiner berühmten »Arbeitsweise« erzählte – von den Finten, den Listen, Tricks und Ablenkungsmanövern, deren er sich bei seinen erfolgreichen Diebstouren bediente –, lauschte Vidocq aufmerksam, und schließlich war er so gefesselt von diesen Informationen, daß er sogar seinen Kummer um Francine vergaß.

Im Gefängnis von Douai kam es Vidocq erstmals deutlich zu Bewußtsein, daß ihn Verbrechermethoden mehr als alles andere interessierten, nicht etwa deshalb, weil er sie selbst anzuwenden beabsichtigte, sondern aus einem geradezu wissenschaftlichen Forschungsdrang heraus.

Er hörte zu, was »Hans Listig« erzählte, er stellte Fragen und bereicherte seine ohnehin beträchtlichen Kenntnisse des Gaunertums um weitere erstaunliche Details. Bei dieser Gelegenheit erfuhr er auch, wie es »Hans Listig« immer wieder gelang, die Geschwüre zu einem bestimmten Zeitpunkt ausbrechen zu lassen: indem er sich täglich einen Absud von Tabak, Kalk und anderen leicht zu beschaffenden Zutaten in kleine

Schnittwunden rieb. Dort entstanden dann vorübergehend diese mitleiderregenden, an unheilbaren Aussatz gemahnenden Beulen und Abszesse.

Nach einigen Tagen wurde Vidocq am Morgen aus der Zelle geholt und vor dem Gefängnis in einen vergitterten Pferdewagen verfrachtet, der einem Raubtierkäfig nicht unähnlich war. Es handelte sich um eines der üblichen Fahrzeuge zum Gefangenentransport. Unter strenger Bewachung sollte Vidocq allein – ohne Mithäftlinge – nach Brest gebracht werden, in eines der gefürchteten »Bagnos«, um dort, an Ketten geschmiedet, seine zu Unrecht über ihn verhängte Strafe von acht Jahren Zwangsarbeit zu verbüßen.

Im Morgengrauen ging die Fahrt los. Die Pferde trotteten im Schritt dahin. Nur wenn der Kutscher laut »Hü!« rief, verfielen sie in Galopp. Vidocq überlegte, daß sie voraussichtlich eine Woche lang durch die Normandie südwestwärts fahren würden, bis sie Brest erreicht hatten. Das bedeutete sieben Tage und sieben Nächte Zeit zur Flucht!

Während er in dem ratternden Gefängniskarren saß, grübelte er unablässig, wie er entkommen könnte. Von Zeit zu Zeit blickte er mürrisch empor zu den zwei Gendarmen, die mit geladenen Gewehren außerhalb der Vergitterung oben auf dem Kutschbock saßen, links und rechts vom Fuhrmann. Sie hatten Auftrag, den gefürchteten Ausreißer keine Sekunde aus den Augen zu lassen.

Allmählich jedoch erlahmte ihre Aufmerksamkeit, und bald fühlte sich Vidocq nicht mehr streng genug bewacht. Er stellte sich schlafend und tat so, als würde er im Geschaukel des Pferdekarrens hin und her rollen. Tatsächlich aber war er hellwach. Er unterzog die Gitterstäbe einer genauen Überprüfung und stellte schließlich fest, daß eine der Eisenstangen locker in den Querverstrebungen saß. Vorsichtig probierte er, ob sie sich herausziehen ließ. Es gelang. Nun hieß es, den richtigen Augenblick für die Flucht abzuwarten.

Als der Wagen durch einen Wald fuhr, hielt Vidocq die Gelegenheit für gekommen. Er zog schnell die Stange heraus, zwängte sich durch die entstandene Öffnung, ließ sich aus dem Gefängniswagen auf den Schotter der Straße fallen und schrie laut: »Hü!«

Die Pferde begannen zu galoppieren, und die Gendarmen auf dem heftig schaukelnden und holpernden Gefängniswagen konnten den davonrennenden Vidocq nicht genau ins Visier nehmen. Sie schossen daneben. Als der Kutscher die galoppierenden Pferde zügeln und anhalten konnte, war der Häftling verschwunden.

Am nächsten Tag sah Vidocq in der Ferne die Zelte einer kampierenden Militärkompanie. Er zog die verräterische Gefängnisuniform aus und lief auf die Soldaten zu, denen er die gleiche Geschichte erzählte wie damals, vor einigen Jahren, als er nach seiner Flucht vom Zirkus Cotte-Comus auf die Kompanie des Leutnants de Brissac gestoßen war: daß er überfallen worden sei, daß ihm die Räuber alle Kleider, sämtliche Papiere und das Geld genommen hätten, und daß er froh wäre, wenn er beim Militär als Fechtlehrer dienen dürfe. Die Soldaten warfen ihm einige Kleidungsstücke zu, er lieferte Beweise seiner Fechtkunst und wurde vom Kompaniechef engagiert – unter dem falschen Namen Jean Lennoy. Diesmal war ihm die Lüge leicht über die Lippen gekommen, ohne daß er dabei Gewissensbisse verspürt hätte. Vidocq wußte in diesem Augenblick, wie tief er bereits gesunken war: als Vorbestrafter, als berüchtigter Ausbrecherkönig, als polizeilich gesuchter Flüchtling war es ihm ganz selbstverständlich geworden, einen falschen Namen zu nennen!

Mehrere Monate ging alles gut, Vidocq bildete Soldaten aus, wurde befördert, erst zum Korporal, dann zum Leutnant und stellvertretenden Kompaniechef. Seine

Talente fielen auf, und wieder stand ihm die große Karriere als Offizier bevor – bis zu einem Tag im November 1797, als er anläßlich einer routinemäßigen Inspektion von zwei hohen Offizieren erkannt wurde. Sie entlarvten den hochgeschätzten Leutnant Lennoy als den wegen falscher Namensführung vor Jahren schon schimpflich aus dem Militärdienst ausgestoßenen, vorbestraften und polizeilich gesuchten François Eugène Vidocq.

Diesmal freilich gab es so schnell kein Entkommen für ihn, denn die von ihm mit großer Sorgfalt ausgebildeten Soldaten mußten nun seine Flucht verhindern. Sie brachten ihn nach Paris, in Frankreichs größtes Gefängnis: ins Bicêtre.

Gebrandmarkt als Galeerensträfling

Das Bicêtre war ein riesiger Bau, fünf Stockwerke hoch, etwa zweihundertfünfzig Meter im Geviert, mit dunklen, stickigen Zellen für 1200 Gefangene und einigen Innenhöfen, die besonderen Zwecken dienten. Im »großen Hof« wurden die Häftlinge wie Tierherden umhergetrieben, damit sie etwas Bewegung und frische Luft hatten. Im »Hundehof« tobten die Bluthunde, die, auf Häftlingskleidung dressiert, zur Sicherung von Gefangenentransporten eingesetzt wurden. Aus dem »Korrektionshof« war häufig das Geheul besonders widersetzlicher Häftlinge zu hören, die dort die Prügelstrafe bezogen. Im »Hof der Narren« wanderten stumm die geisteskranken Häftlinge im Kreis. Und im »Kettenhof« wurden die Gefangenen gebrandmarkt und an Ketten geschmiedet.

Am Morgen, der seiner Ankunft im Bicêtre folgte, schleppten vier Gendarmen den nur mit einer Hose bekleideten, kahlgeschorenen Vidocq aus seiner Zelle hinunter in den »Kettenhof«, wo schon einige Gefangene vor einem großen Holzfeuer Schlange standen. Wer als nächster an der Reihe war, bekam von einem »Stockknecht« ein glühendes Stück Eisen mit verschiedenen Kennbuchstaben auf die rechte Schulter gedrückt und in die Haut gebrannt. Das Brandmal ASS beispielsweise war die Abkürzung für *assassin* (Mörder), BRI bedeutete *brigand* (Straßenräuber). Insgesamt gab es acht Buchstabenkombinationen zur Auswahl, um die Verbrecher entsprechend der über sie verhängten Urteilssprüche zu kennzeichnen.

Vidocq mußte sich am Ende der Menschenschlange anstellen. Würde er nun mit dem Schandmal des Schwerverbrechers gezeichnet werden – obwohl er zu Unrecht verurteilt worden war, aufgrund falscher Zeugenaussagen? Doch jetzt war nichts mehr zu machen. Die vier speziell zu seiner Bewachung abkommandierten Gendarmen hielten ihn ununterbrochen fest und ließen ihn nicht aus den Augen. Vidocq wirkte teilnahmslos. Er schien – obwohl erst zweiundzwanzig Jahre alt – mit seinem Leben abgeschlossen zu haben. Schritt für Schritt rückte er zur Feuerstelle vor.

Auf einmal war kein Gefangener mehr vor ihm. Er war an der Reihe. Der Stockknecht hielt das für ihn ausgewählte Brandeisen ins Feuer, bis die Buchstaben rot zu glühen begannen. Dann zog er es aus den Flammen und trat auf Vidocq zu.

Vidocq hob den Kopf, blickte auf die feurig leuchtenden Buchstaben des Brandeisens.

Es waren die Buchstaben GAL.

Reiß aus! – Dieser Gedanke schoß durch sein Gehirn, und im selben Augenblick versuchte er sich loszureißen, jählings, mit voller Wucht. Er bäumte sich in den

Griffen von vier Gendarmen. Doch es gab kein Entkommen. Seine Wächter, auf eine Verzweiflungstat vorbereitet, verdrehten ihm schnell und routiniert die Arme, so daß er sich wie in einen Schraubstock eingespannt fühlte. Sekunden später drückte der Stockknecht ihm das Brandeisen auf die rechte Schulter. Es zischte, roch nach verbranntem Fleisch. Vidocq unterdrückte einen Schrei. Alle Kraft wich aus seinem Körper, er sackte zusammen, hing in den Händen seiner grinsenden Bezwinger. Die Buchstaben GAL zeichneten sich als blutige Brandwunden auf seiner Schulter ab.

So geschah es am 20. November 1797, um etwa acht Uhr früh, im »Kettenhof« des Gefängnisses Bicêtre. Seit diesem Zeitpunkt, darüber war sich Vidocq im klaren, galt er als Gezeichneter. Unwiderruflich. Niemand würde das Brandmal von seiner Haut entfernen können. Bis zu seinem Lebensende mußte er nun drei Buchstaben auf seiner rechten Schulter tragen, die ihn – zu Unrecht – als Schwerverbrecher auswiesen: die Buchstaben GAL.

GAL war die Abkürzung für »Galeerensklave«.

Das Wort kommt von den Galeeren, den mittelalterlichen Kriegsschiffen, die rechts und links mit Serien langer Ruder ausgestattet waren. An jedem der etwa zwanzig Ruder saßen früher in einer Reihe sechs mit Ketten aneinandergeschmiedete und mit dem Zeichen GAL gebrandmarkte Sträflinge, insgesamt also pro Galeere bis zu hundertzwanzig zu Skeletten abgemagerte Gestalten, die, von Peitschenhieben zu Höchstleistungen getrieben, mit letzter Kraft das Schiff vorwärts bewegten. Wenn die Sträflinge wieder an Land kamen, wurden sie, nach wie vor an Ketten geschmiedet, in den sogenannten »Bagnos« eingesperrt: in Gefängnissen, feucht und finster, die sich direkt am Meer in den französischen Hafenstädten Brest, Toulon und Rochefort befanden.

Galeeren gab es zur Zeit Vidocqs nicht mehr. Geblieben aber war der Brauch, alle Zwangsarbeiter mit dem Zeichen GAL zu brandmarken, sie »Galeerensklaven« zu nennen, sie in die »Bagnos« einzuschließen und an Ketten zusammenzuschmieden.

An jenem 20. November 1797, nach der Brandmarkung im Hof des Bicêtre, mußten Vidocq und fünfundzwanzig andere Gefangene für den Sammeltransport ins »Bagno« von Brest aneinandergekettet werden. Zu diesem Zweck wurden an eine etwa dreißig Meter lange Kette in regelmäßigen Abständen sechsundzwanzig massive Greifklauen aus Eisen festgeschmiedet, die wie Zangen geöffnet waren, jede eben groß genug, um einen menschlichen Hals zu umschließen. Die Gefangenen mußten sich dann nebeneinander aufstellen, die Kette auf ihre Schultern heben und sich die Greifklauen selbst um die Hälse legen. Wer sich weigerte, wurde mit Peitschenhieben dazu gezwungen. Dann kam der Schmied und hämmerte die geöffneten Zangen zu Eisenringen zusammen. Vidocq hielt ganz still, als die Hammerschläge unmittelbar neben seinem Kopf und dem Hals niedersausten.

Die geringste Bewegung hätte zu einem tödlichen Schlag gegen den Schädel führen können.

Es dauerte Stunden, bis alle Galeerensklaven an die Kette geschmiedet waren.

Am Nachmittag ging es los. Vidocq und die fünfundzwanzig anderen Gefangenen trotteten durch das Tor des Bicêtre hinaus, von den Fußtritten schwerbewaffneter Wächter vorangetrieben, von drei an ihren Leinen zerrenden Bluthunden bedroht: eine schaurige Sehenswürdigkeit für alle Menschen, die ihnen begegneten. Sie wanderten am Tage und schliefen nachts im Freien. Die Lage war für Vidocq schlimmer als je zuvor. Trotzdem dachte er nur an eines: an Flucht!

Das Wirtshaus der »Räubermutter«

Vidocq und die anderen Kettenhäftlinge waren völlig erschöpft, als sie eine Woche später bei Einbruch der Dunkelheit Brest erreichten und auf das »Bagno« zutaumelten: einen aus riesigen Steinquadern zusammengefügten mittelalterlichen Gefängnisbau, dessen Fenster man nicht hatte vergittern müssen, weil sie so eng wie Schießscharten waren.

Innerhalb der Mauern roch es – wegen der unmittelbaren Nähe des Meeres – nach salziger Feuchtigkeit, nach Moder und Schimmel. Und noch etwas stieg Vidocq in die Nase: der für »Bagnos« typische Geruch nach Eisen und schwärenden Wunden, hervorgerufen von den an den Hälsen der Häftlinge unablässig scheuernden Eisenringen.

Jede Zelle war mit fünfzig bis sechzig Gefangenen belegt. Unablässig klirrten und polterten die Ketten, an denen die Männer zusammengeschmiedet waren.

Am nächsten Tag, unmittelbar nach Sonnenaufgang, wurden die Häftlinge, mit einer dünnen Suppe im Magen, zur Zwangsarbeit an den Stadtrand geführt, wo sie eine große Abfallgrube ausheben mußten, ständig angetrieben von peitschenschwingenden Aufsehern. Zu Mittag gab es wieder eine Suppe, dazu altes, trockenes Brot.

Nach Sonnenuntergang war Feierabend. Sie kehrten mit Kettengerassel in die Zellen zurück. Die meisten waren so müde, daß sie gleich einschliefen und das Abendessen – Suppe – gar nicht anrührten.

Vidocq blieb lange wach, mit den Vorbereitungen für seine Flucht beschäftigt. Er zerkrümelte eine Zigarre, kratzte Kalk von den Wänden, schabte von einem Teller aus Blei feine Späne ab und warf alles in einen Becher voll Branntwein, den ein Mithäftling auf geheimnisvolle Weise ins »Bagno« geschmuggelt hatte. Dieses Gebräu ließ er bis zum Morgengrauen stehen.

Knapp vor dem allgemeinen Wecken rieb er den über Nacht dickflüssig gewordenen, nach Schnaps und Tabak stinkenden Absud in kleine Schnittwunden, die er sich mit der scharfen Bruchstelle eines zerbrochenen Zinnlöffels in die Haut der Hände und des Gesichts geritzt hatte: er verfuhr also genau nach dem Rezept, mit dem »Hans Listig« seine Bettlergeschwüre hervorgerufen hatte.

Vidocq hatte den Absud offensichtlich zu stark dosiert, denn schon während der Zwangsarbeit befiel ihn Schüttelfrost. Er wurde so kraftlos, daß er zusammenbrach und selbst von den Peitschenhieben der Aufseher nicht bewogen werden konnte, aufzustehen und zu arbeiten. Als auf seinen Händen und im Gesicht auch noch Geschwüre aufzuspringen begannen, violett und gelb, entschloß sich der Anführer des Aufseherkommandos, Vidocq zurückzuschicken – und mit ihm zwangsläufig die an seine Kette geschmiedeten fünfundzwanzig Galeerensklaven. Vidocq fühlte sich so elend, daß er glaubte zu sterben. Mehrmals knickten ihm beim Rückmarsch die Knie ein, er hing dann im eisernen Halsreif der Kette wie in einer Henkerschlinge, so lange, bis ihn die Atemnot zwang, mit letzter Kraft wieder Tritt zu fassen und aufrecht zu gehen. Mehr tot als lebendig traf er im Bagno ein. Am nächsten Tag erst sollte er vom Arzt untersucht werden.

Am Morgen ging es ihm schon wesentlich besser. Er stellte sich jedoch bewußtlos und ließ nur gelegentlich ein Röcheln hören, als der Arzt in Begleitung des Gefängnisdirektors kam und ihn im spärlichen Licht, das durch das schmale Fenster hereinfiel, untersuchte. Der Arzt warf nur einen kurzen Blick auf die Geschwüre, erhob sich dann, wich mit allen Anzeichen des Entsetzens zurück und flüsterte dem Gefängnisdirektor zu:

»Aussatz! Dieser Mann hat Aussatz! Lepra! Er wird sterben.«

»Hier sterben viele, das fällt nicht weiter auf«, entgegnete der Gefängnisdirektor.

»Aber er kann die anderen anstecken.«

»Ist das wahr? Das wäre ja furchtbar!« Plötzlich war der Gefängnisdirektor außer sich vor Sorge. »Wenn dieser Vidocq die anderen ansteckt, fallen eine ganze Menge Arbeitskräfte aus, und ich habe die größten Schwierigkeiten. Der Mann muß aus der Zelle!« Er rief einen Aufseher herbei und gab Auftrag, Vidocq sofort von der Kette zu lösen und in die Isolierstation des Krankenhauses zu bringen.

Vidocq, der noch immer den Bewußtlosen spielte, spitzte die Ohren. Das war's, was er wollte: von der Kette befreit und ins Krankenhaus gebracht werden. Dort war die Flucht kein Problem.

Kurz darauf kam der Schmied, der, um sich vor Ansteckung zu schützen, vom Henker schwarze Lederhandschuhe geliehen hatte. Er feilte in halbstündiger, von Schweißausbrüchen und Flüchen begleiteter Arbeit den eisernen Halsring an einer Stelle durch und schlug ihn dann mit lebensgefährlichen, aber gezielten, im Ohr gellenden Hammerschlägen entzwei.

»Und nun raus mit diesem Vidocq!« sagte der Gefängnisdirektor, der die ganze Zeit dabeigestanden war. »Er soll außerhalb des Bagno sterben, dann gibt es keinen Papierkram wegen seiner Leiche. Im Krankenhaus muß er pro forma bewacht werden. Ein Wachtposten genügt. Er geht sowieso heute nacht ein.«

Überflüssig zu sagen, daß Vidocq in dieser Nacht nicht einging, sondern ausriß.

Er wartete, bis der arglose Wächter zu schnarchen begann, kletterte dann von seinem Fenster an den verknoteten Seilen seines zerrissenen Leintuchs abwärts und befand sich im Friedhof, der sinnigerweise direkt neben der Krankenabteilung lag.

Das Mondlicht beleuchtete fahl die Grabhügel und Kreuze. Vidocq fror. Er trug nur Hemd und Hose. Und die waren als Häftlingskleidung erkenntlich. Sein Kopf war kahlgeschoren. Da er solchermaßen für jedermann als entsprungener Häftling zu erkennen war, gab es für ihn erfahrungsgemäß nur eine Zuflucht: die Unterwelt.

Vidocq hatte während seiner zahlreichen Gefängnisaufenthalte wiederholt vom Wirtshaus der sogenannten »Räubermutter« gehört, einem geheimen Ganoventreffpunkt, wo man angeblich vor der Polizei völlig sicher war. Dort wollte er hin. Das Lokal der »Räubermutter« allerdings befand sich in Nantes, und Nantes war von Brest mehr als zweihundert Kilometer weit entfernt.

Er schaffte auch das. Nach einer Woche betrat er das kleine Wirtshaus der »Räubermutter«, halb verhungert, bekleidet mit einem Zylinder und einem abgetragenen, ehemals vornehm geschneiderten Herrenmantel, Paletot genannt. Zylinder und Paletot hatte er im Hinterhof eines Herrschaftshauses auf einem Abfallhaufen gefunden.

Die »Räubermutter«, ganz in Schwarz gekleidet, war eine kleine, drahtige Person unbestimmten Alters. Sie musterte Vidocq mißtrauisch. Erst als er den Zylinder lüftete und – gleichsam als Beweis seiner »Vertrauenswürdigkeit« – den Kahlschnitt auf seinem Kopf vorwies, als er den Mantel auszog und die Gefängniskleidung zum Vorschein kam, begrüßte sie ihn mit Überschwang. Sie öffnete eine in die Täfelung eingelassene Geheimtür, hinter der es treppab in einen von Kerzen erleuchteten Keller ging. Verwegene Gestalten waren dort versammelt.

Vidocq stellte sich vor und erfuhr zu seinem Staunen, daß sein Name den Gaunern ein Begriff war. »Vidocq«, erklang es von allen Seiten, »der berühmte Ausreißer Vidocq! Welche Ehre! Willkommen!«

Die Bande der »Fußbrenner«

Der »gute Ruf«, dessen sich Vidocq bei den Ganoven erfreute, erwies sich als fatal. Die Gäste der Räubermutter hielten ihn nämlich nicht nur für ein Fluchtgenie, sondern auch für einen genialen Gauner mit phänomenalem Verstand, für »einen ganz Großen«, wie einer von ihnen sagte. Sie nahmen ihn wie einen Bruder in ihrer Runde auf. Selbstverständlich erwarteten sie, daß er ihnen seine Talente nutzbar machte, daß er Raubzüge für sie plane und mit ihnen ausführe. Vidocq hatte alle Mühe, sich ihrer Verehrung zu erwehren. Er vertröstete sie auf später und versprach, schon bald in ihre Unternehmungen einzusteigen; vorerst aber, so bat er, sollten sie Verständnis haben, daß er sich von den Strapazen des Bagnos und des Fußmarsches nach Nantes erholen müsse. Die Ganoven, ehrerbietig gestimmt, zeigten zunächst Einsehen, daß Vidocqs vielgerühmtes Gehirn einer Regenerierung bedürfe, um die verbrecherischen Geniestreiche ausklügeln zu können, von denen sie sich so viel erwarteten. Sie ließen ihm einige Tage Ruhe, dann aber begannen sie ihn allmählich zu drängen. Vidocq fühlte sich in einer Zwickmühle. Einerseits sah er voraus, daß ihm die Horde bald gefährlich werden würde, andererseits wollte er aus der Räuberhöhle erst flüchten, wenn die verräterisch kurz geschnittenen Haare nachgewachsen waren, damit er sich draußen auch ohne Zylinder zeigen konnte.

Er blieb Tag und Nacht im Keller. Er schlief, spielte Karten und lauschte den Gesprächen der Ganoven. Dabei erfuhr er, daß sie zu der besonders üblen und brutalen Gaunerzunft der »Fußbrenner« gehörten, so benannt, weil sie bei Einbrüchen die Hausbewohner an den Fußsohlen mit glühenden Eisenstäben traktierten und auf diese Weise zwangen, die Verstecke geheimer Schätze und Ersparnisse preiszugeben. Die Überfallenen waren nach so einer qualvollen Tortur meist nie mehr fähig zu gehen.

Vidocq lauschte den Erzählungen der Ganoven mit einer Mischung aus Abscheu und Interesse. Er spürte von neuem, daß ihn eine Art Forschungsdrang dazu trieb, Erfahrungen über Verbrechermethoden zu sammeln, und daß er den Ehrgeiz hatte, mehr über die Unterwelt zu wissen als je ein Mensch vor ihm.

Nach zwei Wochen wurde es brenzlig für ihn. Die Ganoven, die ihn bisher mehr oder weniger freundschaftlich zur Mitarbeit gedrängt hatten, zeigten plötzlich unverhohlenen Argwohn, weil er nur herumsaß, horchte, Fragen stellte und ansonsten jede Teilnahme an Straftaten verweigerte. Ihre Verehrung schlug in Verachtung um, in wütende Verdächtigungen. Es kam zu einer lauten, in den gemeinsten Worten des Rotwelsch geführten Auseinandersetzung, und als Vidocq sich erhob, seinen Zylinder aufsetzte und seinen Paletot anzog, um – scheinbar beleidigt über soviel Mißtrauen – den Keller zu verlassen, da hielten sie ihn mit Gewalt zurück. Vidocq fühlte sein Leben mehr bedroht denn je zuvor. Er riß sich los, kämpfte sich zu den Kerzen durch, löschte schnell die Lichter, nützte Tumult und Dunkelheit, um sich zur Kellertreppe zu tasten und hinaufzuwischen. Oben stürzte er sich durch die Geheimtür ins Wirtshaus und an der verblüfft die Hände zusammenschlagenden Räubermutter vorbei ins Freie, verfolgt von einer wütenden Räuberhorde.

Er rannte kreuz und quer durch die Gassen, bis zum Ufer der Loire. Dort blieb er stehen und blickte sich keuchend um. Kein Verfolger weit und breit. Er hatte die Bande abgehängt.

An einen Laternenmast gelehnt, überlegte er, was er tun sollte.

Aus einer offenen Haustür ganz in seiner Nähe drang der Duft von Backwerk. Er dachte daran, daß Weihnachten vor der Tür stand, und er fühlte Heimweh nach Arras, nach den Eltern, nach dem väterlichen Bäckerladen, nach dem Geruch von frischem Brot. Das Verlangen, die Mutter zu sehen, war plötzlich unwiderstehlich.

Er machte sich auf den Weg nach Arras, fuhr als Gast weihnachtlich mild gestimmter Kutscher kostenlos über gefrorene und teils verschneite Wege nach Nordosten, bis er – vier Tage nach dem Heiligen Abend – daheim ankam. Die Mutter, in Trauerkleidung, fiel ihm um den Hals und berichtete schluchzend, daß der Vater vor kurzem verstorben sei. Vidocq wußte, daß er ihr helfen mußte, daß er sie nie mehr allein lassen durfte. Er stand vor der zwingenden Notwendigkeit, eine neue Existenz aufzubauen, für sich und seine Mutter.

Da er inzwischen auch in Arras einen fatalen Ruf als Ausbrecherkönig genoß, entschloß er sich, in die Gegend von Paris zu reisen, wo ihn noch niemand kannte. Er verabschiedete sich von seiner Mutter und versprach ihr, sie bald nachzuholen. Dann schlug er sich nach Versailles durch, der früheren Residenzstadt französischer Könige wenige Kilometer südwestlich von Paris, wo er – unter dem falschen Namen Pierre Blondel – zunächst als Gehilfe in einem Bäckerladen arbeitete und dann, mit ein paar kümmerlichen Ersparnissen, ein Handelsgeschäft als umherziehender Krämer gründete.

Er hatte damit solchen Erfolg, daß er schon bald in der Rue de Fontaine, unweit des berühmten Schlosses von Versailles ein Haus mit Wohnung und Warenlager mieten konnte, und endlich konnte er auch seine Mutter zu sich holen. Sie lebte in seiner Wohnung, während er mit einem Fuhrwerk und zwei Pferden von Markt zu Markt zog. Er wurde ein wohlhabender Mann, konnte die Mutter – wie er es früher immer gewünscht hatte – mit schönen Kleidern beschenken, konnte ihr Fleisch, Obst und Gemüse kaufen, damit sie nicht mehr hungern mußte. Auch versah er sie mit einem größeren Geldbetrag, für den Fall, daß er verhaftet werden sollte. Den falschen Namen Pierre Blondel behielt er bei.

Zwei Jahre lang, bis Mitte Dezember 1799, ging alles gut. Dann kam es zu einer Situation, die Vidocq ständig befürchtet hatte: auf dem Marktplatz von Saint-Quintin spürte er den Lauf eines Gewehres im Rücken. Er blickte über die Schulter zurück und sah hinter sich einen Gendarmen, der früher Gefängniswärter in der etwa achtzig Kilometer entfernten Stadt Lille gewesen war und ihn natürlich kannte.

Vidocq hob die Hände . . .

Weihnachten verbrachte er im Gefängnis von Saint-Quintin. Von dort sollte er ins Bagno von Brest abgeschoben werden, um das Fehlurteil von acht Jahren Zwangsarbeit zu verbüßen.

Attentat auf den Pulverturm

Es wäre müßig, wollte man die nächsten Jahre im Leben Vidocqs in allen Einzelheiten beschreiben. Was Vidocq erlebte, war eine unablässige Wiederholung dessen, was sich bisher zugetragen hatte: er flüchtete natürlich wieder aus dem Gefängnis von Saint-Quintin, versteckte sich vorübergehend im Verbrecherviertel, verließ es bald, kehrte heim zu seiner Mutter in das Haus nach Versailles, das der Polizei nicht bekannt war. Er ging als Krämer auf Reisen, wurde irgendwo erkannt, kam ins Gefängnis, riß wieder aus, verbarg sich für kurze Zeit in der Unterwelt, meist im Pariser Verbrecherviertel, wo er sich bald bestens auskannte. Dann nahm er von neuem seine Geschäfte als reisender Krämer auf, bis er irgendwann erkannt wurde, meist von einem ehemaligen, inzwischen entlassenen Mithäftling, der sich ein paar Francs Belohnung für die Denunziation verdiente. So ging es immer weiter, Jahr für Jahr.

Nur einige abenteuerliche Episoden aus dieser Zeit müssen erzählt werden, weil sie von Bedeutung waren für die spätere wunderbare Wende im Schicksalsweg des François Vidocq.

Da war einmal die Geschichte mit dem Attentat auf den Pulverturm. Und das kam so: Ende Oktober 1805 war Vidocq nahe von Boulogne, einer Hafenstadt im Norden Frankreichs, verhaftet worden. Er riß aus und ging – unter dem falschen Namen Lebel – als Fechtlehrer zu den Korsaren, einer Marinetruppe, die an der Küste stationiert war. Dort wollte Vidocq die erste Aufregung nach seiner Flucht abwarten, denn er rechnete damit, daß die Polizei zu diesem Zeitpunkt – wenige Tage nach dem Seesieg der Engländer über die französisch-spanische Flotte bei Trafalgar am 21. Oktober –

das Militär nicht mit Fahndungen beunruhigen würde. Mehr als einen Monat wollte er sich dort nicht aufhalten, dann beabsichtiger er wieder heimzukehren nach Versailles.

Vidocq wurde aufgrund seiner Tüchtigkeit schnell zum Leutnant befördert und mit der Bewachung mehrerer Pulvertürme in der Nähe Boulognes betraut. Es war zu befürchten, daß englische Spionagetruppen heimlich an Land kommen und die Türme mit der Munition in die Luft sprengen würden.

Eines Nachts brach in einem Pulverturm ein Brand aus, der jedoch rasch gelöscht werden konnte.

Als der Rauch verzogen war, begann Vidocq die Ursache des Feuers zu ermitteln. Er betrat den Pulverturm und stellte im Flackerlicht einer Laterne fest, daß der Brand nicht, wie erwartet, im Munitionsdepot begonnen hatte, sondern in einem kleinen Nebenraum. Dort gelagerte Akten waren teils leicht verkohlt, teils versengt, ansonsten aber unversehrt geblieben. Abgebrannte Schwefelhölzer und eine verglimmte Zündschnur lagen auf dem Boden: eindeutige Beweise für eine Brandstiftung.

Eigentlich hätte Vidocq nun die Polizei rufen müssen. Er tat es aber nicht, denn er riskierte einerseits, erkannt und verhaftet zu werden, andererseits wußte er aus Erfahrung, daß die Polizei nichts anderes getan hätte, als die Brandstiftung amtlich zu registrieren und als Sabotageakt der Engländer abzutun. Vielleicht auch hätte sie gewartet, daß irgendeiner daherkam und sagte: »Der XY war der Täter.« In diesem Fall wäre der solchermaßen denunzierte XY verhaftet und verurteilt worden – unabhängig davon, ob er wirklich der Täter war oder nicht. Vidocq schien diese Methode, die damals bei allen polizeilichen Aktivitäten gang und gäbe war – egal ob es sich um Brandstiftung, Mord, Raub oder Diebstahl handelte –, nicht geeignet, den wahren Täter zu überführen. Er probierte es auf andere Weise.

Zuerst einmal suchte er den Boden nach Fußspuren ab. Schon bald fand er den schmutzigen Abdruck einer rechten Schuhsohle mit unregelmäßigem Nagelmuster. Diesen Abdruck ließ er von einem Soldaten abzeichnen.

Dann überlegte er, warum der Brandstifter mit der Zündschnur das Feuer nicht im eigentlichen Munitionsdepot gelegt hatte, sondern im Nebenraum, wo die Akten lagen. Er kam zu dem Schluß, daß es dem Täter offensichtlich nicht darum gegangen war, das Pulver in die Luft fliegen zu lassen, sondern die Akten zu vernichten, die sich zufälligerweise im Pulverturm befanden. Damit schieden englische Saboteure – die man bei einem Attentat auf einen Pulverturm naheliegenderweise verdächtigen mußte – als Täter aus, denn ihr Anschlag hätte der kriegswichtigen Munition gegolten, nicht den Dokumenten! Neugierig nahm Vidocq sich die vom Feuer kaum beschädigten, größtenteils noch lesbaren Akten vor. Er blätterte darin und stellte fest, daß es sich um das Verzeichnis aller im Verpflegungslager von Boulogne gelagerten Lebensmittel der Armee handelte.

Eine rätselhafte Geschichte! Vidocq versuchte sie zu klären, indem er sich selbst Fragen stellte und nach bestem Gutdünken die mutmaßlichen Antworten gab:

Warum wollte der Brandstifter die Unterlagen über die Armeeverpflegung vernichten? – Weil sie etwas bewiesen, das ihm gefährlich werden konnte.

Was konnten sie beweisen? – Daß Lebensmittel aus der Armeeverpflegung fehlten.

Wer konnte die Lebensmittel unbemerkt aus dem Verpflegungsmagazin holen, ohne die Tür aufzubrechen? – Nur wer den Schlüssel zum Magazin besaß.

Wer besaß ihn? – Diese Frage ließ Vidocq durch eine Rückfrage bei der Armeeleitung klären. Die Antwort:

Nur einer – der Verwalter des Verpflegungsmagazins. Er war es, der als Dieb und Brandstifter verdächtigt werden mußte. Nun galt es, den Verdacht zu beweisen.

Vidocq eilte in die Wohnung des Verdächtigen, entdeckte dort ein ganzes Lager gestohlener Lebensmittel und überführte den Mann, indem er dessen rechten Schuh mit der Zeichnung des rechten Sohlenabdrucks verglich, die er am Tatort hatte anfertigen lassen. Die Nagelmuster von Schuh und Zeichnung stimmten in allen Einzelheiten überein.

Dieses Verfahren – den Kreis der Verdächtigen durch Überlegung einzuengen und den Täter schließlich aufgrund von Spuren festzunageln – war die alleinige Idee Vidocqs. Vor ihm hatte sich noch nie ein Polizist dieser Arbeitsweise bedient. Sie sollte später, von Vidocq weiterentwickelt und verfeinert, als »kriminalistische Ermittlungstechnik« oder als »detektivische Methode« bezeichnet werden und zur selbstverständlichen Arbeitsweise einer erfolgreichen Verbrechensbekämpfung gehören.

Und noch ein zweites Mal während der Jahre seiner Flucht mußte Vidocq detektivische Fähigkeiten beweisen. Diesmal ging es um seinen Kopf.

Die »Methode Cagliostro«

Vidocq war damals gerade aus dem »Bagno« der südfranzösischen Hafenstadt Toulon ausgerissen und hielt sich vorerst im Verbrecherviertel verborgen, wo er ein Gaunerlokal fand, das mit drei geheimen Ausgängen seinen Bedürfnissen nach Sicherheit entsprach.

In dieser Kaschemme stieß er auf fünfundzwanzig Straßenräuber, alles polizeilich gesuchte Halsabschneider, die sich zu einer straff organisierten Bande zusammengeschlossen hatten. Sie waren auf Überfälle großen Stils spezialisiert und raubten grundsätzlich nur die Staatsgelder aus Postkutschen oder Barschaften reisender Diplomaten. Jeden Widerstand brachen sie mit Gewalt. Wo sie in Erscheinung traten, blieben Leichen zurück. Mit kleineren Gaunereien gaben sie sich erst gar nicht ab.

Vor Vidocq hatten sie großen Respekt. Er war nämlich inzwischen eine Art »Sagengestalt« des Verbrechertums geworden. Überall in französischen Ganovenkreisen erzählte man sich die unglaublichsten und haarsträubendsten Geschichten von ihm. Nicht genug damit, daß man ihm Taten andichtete, die er gar nicht begangen hatte – auch seine tatsächlich bestandenen Abenteuer, die ständigen Fluchtmanöver, wurden auf so phantastische Weise übertrieben, daß man ihn für einen Übermenschen hielt, für einen Hexenmeister mit mysteriösen Talenten. Er habe einen magischen Schlüssel zum Öffnen der Gefängnistüren, hieß es, er kenne einen Zauberspruch, um Wächter in den Schlaf zu versenken. Überhaupt sei er mit dem Teufel im Bunde, wie weiland Dr. Faust in Deutschland.

Derlei Gerüchte also waren auch den Straßenräubern von Toulon bekannt, und da sie alle sehr abergläubisch waren, fürchteten sie tatsächlich, Vidocq sei mit den Kräften der Schwarzen Magie begabt.

Diese okkulten Fähigkeiten wollte der Bandenführer, ein gewisser Roman, der als gefährlichster Bandit des südfranzösischen Küstengebiets galt, nicht ungenutzt lassen. Er beschloß daher, bei nächster Gelegenheit mit Vidocqs mysteriöser Hilfe ein Ding zu drehen, von dem er normalerweise die Finger gelassen hätte: den Überfall auf eine schwerbewachte Kutsche mit drei Ministern aus Paris.

Vidocq versuchte Roman von diesem Plan abzuhalten. Vergeblich. Er zog sich nur den Unwillen und sogar den Argwohn des Bandenchefs zu.

Nach einigen Tagen ging es dann los. Auf Geheiß Romans mußte sich Vidocq zusammen mit anderen Bandenmitgliedern in einem Wald westlich von Toulon verstecken, wo am nächsten Morgen auf einsamer Landstraße die Kutsche mit den Ministern daherrumpeln sollte.

Vidocq wollte nachts fliehen und den Kutscher warnen. Abends kam jedoch etwas dazwischen. Roman stellte fest, daß seine Geldbörse gestohlen worden war. Er geriet in Raserei und verdächtigte, ohne lange nachzudenken, als Dieb denjenigen, gegen den er in den letzten Tagen ohnehin schon einen allgemeinen Verdacht gefaßt hatte: Vidocq!

»Gib die Geldbörse raus«, sagte er zu ihm.

»Ich hab' sie nicht gestohlen.« Vidocq merkte, daß die Situation brenzlig wurde.

»Natürlich hast du sie gestohlen! Wer sollte es sonst gewesen sein? Ich kenne die anderen aus meiner Bande. Das sind ehrliche Halsabschneider und Wegelagerer. Aber du! – Du hast mir in den letzten drei Tagen ununterbrochen widersprochen. Wer mir widerspricht, der bestiehlt mich auch! Ich hab's satt mit dir. Also rück den Zaster raus!« Er zog die Pistole und richtete sie auf Vidocq.

Vidocq starrte auf das schwarze Loch im Pistolenlauf. Er spürte ein nervöses Ziehen zwischen seinen Augen, ansonsten aber war er völlig ruhig. Erstaunt registrierte er, daß er trotz der tödlichen Bedrohung seine Gedanken völlig in der Gewalt hatte, daß er fähig war, kühl zu überlegen. Er dachte darüber nach, wie er sein Leben in dieser fatalen Situation retten konnte, und hatte plötzlich eine Idee.

»Halt ein, Roman«, sagte er, »ich verspreche dir, daß du zu deinem Geld kommst.«

»Wo ist es?«

»Ich habe es nicht. Aber ich werde den Dieb überführen.«

»Was du nicht sagst! Wie willst du denn das machen?« Roman ließ die Pistole sinken.

»Hört mir gut zu«, sagte Vidocq zu den Banditen, die im Kreis um ihn herumstanden. »Ihr wißt, daß ich ein Hexenmeister bin. Dank meiner magischen Kräfte werde ich jetzt den Täter ausfindig machen, und zwar nach einer Methode, die mir vor einigen Jahren Cagliostro, der verstorbene Erzzauberer und Goldmacher, persönlich anvertraut hat.« Er bückte sich, hob einige Strohhalme auf und begann sie mit einem Messer in genau gleicher Länge abzuschneiden. »Wie ihr seht«, fuhr er fort, »schneide ich diese Strohhalme in gleiche Stücke, jedes eine Spanne lang. Alle sind, wie gesagt, auf den Millimeter genau gleich lang – bis auf einen: er ist um einen Zentimeter länger. Mit diesem längeren Strohhalm aber hat es eine wunderbare Bewandtnis.«

Vidocq machte eine Kunstpause und fügte dann die zugeschnittenen Strohhalme in seiner Faust zu einem Bündel, von dem nur die oberen Spitzen zu sehen waren.

»Ihr möchtet nun«, sagte er mit gutgespielter Geheimnistuerei, »sicherlich wissen, was für eine Bewandtnis es mit dem längeren Strohhalm hat. Nun, ihr werdet es bald sehen. Ihr sollt nämlich jetzt die Strohhalme aus meiner Faust herausziehen. Einer nach dem anderen. Mysteriöse Kräfte werden eure Hände führen. Alle, die guten Gewissens sind, können nicht anders als nach gleich langen Strohhalmen zu greifen. Der Dieb aber wird den einzigen längeren Strohhalm ziehen!

Nun tretet vor, zieht die Halme, verbergt sie dann in euren Händen, bis alle von euch gezogen haben. Euer Anführer Roman wird die Strohhalme anschließend einsammeln und vergleichen – dann wird der Dieb überführt werden.«

Lauernd blickte Vidocq auf die Banditen. Würden sie auf seinen Bluff hereinfallen? Sein Leben hing an einem Strohhalm.

Sie zögerten zunächst, blickten einander an, kniffen die Augen zusammen, zuckten mit den Achseln. Schließlich trat einer vor, zauderte eine Sekunde, zupfte dann einen Halm und schritt zurück. Der nächste machte es ihm nach, dann der dritte. Keiner drückte sich. Alles verlief programmgemäß.

Nachdem sie alle die Strohhalme gezogen hatten, stellte Vidocq sich neben Roman und sagte: »Tretet vor, gebt die Strohhalme ab. Langsam, einer nach dem anderen.«

Roman nahm die Strohhalme in Empfang und hielt sie sogleich nebeneinander. Die ersten beiden waren gleich lang, der dritte auch, der vierte ebenfalls, die nächsten genauso, der zwölfte ... der dreizehnte ... doch halt! Mit dem vierzehnten stimmte etwas nicht. Der vierzehnte Strohhalm, von einem gewissen Joseph Oriolles abgegeben, war genau einen Zentimeter kürzer.

»Du bist der Dieb!« rief Vidocq. Seine Stimme war laut, energisch, auf Überrumpelung mit Schockwirkung bedacht.

Joseph Oriolles zuckte zusammen, man spürte, wie ihm der Schreck in die Glieder fuhr. Er rang nach Luft, versuchte erst gar nicht zu leugnen, sondern sank in die Knie und rief: »Gnade, ich gebe das Geld heraus! Laßt mich am Leben!« Auf allen vieren kroch er zu einem Baum, unter dessen Wurzeln er die Geldbörse Romans versteckt hatte. »Gnade!« winselte er.

Roman nahm Vidocq am Arm und zog ihn mit sich fort. Als ihnen niemand zuhörte, sagte der Bandenchef: »Ich begreife das nicht. Hast du nicht gesagt, der Dieb würde einen Strohhalm ziehen, der um einen Zentimeter länger sei?«

»Ja.«

»Nun aber war der Strohhalm des Diebes um einen Zentimeter kürzer!«

»Ja.«

»Gib mir eine Erklärung, Vidocq.«

»Paß auf: Ich habe die Strohhalme alle gleich lang zugeschnitten. Ganz genau gleich lang. Ausnahmslos. Und dann habe ich gesagt, daß der Dieb einen Halm zieht, der um einen Zentimeter länger ist als die anderen. Obwohl alle Halme gleich lang waren. Kapiert?«

»Hm, nicht so ganz.«

»Nun, du wirst es gleich begreifen. Versetz dich in die Lage des Diebes, der mich für einen Hexenmeister hält und tatsächlich daran glaubt, daß er durch magische Einflüsse den um einen Zentimeter längeren Strohhalm gezogen hätte. Was würdest du an seiner Stelle tun?«

»Ich würde«, sagte Roman, »den Strohhalm um einen Zentimeter kürzer machen, in der Annahme, daß er dann gleich lang wie die anderen Halme ist.«

»Da aber in Wirklichkeit alle Strohhalme gleich lang waren«, erklärte Vidocq, »mußte der vom Dieb gekürzte Strohhalm logischerweise kürzer sein als die anderen. Der Dieb hat sich damit selbst verraten.«

Roman verstand und begann zu grinsen. »Verdammt noch mal, Vidocq«, sagte er, »du hast einen schlauen Kopf. Ein wahres Glück, daß du kein Polizist bist.« Er fand diese Bemerkung so köstlich, daß er das damit verbundene Bild noch einmal heraufbeschwor: »Stell dir das mal vor, Vidocq – du, ein Polizist!«

Vidocq schien das gar nicht komisch zu finden, denn er blickte bei diesen Worten schweigend vor sich hin.

Wenige Stunden später, knapp nach Mitternacht, gelang es ihm, die Straßenräuber heimlich zu verlassen. Roman blies daraufhin den Überfall ab. Ohne Vidocqs Unterstützung war ihm das Unternehmen zu riskant.

Der Trick mit den Strohhalmen ließ sich freilich nur mit einem abergläubischen Dieb durchführen. Die grundsätzliche Methode aber – sich in die Gedankenwelt eines Verbrechers zu versetzen und zu überlegen, wie man an seiner Stelle handeln würde – sollte später von Vidocq zu einer der wichtigsten polizeilichen Arbeitsweisen im Kampf gegen das Verbrechertum entwickelt werden. Doch noch war es nicht soweit, noch galt Vidocq selbst als Verbrecher, noch hatte die Polizei den Auftrag, ihn zu fangen und hinter Gitter zu bringen.

». . . zum Tode verurteilt«

Obwohl Vidocq während seiner Reisen immer wieder verhaftet wurde, bekam die Polizei weder seinen falschen Namen – Pierre Blondel – heraus noch seine ständige Adresse: Rue la Fontaine in Versailles. Dorthin kehrte er nach jedem Fluchtmanöver aus einem Gefängnis wieder zu seiner Mutter zurück – und zu Annette, einer jungen, tüchtigen Frau adliger Herkunft, die ihren gräflichen Namen während der Revolution abgelegt hatte. Mit ihr wollte Vidocq sein weiteres Leben verbringen. Heiraten freilich konnte er sie mit seinem falschen Namen nicht. Annette kannte Vidocqs Lebensgeschichte, sie wußte, daß er von der Polizei gesucht wurde und ständig Gefahr lief, verhaftet zu werden – trotzdem war sie entschlossen, zu ihm zu halten, sein Leben außerhalb der Gesellschaft zu teilen, was auch immer kommen mochte. Für Vidocq war es von großer Wichtigkeit, daß seine ständige Adresse in der Rue la Fontaine der Polizei nicht bekannt werde. Denn dort war seine Heimat, dort hatte er es zu Wohlstand gebracht, dort war er bei den Nachbarn als Bürger angesehen. Er selbst bezeichnete diese Wohnung als sein »Paradies«.

Doch auch aus diesem Paradies sollte er vertrieben werden: Es war Frühjahr 1809, als Vidocq eines Morgens aus der Haustür trat und mit einem vorbeigehenden Mann zusammenstieß, der einen schwarzen, abgewetzten Mantel trug. Der Fremde murmelte eine Entschuldigung, blickte flüchtig auf Vidocq, zog dann erstaunt die Augenbrauen hoch und sagte: »He, Vidocq, daß man dich auch einmal sieht!«

Vidocq zuckte zusammen und faßte den Mann prüfend ins Auge. Nein – den hatte er noch nie gesehen! Der Fremde war klein, glatzköpfig und hielt den kahlen Schädel gesenkt wie ein angreifender Stier. Von unten her schaute er zu Vidocq empor. Auf den ersten Blick erkannte Vidocq, daß es sich hier um einen Berufsverbrecher handelte.

»Sie verwechseln mich gewiß«, sagte Vidocq, »mein Name ist Pierre Blondel.«

»Na hör mal, mich kannst du nicht für dumm verkaufen. Ich kenn' dich doch! Du trägst wie ich auf der rechten Schulter das Brandmal GAL...«

Vidocq war sprachlos vor Entsetzen.

»Ich bin«, fuhr der Fremde fort, »gleichzeitig mit dir gebrandmarkt worden, im Kettenhof des Bicêtre. Ich weiß, wie sehr du dich gewehrt hast. Ich weiß sogar noch das Datum: 20. November 1797. So was vergißt man nicht, auch wenn es fast zwölf Jahre zurückliegt. Erinnerst du dich nicht mehr an mich? Ich bin mit dir zusammen an die Kette geschmiedet worden. Kennst du mich nicht?«

»Nein.«

»Kann ich verstehen, ich bin ja nur ein kleiner Ganove, kein so prominenter Verbrecher wie du. Ich bin nicht der Ausbrecherkönig, von dessen Taten man sich in den Gefängnissen und den Gaunerkneipen in ganz Frankreich erzählt. He, Vidocq – du träumst ja, wach auf! Und gib zu, daß du Vidocq heißt.«

»Ich habe es schon einmal gesagt: mein Name ist Pierre Blondel, nicht Vidocq.«

»Ein hübscher Name, klingt fast so ähnlich wie meiner. Ich heiße nämlich Paul Blondy. Merk dir den Namen gut. Ich merke mir den deinen auch: Pierre Blondel. Auch deine Adresse vergesse ich nicht so leicht: Rue la Fontaine. Eine vornehme Gegend. Du hast es weit gebracht, Vidocq!«

Damit schlurfte er davon.

Vidocq ging ins Haus zurück. Er fragte sich, ob dieser Paul Blondy ihn mit Sicherheit erkannt hatte. Wenn ja, was dann?

Lange brauchte Vidocq die Ungewißheit nicht zu ertragen. Denn schon am nächsten Tag stand Blondy gegen zehn Uhr vormittags mit zwei Männern vor der Haustür in der Rue la Fontaine und rief: »He – Blondel!«

Vidocq trat auf die Straße und musterte die beiden Begleiter Blondys. Richtige Galgenvögel, dachte er.

Blondy kam auf ihn zu. »Darf ich bekannt machen«, sagte er spöttisch, »das ist François Vidocq, der berühmte Ausbrecherkönig, der sich hier Pierre Blondel zu nennen beliebt, und das hier sind meine beiden lieben, verehrten und verschwiegenen Freunde Chevalier und Duluc. Sie kennen dich übrigens auch, Vidocq. Du bist zu prominent.«

Vidocq sah ein, daß es keinen Sinn hatte, zu leugnen.

Er wußte, was ihm blühte. Es war überflüssig zu fragen. Die Gauner würden schon zur Sache kommen.

»Wir möchten«, sagte Blondy, Hohn in der Stimme, »nichts weiter als ein bißchen Gerechtigkeit. Ich meine damit eine gerechte Verteilung der irdischen Güter. Du, Vidocq, bist ein wohlhabender Mann mit einem gutgehenden Geschäft. Das haben wir inzwischen in Erfahrung gebracht. Du bist reich, hast Ersparnisse – und wir sind arme Schlucker, eben erst aus dem Gefängnis entlassen. Es wäre ein Akt der Gerechtigkeit, wenn du Nächstenliebe üben und dein Geld mit uns teilen würdest. Habe ich das nicht schön ausgedrückt?«

»Drück dich deutlicher aus«, sagte Vidocq.

»Also gut. Wenn du uns heute mittag nicht sechshundert Francs gibst, lassen wir dich auffliegen. Wir sind um Punkt zwölf Uhr hier. Wenn du zahlst, siehst du uns nie wieder. Zahlst du nicht, ist es aus mit dir, Vidocq.«

Sie verabschiedeten sich mit einem betont herzlichen »Auf Wiedersehen«.

Für Vidocq gab es nichts zu überlegen. Schweren Herzens holte er aus einer ehemaligen Mehltruhe, in der dreitausend ersparte Francs verschlossen waren, das Erpressergeld heraus.

Blondy erschien pünktlich, als die Glocke zwölf schlug. Allein. Seine Komplizen hielten sich wohl in der Nähe verborgen. Er kassierte das Schweigegeld und ging.

Vidocq wagte in den nächsten Tagen nicht, auf Reisen zu gehen, weil er befürchtete, Blondy würde mit neuerlichen Forderungen wiederkommen. Verstört blieb er zu Hause und machte gelegentlich einen Spaziergang durch Versailles. Dabei begab sich einmal folgendes:

Er hörte plötzlich in einer Seitengasse das Glockengebimmel eines nahenden »Armensünderwagens«, auf dem man zum Tode verurteilte Verbrecher vom Gefängnis zur öffentlichen Hinrichtungsstätte zu fahren pflegte.

Neugierig blieb er stehen, um den von einer Schindmähre gezogenen Karren vorbeirattern zu lassen. Gendarmen, die Gewehre schußbereit in den Händen, schritten links und rechts neben dem Wagen her. Vorsichtshalber verbarg sich Vidocq hinter einigen Zuschauern, um von den Polizisten nicht gesehen zu werden.

Auf dem Karren kauerten drei mit Ketten aneinandergefesselte Männer in Häftlingskleidung. Vidocq hörte das ihm auf so fatale Weise vertraute Klirren ihrer Ketten. Die Schädel der Gefangenen waren kahlgeschoren. Ihre Augen lagen tief in den Höhlen, die Lippen waren blutleer. Das Entsetzen angesichts des bevorstehenden Todes verzerrte ihre Gesichter zu unheimlichen Grimassen.

Plötzlich fühlte Vidocq seinen Atem stocken. Er hatte soeben einen der Todeskandidaten erkannt. Es war Herbeaux!

Herbeaux – der Mann aus dem »Ochsenauge«. Der Gauner, der im Jahr 1796 falsches Zeugnis gegen ihn abgelegt hatte. Der Schuld daran trug, daß er, Vidocq, ungerechterweise zu acht Jahren Zwangsarbeit verurteilt worden war. Herbeaux, der Urheber allen Unglücks. Sein falscher Schwur von damals – er verfolgte Vidocq seit nunmehr dreizehn Jahren wie ein Fluch. Daß Vidocq jetzt noch, im Jahr 1809, unter falschem Namen leben mußte, als Flüchtling, als Ausgestoßener der Gesellschaft, mit dem Brandmal GAL auf der Schulter, ohne Chance, ins bürgerliche Leben zurückzufinden – das alles war das Teufelswerk des falschen Zeugen Herbeaux.

Und nun saß er da droben auf dem »Armensünderwagen«, Todesangst im Gesicht, auf dem Weg zur Hinrichtung. Ein Verbrecherleben ging zu Ende.

Vidocq schritt wie im Traum hinter dem Wagen her, hörte das Rumpeln der Räder, die Tritte der Pferde, das Kettenrasseln, das Glockengebimmel. Der letzte Weg Herbeaux' führte zum Marktplatz von Versailles, wo ein Schafott aufgebaut war und sich sensationsgierig die Menschen drängten.

Vidocq stand da und schaute.

Die drei Gefangenen wurden auf die Bühne hinaufgeschleppt, direkt zur Guillotine. Herbeaux war als erster dran. Die Henker hielten ihn fest.

Ein Gendarm stand neben dem Fallbeil und entrollte das Dokument mit dem Wortlaut des Todesurteils, das er zu verlesen hatte. Wie aus weiter Ferne vernahm Vidocq die Worte: ». . . wird César Herbeaux wegen Meuchelmordes, verübt an der Witwe Mathilde Sagreux in Versailles, zum Tode verurteilt. Das Urteil kann hiermit vollstreckt werden.«

Alles Weitere war dann Sache der Henker. Vidocq wandte sich ab. Er hörte den Aufprall des niedersausenden Fallbeils, den Aufschrei der Massen.

Er ging heim.

Der Erpresser macht Ernst

Vor Vidocqs Wohnung stand Blondy, händereibend, höhnisch grinsend im Gefühl seiner Macht. Ohne viel Umschweife kam er zum Thema: Er wollte noch einmal Geld. Natürlich. Ein Erpresser hat es noch nie bei einer einmaligen Forderung bewenden lassen. Diesmal verlangte er tausend Francs. Vidocq blieb nichts anderes übrig, als die geforderte Summe aus der alten Mehltruhe zu holen.

Eine Woche verging, dann stand Blondy wieder vor der Tür: fünfzehnhundert Francs, zum letztenmal. Er schwor, danach nie mehr zu kommen.

Vidocq nahm den Rest der Ersparnisse aus der ehemaligen Mehltruhe – vierzehnhundert Francs – und legte die letzten hundert Francs aus seiner Geldbörse drauf. »Ich habe jetzt nichts mehr, Blondy«, sagte er, »es hat keinen Zweck, wenn du wiederkommst.«

Blondy nahm das Geld und ging.

Nach einer Woche kehrte er wieder. »Vidocq, tausend Francs, zum letzten Mal.«

»Ich habe kein Geld mehr, Blondy.«

»Vidocq, ich mag nicht, wenn man mich belügt.«

»Ich schwöre dir, Blondy, ich habe nichts mehr. Du hast alle meine Ersparnisse abkassiert.«

»Schwöre nicht falsch, Vidocq, sonst kommst du in die Hölle. Gib mir tausend Francs, zum letzten Mal.«

»Ich würde sie dir geben, wenn ich sie hätte. Aber ich habe sie nicht.«

»Es täte mir leid um dich«, sagte Blondy, »wirklich. Das Herz würde mir brechen. Schau dir doch dieses schöne Haus an, in dem du so vornehm wohnst. Vergleiche die Zimmer deines Heimes mit den Zellen von Bicêtre. Die gefallen dir doch nicht besser? Du bist ein Mann von Geschmack und liebst es sicherlich, behaglich zu wohnen – oder willst du dein Heim verlassen?«

Vidocq betrachtete bei diesen Worten das Haus, in dem er seit vielen Jahren lebte. Es war seine Heimat geworden. Erst kürzlich hatte er die Türstöcke und die Fensterrahmen mit grüner Farbe gestrichen.

»Schau dir auch deine alte Mutter an«, fuhr Blondy fort, »und deine Freundin. Ich habe die beiden Frauen in den letzten Tagen beobachtet. Reizende Geschöpfe. Ist dir die Gesellschaft von Galeerensklaven lieber? Vidocq, willst du diese beiden Frauen in den nächsten acht Jahren nicht mehr wiedersehen?«

Vidocq spürte die Angst, die ihn bei diesen Worten packte, die Angst und das Gefühl, diesem Erpresser ausgeliefert zu sein.

»Blondy«, sagte er flehentlich, »natürlich will ich hierbleiben und in Frieden leben! Aber ich hab' kein Geld mehr. Ich bin in den letzten Tagen auch nicht unterwegs gewesen, um Geschäfte zu machen, weil ich ständig damit gerechnet habe, daß du wiederkommen würdest. Ich bin bereit zu zahlen, aber ich muß erst Geld verdienen. Ich muß aufs Land hinausfahren, Geschäfte machen. Wenn ich zurückkomme, geb' ich dir das Geld. Hab solange Geduld. Bitte, Blondy.«

»Ich habe keine Geduld, Vidocq. Ich brauche Geld. Und wenn ich von dir keines bekomme, hole ich es bei der Polizei. Der Polizeipräsident von Paris, unser hochgeschätzter ›Sir Henry‹, braucht dringend Erfolg, das ist allgemein bekannt. Und es ist auch allgemein bekannt, daß er gute Belohnungen zahlt, wenn man einen gesuchten Sträfling verpfeift. Was glaubst du, wie froh er ist, wenn ihm ein so großer Fisch wie Vidocq ins Netz geht. Überlege dir, von wem ich Geld kassieren soll – von dir oder von der Polizei.«

»Blondy, ich flehe dich an, ich habe kein Geld mehr. Was soll ich denn tun? Soll ich vor dir auf die Knie fallen?«

»Ich verlange nicht deinen Kniefall, sondern tausend Francs – dafür bleibst du ein freier Mann. Wenn du aber nicht zahlst, erfährt die Polizei von mir deine Adresse, dann landest du im Bagno. Ist dir die Freiheit nicht tausend Francs wert?«

»Die Freiheit ist mir natürlich mehr wert. Aber ich habe kein Geld mehr. Du hast doch dreitausendeinhundert Francs von mir bekommen, ein Vermögen. Laß mich in Frieden. Ich bitte dich, verpfeif mich nicht. Zerstör mir nicht dieses bißchen Glück hier in der Rue la Fontaine.«

»Fang nicht an zu winseln, Vidocq. Zahl lieber tausend Francs. Nicht winseln!«

Nicht winseln! Vidocq schoß das Blut in den Kopf. So weit war es also gekommen, dachte er, daß er sich von einem schäbigen Erpresser sagen lassen mußte, er solle nicht winseln. Er ballte die Faust.

Blondy merkte, wie Vidocqs Kopf rot anlief, sah die geballte Faust und wich zurück.

»Du bist doch vernünftig«, sagte er, »du weißt, daß du keine Chance gegen mich hast. Ich kann mir gut vorstellen, Vidocq, daß dir danach ist, mich und meine Freunde umzulegen. Deshalb haben wir Vorsichtsmaßnahmen ergriffen. Meine beiden verehrten und verschwiegenen Freunde Chevalier und Duluc befinden sich an einem geheimen Ort. Sollte ich zu einem bestimmten Zeitpunkt nicht dort auftauchen, dann gehen sie flugs zur Polizei und zeigen dich an. Schlau eingefädelt, nicht wahr? Deshalb fühle ich mich in deiner Gegenwart ganz sicher. Ich weiß, daß du vernünftig genug bist, mich nicht um die Ecke zu bringen.«

»Keine Sorge, Blondy«, sagte Vidocq heiser, mühsam beherrscht. »Ich habe nicht die Absicht, dich um die Ecke zu bringen. Ich bin nämlich kein Verbrecher. Schau mich nicht so verdutzt an, Blondy, du hast schon richtig gehört: Ich bin kein Verbrecher. Man hat mich vor dreizehn Jahren zu Unrecht verurteilt, aufgrund einer falschen Zeugenaussage, für eine Tat, die ich nie begangen habe. Und weil ich die ungerechte Strafe nicht absitzen wollte, bin ich geflüchtet. Insgesamt fünfundzwanzigmal bisher, ich habe es gezählt. Auf der Flucht habe ich mich immer wieder in Verbrecherkneipen verkriechen müssen, wo sich das Drecksgesindel deines Schlages aufzuhalten pflegt. Meine Welt war das nie! Ich sage es dir nochmals: Ich bin kein Verbrecher. Das ist es ja! Wäre ich ein Verbrecher, dann hätte ich es leichter. Dann hätte ich dich und deine Freunde schon beim ersten Besuch umgelegt, schnell und unauffällig. Oder glaubst du etwa, ich wäre mit solchem Rattengezücht wie dir und deinesgleichen nicht fertig geworden? Du mieser kleiner Gauner, du hast mir meine ganzen Ersparnisse abgenommen! Ich müßte von vorn anfangen, um wieder zu Geld zu kommen. Ich würde es tun, ich würde dir sogar wieder Schweigegeld zahlen, aber du gibst mir keine Chance dazu. Du hast mich so weit gebracht, daß ich vor dir gewinselt habe, ja, Blondy, so weit hast du es gebracht. Und nun höre mich genau an...«

Er trat schnell auf Blondy zu, packte ihn am Kragen seines schwarzen Mantels, blickte ihm in die vor Angst weit aufgerissenen Augen. »Hör mich an, Blondy: Geh jetzt zur Polizei, du Aas, geh hin zu ›Sir Henry‹, dem Polizeipräsidenten, sage ihm, daß Vidocq hier in der Rue la Fontaine seine Heimat hat. Sag ihm, daß er Vidocq hier verhaften kann, Vidocq, den Galeerensklaven, den langgesuchten Ausbrecherkönig. Geh hin, verpfeif mich, kassier dein Verrätergeld und schick mir die Polizei auf den Hals. Ich bin dir sogar dankbar dafür. Ja, dankbar. Schau mich nicht so idiotisch an, aus deinen roten Karnickelaugen, du angstschlotternde Kreatur! Ich schwör' dir, ich bin dankbar, wenn du es tust. Aber ich schwör' dir auch, du mieser Haufen Dreck, daß du es bereuen wirst. Nicht nur du! Du und deinesgleichen! Du und deine beiden Freunde Chevalier und Duluc und das ganze andere Gesindel, dem du angehörst: die Mörder, Räuber, die Diebe und Einbrecher. Ihr alle werdet mich kennenlernen! Ich werde euch das Leben zur Hölle machen. Ich schwör' es dir, Blondy. Geh jetzt zur Polizei! Lauf. Je schneller die Polizei hierherkommt, desto lieber ist es mir. Scher dich fort!«

Er schleuderte Blondy von sich.

Der Erpresser stürzte zu Boden, versuchte aufzustehen, verheddderte sich dabei in seinem weiten Mantel, rappelte sich aber dann doch noch auf und rannte davon, ohne sich umzusehen, als sei der Teufel hinter ihm her.

Freiwillig im Gefängnis

Vidocq wandte sich um, ging ins Haus zurück und trat in die Küche zu den beiden Frauen. »Annette«, sagte er, »pack bitte meine Sachen.«

»Verreist du heute noch?« fragte die Mutter.

»Nein, ich gehe ins Gefängnis. Gerade ist einer unterwegs, die Polizei zu holen. Man wird mich gleich verhaften.« Die beiden Frauen waren sprachlos.

Annette faßte sich als erste. »Ist das dein Ernst? Du gehst ins Gefängnis? Freiwillig?«

»Ja.«

Vidocq sank auf einen Schemel. Er saß mit gebeugtem Rücken da, ließ Kopf und Arme hängen.

»Großer Gott, was ist in dich gefahren?« rief Annette. »Warum flüchtest du nicht?«

»Nein, ich flüchte nicht. So geht es nicht weiter. Irgend etwas muß sich ändern in meinem Leben. Ich mache das nicht mehr länger mit.«

»Was soll sich denn ändern in deinem Leben?« rief Annette verzweifelt. »Du hast doch nur zwei Möglichkeiten: entweder du verbüßt acht Jahre Zwangsarbeit – oder du flüchtest und lebst im Untergrund. Flüchte doch! Du hast keine andere Chance!«

»Die andere Chance«, murmelte Vidocq, »die andere Chance – es muß sie geben in meinem Leben. Laßt mich jetzt bitte in Ruhe. Ich will nachdenken.« Er erhob sich, straffte den Rücken, schritt auf und ab, sprach kein

Wort mehr, sondern starrte vor sich hin, bis draußen alle Anzeichen reger Betriebsamkeit vernehmbar waren, eilige Schritte, Kommandorufe.

Als das Getrappel draußen aufhörte, öffnete Vidocq die Tür und trat hinaus. Gendarmen überall: vor ihm auf den Straßen, in den Fenstern des gegenüberliegenden Nachbarhauses, links und rechts neben seiner Haustür, sogar auf dem Dach einer nahe gelegenen Wäscherei. Alle hatten die Gewehre auf ihn angelegt.

»Wie ehrenvoll«, sagte Vidocq spöttisch zu einem in der Nähe stehenden Gendarmerieoffizier. »Mir ist ganz feierlich zumute. Diese glanzvolle Parade, alles zu Ehren meiner Person. Daß ich so etwas erleben durfte!«

»Ihnen wird«, sagte der Offizier, indem er Vidocq Handschellen anlegte, »der Spott noch vergehen.«

Im Bicêtre wurde Vidocq dem Gefängnisdirektor vorgeführt, der ihn sogleich an eine Kette schmieden lassen wollte, um jeden Fluchtversuch von vornherein zu verhindern. Vidocq erklärte jedoch, er müsse dem Polizeipräsidenten von Paris einen Brief von äußerster Wichtigkeit schreiben. Da er die Unterwürfigkeit in der damaligen Staatsdiener-Hierarchie kannte, ließ er durchblicken, daß, sollte man ihn daran hindern, der Gefängnisdirektor sicherlich Schwierigkeiten »von oben« zu erwarten hätte. Tatsächlich verfügte der Gefängnisdirektor eilig, daß Vidocq Feder, Tinte und Papier ausgehändigt bekam. Außerdem beschloß er, die Frage der Anschmiedung erst zu entscheiden, wenn Antwort auf Vidocqs Brief aus dem Polizeipräsidium eingetroffen sei.

Vidocq wurde in eine fensterlose Einzelzelle mit feuchten Steinwänden gesteckt, wo er, von zwei Gendarmen ohne Unterlaß bewacht, bei Kerzenschein an einem Tisch saß und den Wortlaut des Briefes überlegte.

Was er schreiben wollte, war ihm klar. Nur wie er seine Idee vortragen sollte, das machte ihm noch Kopfzerbrechen. Diese Idee war beeinflußt von den Eindrücken der letzten Tage. Da war einmal die Begegnung mit Herbeaux, der ihn vor dreizehn Jahren unter Meineid hohnlachend der Urkundenfälschung bezichtigt hatte – und der nun auf dem Marktplatz von Versailles geköpft worden war, wegen Meuchelmordes an einer Witwe. Vidocq empfand diese Hinrichtung so, als sei damit indirekt auch die falsche Zeugenaussage von damals gerächt worden. Er fühlte deshalb Dankbarkeit gegenüber Polizei, Justiz und Gefängnisverwaltung, die gemeinsam dazu beigetragen hatten, daß Herbeaux verurteilt worden war. Und so kam es, daß Polizisten, Richter und Gefängniswärter – seine bisherigen Todfeinde, vor denen er seit Jahren auf der Flucht sein mußte – plötzlich in seiner Vorstellungswelt positive Rollen spielten: die Rollen von Verbündeten gewissermaßen.

Gleichzeitig hatte Vidocq bei den Auseinandersetzungen mit Blondy erfahren müssen, was es heißt, einem Verbrecher hilflos ausgeliefert zu sein, vor ihm »winseln« zu müssen, sich von ihm ausbeuten und demütigen zu lassen. Der Erpresser Blondy war ein Verbrecher wie die anderen Mörder, Räuber, Diebe und Betrüger auch, in deren Kreise Vidocq nach jeder Flucht unterzutauchen gezwungen war – und die er immer abgelehnt hatte. Das Erlebnis mit dem Erpresser Blondy aber brachte ihm zu Bewußtsein, daß er die Verbrecher nicht nur ablehnte, sondern haßte und als Feinde betrachtete!

Warum aber, so mußte er sich fragen, interessierte ihn die Unterwelt dann auf so erstaunliche Weise? Warum drängte es ihn, mit geradezu wissenschaftlicher Gründlichkeit die Methoden und Organisationen der Verbrecherwelt zu erforschen? Was faszinierte ihn an ihr so offensichtlich? Warum wollte er alles über die

Gauner erfahren? Seit wenigen Stunden erst wußte er die Antwort: Weil er die Verbrecher bekämpfen wollte. Weil er diese Kenntnisse brauchte, um sie im Kampf gegen das Verbrechertum einzusetzen.

Zwar hatte er früher zweimal schon – im Pulverturm von Boulogne und im Wald von Toulon – mit überraschendem Ideenreichtum Verbrecher zur Strecke gebracht und Stolz über den Erfolg empfunden. Damals aber war ihm gar nicht bewußt gewesen, daß sein Talent auf diesem Gebiet lag. Jetzt erst, seit der Begegnung mit Herbeaux und Blondy, fühlte Vidocq plötzlich, daß er der geborene Verbrecherjäger war. Daß der seit Jahren verdrängte Trieb in ihm saß, Krieg zu führen gegen das Gaunertum. Und deshalb wollte er – Polizist werden! Er wollte noch mehr: die einfallslose und entsprechend erfolglos arbeitende Polizei seiner Zeit reformieren und mit neuen Methoden zu einer schlagkräftigen Truppe gegen das Verbrechertum ausbauen.

Diese Absicht freilich war für einen zu acht Jahren Zwangsarbeit verurteilten Galeerensklaven so wahnwitzig, so überheblich, sie schien so undurchführbar zu sein, daß man darüber nur lachen konnte. Vidocq aber war ein Mann, der in seinem Leben schon vielerlei getan hatte, was als wahnwitzig, überheblich und scheinbar undurchführbar gegolten hatte. Und deshalb war er entschlossen, dem Polizeipräsidenten von Paris seine Mitarbeit als Polizist anzubieten und einen erfolgversprechenden Plan zur besseren Verbrechensbekämpfung in Aussicht zu stellen. Den Plan hatte er schon im Kopf. Nur: Wie er sein Angebot vortragen sollte, ohne vom Polizeipräsidenten für einen größenwahnsinnigen Querulanten gehalten zu werden – das war, wie gesagt, noch sein Problem.

Nach längerem Überlegen kam er zu dem Schluß, daß er eine derart überhebliche Idee mit einer Mischung aus Überheblichkeit und Ehrerbietung vortragen müsse. Er griff zur Feder, tauchte sie ins Tintenfaß und schrieb:

Bicêtre, Zelle 42
8. Mai 1809

Sehr verehrter Herr Präsident!
Mein Name ist Vidocq. Sie kennen mich sicherlich. Denn ich bin in den letzten dreizehn Jahren insgesamt fünfundzwanzigmal aus französischen Strafanstalten geflüchtet. Ehe ich diese Jubiläumszahl zu überbieten gezwungen bin, erlaube ich mir, bei allem Respekt vor Ihrem Amt, einen ungewöhnlichen Vorschlag zu machen! Engagieren Sie mich als Polizist!
Als Referenzen kann ich anführen, daß ich mir in meiner dreizehnjährigen ununterbrochenen Flucht vor der Polizei profunde Kenntnisse des Verbrechertums angeeignet habe, ohne dabei selbst ein Verbrechen verübt zu haben. Ich kenne die berüchtigtsten Bandenchefs Frankreichs persönlich und weiß, wo ihre Schlupfwinkel sind. Ich kenne wie kein anderer die Methoden der Halsabschneider und Wegelagerer, der Diebe, Einbrecher und Trickbetrüger. Ich kenne die Organisation der Unterwelt. Ich spreche perfekt die Geheimsprache der Gauner, das Rotwelsch, und kenne ihre Geheimzeichen, die Zinken. Mein Wissen über die Ausbruchsmöglichkeiten aus französischen Gefängnissen besonders zu erwähnen, dürfte sich angesichts meiner Ihnen bekannten, aktenkundigen Erfolge in dieser Disziplin gewiß erübrigen.
Mein Plan ist es, diese Kenntnisse des Verbrechertums mit Ihrer Unterstützung gegen eben dieses Verbrechertum einzusetzen. Das muß allerdings mit Methode geschehen. Nun hatte ich mir gerade in jüngster Zeit Gedanken über eine solche Methode gemacht. Ich glaube, daß mit dieser Methode Erfolge erzielt werden können, die alle Erwartungen übertreffen. Erlauben Sie daher,

sehr verehrter Herr Präsident, daß ich Sie um eine Audienz bitte, damit ich Gelegenheit habe, Ihnen meine Vorschläge in allen Einzelheiten vorzutragen.
Lassen Sie mich diesen Brief mit der ehrenwörtlichen Versicherung schließen, daß meine Gefängnisstrafe von acht Jahren Zwangsarbeit aufgrund einer falschen Zeugenaussage zustande gekommen war und daß ich zu Unrecht im Bicêtre sitze.

Mit dem Ausdruck der tiefsten Ergebenheit
Ihr
François Eugène Vidocq

Dieser Brief erreichte am nächsten Tag den Polizeipräsidenten von Paris.

Das »System Linné« der Unterwelt

Der Polizeipräsident von Paris, Monsieur Henry, war ein auffallend dürrer Mann, der dankbar die dunkelblaue Uniform mit den roten Ärmelaufschlägen und dem roten Revers trug, weil ihn die wuchtigen Epauletten breitschultriger erscheinen ließen. Er war sehr lebhaft, übernervös, dabei eckig in seinen Bewegungen, gemessen und übertrieben würdevoll, so daß er äußerlich wie die Karikatur eines steifen Engländers wirkte. Deshalb war er auch mit dem Spitznamen »Sir Henry« bedacht worden. Man spöttelte in Paris, daß er aus lauter Vornehmheit selbst nachts zum Schlafen seine Uniform nicht ausziehe.

Die Gesichtszüge von »Sir Henry« waren in letzter Zeit sorgenvoll zerknittert, denn er fühlte sich unter Erfolgszwang. Sein oberster Chef, Polizeiminister

Fouché – der schon während der Französischen Revolution bewiesen hatte, daß er wenig Spaß verstand –, forderte von ihm sichtbare Ergebnisse bei der Verbrechensbekämpfung in Paris. Seit Jahresbeginn – innerhalb von etwas mehr als vier Monaten also – hatte die Polizei genau siebzehn Ganoven zur Strecke gebracht: eine lächerliche Erfolgszahl angesichts der Tatsache, daß es in der französischen Hauptstadt von Verbrechern nur so wimmelte und täglich alle nur möglichen Straftaten verübt wurden.

Henry mußte Erfolg haben, und zwar bald! Seine Existenz stand auf dem Spiel. Denn ein Mann in führender Position wie er, der sich als erfolglos und damit als unfähig für sein Amt erwies, wurde in jenen Tagen nicht mit Lobreden in den gesicherten Ruhestand komplimentiert, sondern günstigstenfalls mit Schimpf und Schande gefeuert, ungünstigstenfalls ins Gefängnis gesteckt oder gleich geköpft. Wie gesagt: mit Fouché war nicht zu spaßen.

Deshalb las der Polizeipräsident den anmaßenden Brief Vidocqs mit Interesse, denn die Zeilen verhießen, was er brauchte: Erfolg. Da er kein Mann von großer Entschlußkraft war, rief er seinen Sekretär herbei, einen an chronischem Stirnhöhlenkatarrh laborierenden Greis namens Perier, der sich schon wiederholt durch instinktsichere Beurteilung von Situationen und Menschen ausgezeichnet hatte.

»Perier«, sagte Henry, indem er ihm den Brief gab, »was halten Sie von dem Schreiber dieser Zeilen?«

Der Sekretär las schniefend. Schließlich nuschelte er: »Dieser Vidocq ist entweder ein Genie oder ein größenwahnsinniger Geisteskranker. Ich würde ihn kommen lassen, aber Vorsichtsmaßnahmen ergreifen.«

Am nächsten Tage wurde Vidocq aus seiner Zelle geholt und in das schmucklose Büro des Polizeipräsidenten auf der Île de la Cité im Stadtzentrum von Paris gebracht. Durch das Fenster fiel der Blick auf die Kathedrale Notre-Dame.

Monsieur Henry wollte sich mit dem Sträfling unter vier Augen unterhalten, hatte aber Auftrag gegeben, daß vier kräftige Gendarmen draußen vor der Tür warten und – falls es die Situation erforderte – auf sein Klingelzeichen sogleich hereinstürzen sollten.

Prüfend betrachtete der Polizeipräsident den Mann in der Sträflingskleidung, der da vor ihm stand. Vidocq, zu dieser Zeit fast vierunddreißig Jahre alt, wirkte ruhig und gelassen. Der Umgang mit seiner aus adliger Familie stammenden Freundin hatte ihm Gewandtheit im Auftreten gegeben, außerdem verfügte er über eine beträchtliche Allgemeinbildung. Derlei gab Sicherheit.

Der Präsident bot ihm einen etwa acht Schritte von seinem Schreibtisch entfernten Stuhl an. »Setzen Sie sich und tragen Sie vor, was Sie zu sagen haben.«

»Bevor ich Ihnen meine Idee entwickle«, begann Vidocq, »möchte ich mir erlauben, die Organisation der heutigen Polizei nach meinen Erfahrungen darzustellen, mit der Bitte, daß sie, verehrter Herr Präsident, mich korrigieren, falls ich irren sollte. Die Polizei ist heutzutage ein Hauf... eine Truppe auffällig uniformierter Männer, die auch Kurzsichtige schon von weitem erkennen. Wenn es gilt, ein Verbrechen zu klären – egal, ob Mord, Diebstahl oder Betrug –, kennt die Polizei nur ein System: sie verläßt sich auf Denunzianten aus der Verbrecherwelt. Sie wartet darauf, daß einer kommt und irgendeinen anderen als Täter bezeichnet und dessen Schlupfwinkel verrät. Wenn die Polizisten dann in ihren prächtigen Uniformen säbelrasselnd auftauchen, werden sie früh genug erkannt. Die Gauner verschwinden meist rechtzeitig aus ihren Schlupfwinkeln. Erfolge sind gering. Außerdem hat dieses Denunziantensystem einen gefährlichen Nachteil: Die Denunzianten bezeichnen meist um ein paar Francs Belohnung willen jemanden als Täter, von dem sie nur vage glauben, daß er ein Verbrechen verübt habe, ja sie bezichtigen öfter sogar bewußt einen Unschuldigen der Tat, die sie selbst verübt haben! So ist es mir ergangen, wie ich sind viele Unschuldige aufgrund falscher Aussagen verurteilt worden, weil die Polizei den meineidigen Zeugen glaubte, froh darüber, eine Verhaftung vornehmen zu können. Mit einem Worte: Die heutige Polizei ist...«

»Ich habe Sie nicht kommen lassen«, unterbrach ihn Henry, nervös mit den Fingern auf den Tisch trommelnd, »um mir Ihre Kritik über die Unzulänglichkeiten der Polizeiarbeit anzuhören. Was Sie sagen, ist richtig, bedauerlicherweise, aber ich dulde diese Worte nicht von einem Mann, dessen Schulter mit dem Zeichen GAL gebrandmarkt ist. Ich erwarte Vorschläge von Ihnen aufgrund Ihrer Erfahrungen in Verbrecherkreisen. Sie haben in Ihrem Brief etwas von der Organisation der Unterwelt geschrieben. Das interessiert mich – fangen Sie endlich an.«

»Gut«, sagte Vidocq. »Um zu erklären, was ich meine, möchte ich Sie fragen, ob Sie das System Linné kennen.«

Der Polizeipräsident verzog keine Miene.

»Linné«, sagte Vidocq, »war ein schwedischer Naturforscher, der ein System entwickelt hat, wonach man die Pflanzen hauptsächlich nach Zahl und Anordnung der Staub- und Fruchtblätter einteilen kann. Darf ich dieses System als Vergleich heranziehen?«

Der Blick des Polizeipräidenten wurde glasig.

»Wenn Sie«, fuhr Vidocq unbeirrt fort, »mit dem System Linné wenig anfangen können, verehrter Herr Präsident, so lassen Sie mich als Vergleich das System verwenden, mit dem die Wissenschaft das Tierreich in vielfältige Arten gliedert: in Säugetiere, Vögel, Amphibien, Fische, Insekten, Würmer. Die Säugetiere wieder werden in Pflanzenfresser und Fleischfresser eingeteilt und so weiter.«

Der Polizeipräsident betrachtete Vidocq wie einen Verrückten, der von sich behauptet, er sei Moses. Er ist doch kein Genie, dieser Vidocq, dachte Henry, sondern ein größenwahnsinniger Geisteskranker. Da verspricht er mir, über Verbrecher zu referieren – und wovon erzählt er: von Säugetieren, Würmern und Fischen.

Die Finger des Polizeipräsidenten tastete sich an die Glocke heran. Gleich würde er klingeln und die vier Gendarmen hereinrufen, damit sie diesen Verrückten da packten und abführten.

Doch zum Glück kam Vidocq gerade noch rechtzeitig auf die Verbrecher zu sprechen: »Genauso, wie sich also das Tierreich in Gruppen und Untergruppen aufteilen läßt, kann man auch die Verbrecherwelt in Gruppen und Untergruppen gliedern. Da sind zum Beispiel die großen Gruppen der Halsabschneider, der Räuber, der Diebe, der Sittlichkeitsverbrecher, der Betrüger und so weiter. Die Diebe wiederum kann man in eine Vielzahl von Untergruppen aufteilen. Um nur einige zu nennen: Das sind die ›Boucardiers‹, die sich auf nächtliche Einbrüche in Kaufläden spezialisiert haben. Die ›Detourneurs‹ sind Trickdiebe, die ebenfalls in Kaufläden stehlen, aber nur tagsüber, bei hellem Licht, sie nützen das allgemeine Gedränge für ihre Schandtaten. Die ›Rouletiers‹ verstehen es meisterhaft, die Koffer von fahrenden Kutschen zu stehlen, die ›Floueurs‹ oder ›Beutelschneider‹ sind fingerfertige Burschen, die den Fremden unbemerkt das Geld aus den Taschen holen. Und so weiter. Ich will Sie nicht langweilen mit der Aufzählung aller Verbrechergruppen und Untergruppen in diesem Linnéschen System der Unterwelt. Ich möchte vielmehr auf eine wichtige Besonderheit hinweisen.«

Der Polizeipräsident beugte sich vor. Gespannt wartete er, was kommen würde.

»Bisher«, fuhr Vidocq fort, »dachte die Polizei, daß ein Verbrecher einmal diese, einmal jene Tat verübt, einmal einen Mord, einmal einen Diebstahl, wie es ihm gerade einfällt oder wie es der Zufall will.«

Der Präsident nickte.

»Diese Meinung ist falsch«, sagte Vidocq. »Tatsache ist, daß ein Gauner innerhalb dieses ›Systems‹ nur bestimmte, für ihn typische und ihm gewissermaßen vorgeschriebene Taten begeht. Genauso wie ein Pflanzenfresser, das Pferd zum Beispiel, niemals ein Stück Fleisch fressen wird – genauso wird ein Betrüger keinen Mord verüben, ein Taschendieb keinen nächtlichen Einbruch begehen. Das bedeutet also . . .«

»Ist das wahr?« unterbrach ihn der Präsident, Erstaunen in der Stimme. »Das ist ja phantastisch: ein System in der Unterwelt. Wer kontrolliert denn dieses System?«

»Es gibt einen Ehrenkodex in der Unterwelt, Gesetze, an die sich die Verbrecher halten. Ganovenehre. Verbrecherisches Standesrecht. Wie Sie wollen. Außerdem ist das eine Sache der Veranlagung. So wie ein Pferd mit der Veranlagung des Pflanzenfressers kein Fleisch frißt, weil sich alles in ihm dagegen sträubt – so sträubt sich in einem Verbrecher mit der listigen, sanft-gemeinen Veranlagung des Betrügers alles gegen das Blutvergießen. Das Blutvergießen wiederum ist die typische Straftat für den brutal veranlagten Halsabschneider, der kein Interesse daran hat, Betrügereien oder Trickdiebstähle zu begehen. Wenn ich also einen Mord zu klären habe, brauche ich nicht – wie das bisher der Fall war – praktisch jeden Verbrecher zu verdächtigen. Ich muß den Täter nur in Mörderkreisen suchen, nirgendwo anders, nicht in den Kreisen der Betrüger, der Diebe und so weiter. Genauso wie ich das Pferd nicht zu verdächtigen brauche, wenn einem Hahn im Hühnerstall die Gurgel durchgebissen wurde. Das bedeutet: indem ich einen Großteil von Verdächtigen ausscheiden kann, engt sich der Täterkreis ein – und das ist die Chance der Polizei! Aber es geht noch weiter. Die Ganoven haben alle ihre eigenen Reviere, ihre bevorzugten Stadtteile, in denen sie ihre Verbrechen verüben, damit sie sich nicht gegenseitig in die Quere kommen. Es gibt Taschendiebe, die nur im Pariser Stadtteil Montmartre arbeiten. Es gibt Wegelagerer, die Überfälle nur in den nördlichen Vororten von Paris verüben. Der Täterkreis engt sich also nochmals ein. Wenn ich einen Mord im Stadtteil Montparnasse zu klären habe, brauche ich daher nicht in den Einbrecherkreisen von Montparnasse zu suchen, auch nicht in den Mörderkreisen von Montmartre – sondern nur in den Mörderkeisen von Montparnasse.«

»Höchst interessant, Monsieur, aber sagen Sie mir jetzt...«

»Ich wäre Ihnen dankbar, Herr Präsident, wenn Sie meine Gedankengänge nicht mit Zwischenfragen stören würden. Es ist meine Absicht, alle Fragen zu klären. Doch Detailfragen möchte ich zurückstellen. Lassen Sie mich vorerst das Wesentliche entwickeln. Die Verbrecher, das konnte ich in vielen Jahren beobachten, haben bestimmte ›Arbeitsweisen‹, ihren persönlichen Stil sozusagen. Genauso wie – entschuldigen Sie den Vergleich, Herr Präsident – der Kenner bildender Künste ein Bild des Malers Claude Lorrain aufgrund gewisser Besonderheiten des Stils von einem Gemälde Watteaus unterscheiden kann, so vermag der Kenner des Verbrechertums am ›Stil‹ eines Einbruchs festzustellen, wer den Einbruch verübt hat, zumindest aber, unter welcher Gruppe von verbrecherischen ›Stilisten‹ der Täter zu finden ist. Konkret ausgedrückt: der eine Einbrecher hebt die Tür mit einem besonderen Instrument aus den Angeln, der zweite bricht sie mit einem Stemmeisen auf, der dritte öffnet das Schloß mit einem Dietrich, einem Nachschlüssel. Wenn es nun gilt, einen mit Nachschlüsseln verübten Einbruch in Montparnasse zu klären, muß ich meine Nachforschungen auf die Einbrecher von Montparnasse konzentrieren, die mit Nachschlüsseln zu arbeiten pflegen. Alle anderen Einbrecher, die sich üblicherweise anderer Tatwerkzeuge bedienen, kann ich außer acht lassen. Der Täterkreis wird nochmals enger. Es gibt dann vielleicht nur noch einen einzigen Verdächtigen, höchstens vier oder fünf – aber nicht eine unermeßliche Anzahl wie bisher!«

»Das ist ja wunderbar!« rief der Polizeipräsident, »ganz außerordentlich! Ich bin tief beeindruckt!«

»Ihre Beifallskundgebungen, Herr Präsident, sind genauso geeignet, meine Gedankengänge zu stören, wie Ihre Fragen. Ich bitte Sie, sich derlei Äußerungen zu enthalten und mich ungehindert fortfahren zu lassen. – Jeder Einbrecher also hinterläßt am Tatort Spuren seines Stils, seiner persönlichen Arbeitsweise. Und nicht nur das. Er hinterläßt auch noch andere Spuren, die bisher von der Polizei überhaupt nicht berücksichtigt wurden – beispielsweise den Abdruck eines schmutzigen Schuhs. Oder einen versehentlich abgerissenen kleinen Stoffteil aus der Jacke des Täters. Die Polizisten dürfen es daher nicht wie bisher dabei bewenden lassen, die Anzeige des Geschädigten auf der Wachstube aufzunehmen, sondern sie müssen zum Tatort kommen, derlei Spuren als Beweismittel suchen, sicherstellen und aufheben. Findet man beispielsweise dann in der Jacke eines Verdächtigen ein Loch, in das der am Tatort sichergestellte Stoffteil paßt, dann ist der Täter so gut wie überführt.«

»Wenn jedoch...« wollte Monsieur Henry dazwischenfahren.

»Ich komme auf alle Fragen zu sprechen«, schnitt ihm Vidocq das Wort ab, »aber ich möchte die Gedankengänge in logischer Reihenfolge abwickeln. Mein System ist wohldurchdacht. Sie brauchen nur aufzupassen und werden alles verstehen. Von einem Mann Ihres Niveaus darf ich doch die von mir zum wiederholten Male geforderte Zurückhaltung erwarten. Da Sie mich aber nun schon aus dem Konzept gebracht haben, möchte ich Sie fragen, ob ich eine Tasse Kaffee haben könnte.«

»Selbstverständlich.« Monsieur Henry griff zur Glocke. Auf sein Klingelzeichen hin wurde die Tür aufgerissen, und vier Gendarmen stürmten ins Zimmer, da sie den Präsidenten in Gefahr glaubten. Bevor sie Vidocq jedoch ergriffen, rief Monsieur Henry: »Halt... eine Tasse Kaffee... eine Tasse Kaffee für Monsieur Vidocq... und für mich auch!«

Die Gendarmen hielten ein, als seien sie gegen eine Glaswand geprallt. Sie ließen die zum Zupacken bereiten Arme fallen, blickten einander verdutzt an und trollten sich dann. Die Köpfe zu schütteln wagten sie erst draußen, nachdem sie die Tür hinter sich geschlossen und die Bestellung zweier Tassen Kaffee in die Wege geleitet hatten.

»Sehr beflissenes Personal hier«, sagte Vidocq spöttisch anerkennend, denn er hatte die Situation begriffen und bemühte sich kaum, ein Lächeln zu unterdrücken. Nach einer peinlichen Pause, die er spürbar genoß, fuhr er fort: »Wir müssen uns nun fragen, welche Konsequenzen die Polizei aus diesen meinen Erkenntnissen ziehen soll.«

Der Präsident nickte wortlos.

Die geniale Idee

»Wenn also die Gauner«, begann Vidocq, »in Spezialgruppen und Untergruppen aufgeteilt sind, so muß die Polizei ebenfalls in Spezialgruppen und Untergruppen aufgeteilt werden. Und zwar genauso wie die Verbrecherwelt. Das heißt, die bisher überhaupt nicht organisierte, für das gesamte Verbrechertum ganz allgemein zuständige Polizei muß eine Mordabteilung gründen zur Aufklärung von Mordtaten, eine Raubabteilung zur Klärung von Raubüberfällen, eine Diebstahlsabteilung zur Aufklärung von Diebstählen. Und so weiter. Diese großen Gruppen müssen wieder in Untergruppen aufgeteilt werden. Die Diebstahlsabteilung beispielsweise ist aufzugliedern in Spezialtruppen jeweils zur Verfolgung der Boucardiers, der Detourneurs, der Rouletiers, der Floueurs und so weiter. Auf diese Weise werden Spezialpolizisten herangebildet, die alle Arbeitsmethoden einer bestimmten Verbrechensart genau studiert haben und auch den eingeengten Kreis der dafür in Betracht kommenden Täter überblicken können. Jeder Spezialpolizist hat also nur den Bruchteil der Verbrecherwelt einer Großstadt im Auge und kann alles, was sich auf diesem Spezialgebiet tut, leicht durchschauen.«

Wieder wurde Vidocq unterbrochen.

Die Tür ging auf, und herein schlurfte, ein Tablett mit zwei Tassen Kaffee in Händen, Perier. Er stellte eine Tasse auf den Schreibtisch des Präsidenten und wollte die zweite zu Vidocq tragen, doch Monsieur Henry befahl ihm, auch diese Tasse auf seinen Tisch zu stellen, und forderte Vidocq auf, näher heranzurücken.

Der Sekretär entfernte sich gemessenen Schritts.

Vidocq zog seinen Stuhl an den Schreibtisch heran und setzte sich direkt dem Präsidenten gegenüber. »Die Spezialpolizisten«, fuhr er in seinem Vortrag fort,

»kennen die Verbrecher ihres Fachgebietes also ganz genau, wie alte Bekannte gewissermaßen, und können daher gute Beschreibungen über sie abgeben. Derartige Beschreibungen müssen aufgezeichnet und in einer Kartei festgehalten werden. Diese Verbrecherkartei spielt in meinem System eine außerordentlich wichtige Rolle. Ich stelle mir das so vor: Von jedem Verbrecher – speziell dann, wenn er schon einmal verhaftet worden war und seine Strafe abgebüßt hat – wird eine Karteikarte mit persönlichen Daten angelegt, und zwar Vorname, Familienname, Gaunername, Geburtsdatum, Geburtsort, dann eine Personenbeschreibung mit Körpergröße, Augenfarbe, Haarfarbe, Gesichtsschnitt, Narben, Tätowierungen. In dieser Karteikarte soll auch seine Arbeitsweise kurz geschildert werden, ob er Türen beispielsweise mit Geschick oder Gewalt zu öffnen pflegt, ob er bei Überfällen seine Opfer erwürgt, erdolcht oder erschlägt, ob er Rechtshänder oder Linkshänder ist, welche Tatwerkzeuge er verwendet, welcher Bande er angehört, wer üblicherweise zu seinen Komplizen zählt. Und so weiter. Diese Karteikarten werden vervielfältigt und von Stadt zu Stadt ausgetauscht, in ganz Frankreich! Aus folgendem Grund: Wenn es einem Verbrecher in Paris beispielsweise zu brenzlig wird, dann pflegt er in eine andere Stadt zu übersiedeln, nach Lille etwa, wo er mit diesen und jenen Empfehlungen in der Unterwelt verschwindet und ungestört von der örtlichen Polizei seine Straftaten verübt. Das kann nun verhindert werden. Denn dank der Verbrecherkartei kennt ihn die Polizei überall. Wenn er in Lille einen Einbruch ausführt, wird der Polizist am Tatort einiges über den Täter feststellen können: die Arbeitsmethode, die Verwendung bestimmter Einbruchswerkzeuge, die Personenbeschreibung aufgrund möglicher Zeugenaussagen und noch andere Spuren. Der Polizist vergleicht dann alles, was er über den Unbekannten weiß, mit den

Daten aus der Verbrecherkartei und hat nun eine gute Chance, herauszufinden, daß es beispielsweise der Verbrecher XY aus Paris war, der in Lille einen Einbruch verübt hat.«

»Erlauben Sie eine Zwischenfrage«, sagte der Polizeipräsident mit einer angedeuteten Verbeugung.

Vidocq winkte Gewährung und nahm einen Schluck Kaffee.

»Ihr ganzes System, dem ich meine Bewunderung nicht versagen kann, zielt doch darauf ab, festzustellen, wer ein Verbrechen verübt hat. Gut. Aber wenn ich weiß, wer der Täter ist – dann habe ich ihn doch noch nicht!«

»Auch daran habe ich gedacht, Herr Präsident. Und dazu habe ich Ihnen folgendes zu sagen: Die Arbeit der Polizei bei der Suche nach einem namentlich bekannten Verbrecher muß sich ebenfalls grundlegend ändern! Es ist doch sinnlos, daß die Polizisten säbelrasselnd hinter einem flüchtenden Verbrecher herrennen oder ihn überall dort, wo er ihnen zufällig über den Weg läuft, sofort dingfest machen.«

»Ja, was soll die Polizei denn sonst machen?«

»Anders arbeiten, Herr Präsident, ganz anders arbeiten. Und zu diesem Zweck müssen die Polizisten ohne Uniform auftreten.«

»Was reden Sie da für Unsinn?«

»Die Polizisten müssen ohne Uniform arbeiten.«

»Ich verstehe Sie nicht. Ohne Uniform?«

»Na, in Zivil.«

»In Zivil?« Der Polizeipräsident verzog das Gesicht, als hätte er sich an diesem Wort einen Zahn ausgebissen. Zivil zu tragen – das empfand ein Mann wie Monsieur Henry fast als Schande, zu einer Zeit, in der alle Männer von Bedeutung sich mit Uniformen schmücken durften: Offiziere, Politiker, spendenfreudige Kaufleute und Polizisten. Nur das gewöhnliche Volk war gewissermaßen dazu verurteilt, Zivil zu tragen, und auch die Spitzel der politischen Überwachungspolizei streunten in Zivil umher, doch sie waren keine Polizisten, keine Beamten, sie hatten den Ruf der Schnüffler und galten als geächtet. Die Polizisten unterschieden sich von ihnen – und von den anderen, »geringen« Bürgern – eben durch die Uniform. Ein Polizist war jemand! Und daß er Polizist war, durfte er voll Stolz mit seiner glanzvollen Uniform zeigen. Die Erlaubnis, Uniform tragen zu dürfen, galt als Auszeichnung, als Vorrecht. Außerdem, so dachte Monsieur Henry, machte die Epauletten schmale Figuren breitschultriger.

»Ihre Idee«, sagte er deshalb, »ist unerhört, sie grenzt an Unverschämtheit.«

»Unerhört? Unverschämt? Wieso das?«

»Ein Polizist in Zivil«, sagte der Präsident, »sieht aus wie irgendwer.«

»Sie haben, Monsieur le Président, genau das richtige Wort gewählt: wie irgendwer. So soll ein Polizist auch aussehen. Er soll aussehen wie ein Müller oder Bäcker, wie ein Kaufmann oder Taglöhner, wie ein Landstreicher oder wie ein Verbrecher. Er soll aussehen wie irgendwer – nur nicht wie ein Polizist.«

Der Präsident, leicht beeinflußbar wie alle Menschen mit mangelnder Entscheidungskraft, nickte versonnen. »Es klingt überzeugend, was Sie da sagen, Vidocq. Aber ich kann es mir nicht so recht vorstellen: Polizisten in Zivil. Das wird sich kaum durchsetzen lassen.«

»Glauben Sie mir, Herr Präsident, meine Idee, Polizisten in Zivil arbeiten zu lassen, wird die Polizeiarbeit in Paris, in Europa, ja auf der ganzen Welt revolutionieren. In den nächsten Jahren und Jahrzehnten werden Polizisten, die ein bereits verübtes Verbrechen zu klären haben, in Zivil arbeiten. Sie müssen in Zivil arbeiten! Nur die zur Verhütung von Verbrechen eingesetzten Polizisten werden zweckmäßigerweise in Uniform auftreten, deutlich erkennbar – alle anderen Polizisten jedoch werden wie Zivilisten gekleidet sein. Aus guten Gründen.«

»Nennen Sie mir diese Gründe!«

»Die Polizisten müssen sich heimlich in die Unterwelt begeben, verkleiden und verstecken. Sie dürfen nicht sofort jeden Verbrecher verhaften, den sie entdecken. Sie müssen ihn beobachten, ihn unauffällig verfolgen, wie Schatten, so lange, bis sie wissen, wo er seine Schlupfwinkel hat, wo er seine Mittäter trifft, wo er die Beute verbirgt. Erst wenn der ahnungslose Verbrecher seine Verfolger unbeabsichtigt dorthin geführt hat, darf die Polizei zugreifen. Dann hat sie, was sie braucht: Täter, Mittäter, Beute – und damit auch die Beweise für eine Verurteilung. Auf die zweifelhaften Aussagen von Denunzianten kann man fortan verzichten. Diese neuartige Arbeitsmethode von Polizisten eröffnet ungeahnte Möglichkeiten. Ich kann Ihnen, verehrter Herr Präsident, nicht alles vortragen, was sich an Chancen anbietet. Nur ein Beispiel noch: Jeder Dieb verkauft seine Beute an einen Hehler, der seinerseits wieder seine Abnehmer hat. Die Namen der Pariser Hehler in Erfahrung zu bringen ist bei meinen Beziehungen zur Unterwelt kein Problem, außerdem kenne ich viele von ihnen, weil ich nach meinen Gefängnisausbrüchen wiederholt gezwungen war, im Verbrecherviertel unterzutauchen. Polizisten in Zivil brauchen daher nichts weiter zu tun, als die Wohnungen der Hehler heimlich zu beobachten und zu warten, bis ein Dieb mit der Beute kommt – dann, im letzten Augenblick, wird er unauffällig verhaftet. Wenn er abgeführt ist, legen sie sich wieder auf die Lauer, bis der nächste kommt. So geht es Schlag auf Schlag. Was sagen Sie dazu?

»Das alles klingt logisch«, räumte der Polizeipräsident ein, »sehr logisch und faszinierend. Aber es erfordert eine Revolution im System der Polizei.«

»Die Zeit hat Verständnis für Revolutionen.«

Der Polizeipräsident begann seine Fingernägel zu betrachten. »Es müssen«, seufzte er, »ungeheuerliche Veränderungen beschlossen werden.« Monsieur Henry war wie gesagt kein Freund von schnellen Entschlüssen.

»Denken Sie an den Erfolg«, sagte Vidocq.

». . . Erfolg.« Monsieur Henry wiederholte das Wort wie ein Echo. Er erhob sich, schritt auf und ab. Erfolg – das war das Signalwort für ihn. Er mußte Erfolg haben! Und hier bot sich Erfolg an, er brauchte die Chance nur zu nutzen, brauchte nur eine Entscheidung zu treffen, auch wenn sie ihm so schwer fiel wie ein Sprung aus schwindelnder Höhe ins eiskalte Wasser.

Monsieur Henry gab sich einen Ruck, und mit einer Stimme, in der Verwunderung über den eigenen Mut mitschwang, sagte er: »Ich werde Ihre Ideen verwirklichen, Vidocq, und zwar sofort.«

»Ich muß«, warf Vidocq ein, »darauf aufmerksam machen, daß sehr viel Arbeit dahintersteckt. Ich habe Ihnen hier in dieser kurzen Unterredung mein System nur in groben Zügen geschildert. Die Organisation ist viel komplizierter, als es den Anschein hat.«

»Das glaube ich Ihnen. Mein Problem ist jetzt nur: wer organisiert die Polizei neu? Wer wird die Truppe der Zivilpolizisten anführen?«

»Ich!«

»Sie?«

»Ja, freilich.«

Der Präsident setzte sich und lächelte mild: »Mein lieber Vidocq«, sagte er begütigend, wie zu einem Irren, »Sie sind zu acht Jahren Zwangsarbeit verurteilt.«

»Unschuldig verurteilt.«

»Ob unschuldig verurteilt oder schuldig, das kann ich glauben und auch nicht. Tatsache ist, daß Sie rechtskräftig verurteilt sind. Gewiß, lieber Monsieur Vidocq, liegt es in meiner Macht, Ihnen den Gefängnisaufenthalt so angenehm wie möglich zu machen. Ich werde veranlassen, daß Sie hier, in einer Haftzelle des Polizeipräsidiums, untergebracht werden, daß Sie ordentliche Mahlzeiten bekommen. Ja, das will ich tun. Dann können Sie hier, in der Zelle, mit dem Polizisten, dem ich die Neuorganisation überantworten werde, alles besprechen. Sie werden ihm die Ideen entwickeln – und er wird sie ausführen. Aber daß Sie dabei Tag und Nacht im Gefängnis bleiben müssen, hinter Gittern, acht Jahre lang, ist klar.«

»Sie glauben doch nicht im Ernst, daß ich mit meiner Idee die Neuorganisation der Polizei möglich mache – und dabei im Knast sitzen bleibe!«

»Ich sehe keine andere Möglichkeit.«

»Ohne mich können Sie diese Neuorganisation gar nicht durchführen, denn Sie brauchen mein Wissen. Keiner kennt die Verbrecher besser als ich. Seit Jahren habe ich die Unterwelt studiert – so wie Linné die Pflanzenwelt studiert hat.«

»Ich bin mir bewußt, daß ich Sie brauche, daß es ohne Sie nicht geht. Aber ich kann Sie nicht offiziel als Polizist einsetzen. Sie müssen im Gefängnis bleiben.«

»Nein! Ich bin zwar einverstanden, daß nach außen hin, vor allen Dingen in der Verbrecherwelt, so lange wie möglich geheim bleibt, daß ich Leiter dieser neuen Polizeitruppe bin – aber intern möchte ich mit allen Ehren und Rechten als Chef und Gründer dieser Truppe eingesetzt werden.«

»Das ist unmöglich. Sie sind zu acht Jahren . . .«

»Alles ist möglich. Amnestieren Sie mich – erklären Sie das Urteil für ungültig. Es ist sowieso falsch!«

»Das liegt nicht in meiner Macht. Urteile für ungültig zu erklären, das kann nur einer – Polizeiminister Joseph Fouché.«

»Na, dann soll er mich begnadigen.«

»Wenn ich ihm einen solchen Vorschlag mache, entläßt er mich auf der Stelle ... hm ... ja.« Monsieur Henry war zu Bewußtsein gekommen, daß Fouché ihn auch entlassen würde, wenn er keinen Erfolg hätte.

»Dann müssen Sie«, sagte Vidocq, »auf meine Mitarbeit verzichten – und auf den damit verbundenen Erfolg.«

»Ich kann Sie zur Mitarbeit zwingen.«

»Sie? Mich? Da muß ich aber lachen! Wie wollen Sie denn das bewerkstelligen?«

»Mein lieber Monsieur Vidocq, es gibt Möglichkeiten...«

»Bevor Sie diese Möglichkeiten, hm, einsetzen, werde ich flüchten. Was mir fünfundzwanzigmal gelungen ist, gelingt mir auch zum sechsundzwanzigstenmal.«

Der Polizeipräsident wollte auffahren, empört über soviel Frechheit – doch dann besann er sich, denn er wußte, daß sein Erfolg vom Wohlwollen Vidocqs abhängig war. Sanft sagte er: »Lieber Monsieur Vidocq, ich glaube, wir sollten unser so nützliches Gespräch nicht mit Anwürfen beenden.«

»Das ist auch meine Meinung. Aber ich muß Ihnen in aller Deutlichkeit sagen, daß ich seinerzeit zu Unrecht verurteilt wurde – und daß ich mich durchaus im Recht fühle, wenn ich verlange, daß dieses Fehlurteil endlich aufgehoben wird und ich offiziell beauftragt werde, die Polizei neu zu organisieren. Eine andere Möglichkeit der Zusammenarbeit gibt es nicht.«

»Man wird sich doch irgendwie arrangieren können, lieber Monsieur Vidocq...«

»Nein, kein Hinundherarrangieren, sondern ein klarer Weg. Sie kennen meine Bedingungen. Ich arbeite nach außen hin geheim – intern aber offiziell. Das wär's, Herr Präsident. Überlegen Sie sich meine Vorschläge. Ich verlange nichts Unbilliges. Und damit möchte ich mich verabschieden.« Er erhob sich.

»Sie werden Verständnis dafür haben«, sagte Monsieur Henry, »daß ich Sie nun ins Gefängnis zurückbringen lassen muß.«

»Selbstverständlich.«

»Ich überlege mir Ihre Vorschläge. Unternehmen Sie bitte keinen Fluchtversuch, bis Sie von mir hören.«

»Einverstanden. Meine Zusage gilt eine Woche. Wenn ich danach nichts von Ihnen höre, reiße ich aus.«

»Sie hören auf jeden Fall von mir. So oder so. Leben Sie wohl!« Der Präsident gab Vidocq die Hand und geleitete ihn zur Tür, wo er ihn der Wachmannschaft übergab, die für den Rücktransport des »Ausreißerkönigs« ins Bicêtre verantwortlich war.

Monsieur Henry ging zu seinem Schreibtisch zurück, trank den inzwischen kalt gewordenen Kaffee und starrte dann grübelnd in den Kaffeesatz, als könne er daraus sein Schicksal lesen. Die Forderungen Vidocqs schienen ihm unerfüllbar. Aber das System – es war genial. Und erfolgversprechend. Ja, erfolgversprechend! Ohne Vidocqs Mitarbeit konnte es jedoch nicht durchgeführt werden. Und zwingen, das spürte Monsieur Henry, ließ sich dieser Vidocq nicht. Ohne Vidocq kein Erfolg. Und ohne Erfolg würde er, Henry, gefeuert werden. Ob er nicht doch mit Fouché sprechen sollte, seinem obersten Chef, dem allgewaltigen Polizeiminister? Vielleicht entschloß sich Fouché, Vidocqs Bedingungen zu erfüllen. Immerhin, so dachte der Polizeipräsident von Paris, lebte man in einer Zeit, in der es nichts Unmögliches gab – in der sich schon allerhand Unglaubliches ereignet hatte.

Audienz bei Minister Fouché

Unglaubliches hatte sich in der Tat ereignet während der letzten Jahre, nach der Revolution: Napoleon Bonaparte, der kleine Korse ohne adeligen Stammbaum, war am 18. Mai 1804 Kaiser der Franzosen geworden. Sogar der Papst war nach Paris gekommen, um die Krönung am 2. Dezember 1804 in der Kirche Notre-Dame durch seine Anwesenheit zu ehren. Und am 26. Mai 1805 hatte sich Napoleon selbst zum König von Neapel gekrönt. Seine ehrgeizige Kriegführung war so erfolgreich, daß bis zum Jahre 1809 ganz Europa vor ihm zitterte. Innenpolitisch war Napoleon auf eiserne Disziplin bedacht. Die von ihm veranlaßten Gesetzesbücher, der Code Napoleon, prägen Frankreichs Rechtsprechung bis heute.

Schon in den ersten Jahren seines Aufstiegs war Napoleon auf jemand aufmerksam geworden, der wie er ein Mann von brennendem Ehrgeiz, hoher Intelligenz und eisiger Skrupellosigkeit war: Joseph Fouché, den einzigen überlebenden Revolutionsführer aus den Jahren der Schreckensherrschaft. Fouché war nicht der bedenkenlose, mit dämonischem Schwung alle Widerstände niederreißende Draufgänger wie Napoleon, sondern ein geduldbegabter Ränkeschmied, aalglatt, brutal und verschlagen, der bedachtsam die Netze auslegte, in die sich ahnungslose Gegner verstrickten. Er war der geborene Intrigant großen Stils.

Für einen Erfolgsmenschen vom Schlag Napoleons gab es gegenüber einem Teufel vom Schlag Fouchés nur zwei Verhaltensweisen: entweder er schützte sich vor seinen Talenten – indem er ihn unter irgendeinem Vorwand hinrichten ließ – oder er nützte seine Talente – indem er ihn zum engen Verbündeten machte. Napoleon entschied sich für die zweite Lösung. Und so kam es, daß Fouché nicht im Armesünderwagen zur Hinrichtungsstätte gekarrt und geköpft wurde, sondern daß er als Polizeiminister in Paris residierte, als zweitmächtigster Mann Frankreichs galt und schließlich sogar den Adelstitel eines Herzogs von Otranto verliehen bekam.

Fouché wußte, daß trotz der Machtfülle, über die er verfügte, sein Kopf nie ganz sicher auf den Schultern saß. Napoleon nämlich erwartete von seinen engsten Vertrauten, daß sie stets Glück und Erfolg hatten – und er behandelte jeden, der sich plötzlich als glücklos und erfolglos erwies, wie einen Aussätzigen, mehr noch, wie Ungeziefer, das man am besten ein für allemal ausrottete. Die Köpfe rollten schnell. Erfolg war alles.

Fouché hatte aber nur halben Erfolg: es gelang ihm zwar, durch Zensur, Bespitzelung, Überlistung, Drohung und allerlei Erpressungsmanöver die meisten politischen Persönlichkeiten Frankreichs entweder auf den napoleonischen Kurs einzuschwören – oder als Staatsfeinde zu entlarven und auf das Schafott zu bringen. Innenpolitisch herrschte also Ruhe im Land. Mit der Verbrechensbekämpfung jedoch lag es seit langem im argen. Die Gauner waren nicht in den Griff zu bekommen. Und da sie sich ungefährdet fühlten, wurden sie immer dreister. Die etwa 500 000 Einwohner von Paris wagten sich nach Einbruch der Dunkelheit nicht mehr auf die Straße. Selbst in ihren Häusern waren sie nicht mehr sicher. Sogar tagsüber kam es schon zu Überfällen auf offener Straße.

Und die Polizei? – Erfolglosigkeit im ganzen Land. In Paris waren seit Beginn des Jahres 1809 nur siebzehn Verbrecher verhaftet worden, wie er aus dem Tätigkeitsbericht der Polizei erfahren hatte, der ihm an einem Tag im Mai vorgelegt worden war. Lächerlich! Skandalös! Es mußte etwas geschehen.

Fouché beschloß, die Sache selbst in Schwung zu

bringen, er wußte nur nicht so recht, wie und wann. Denn er hatte eine Menge innenpolitischen Kram am Hals.

Deshalb war er froh, daß die Initiative von der anderen Seite ausging. Eines Tages meldete sein Sekretär, daß der Polizeipräsident von Paris, Monsieur Henry, um eine Audienz bitte. »Führen Sie ihn herein«, sagte Fouché. »Ich bin in der richtigen Laune, mich mit ihm zu unterhalten.«

Polizeipräsident Henry spürte, daß ihm die Knie weich wurden, als er den Saal betrat, der Fouché als Arbeitszimmer diente. An den Wänden hingen Gemälde im strengen klassizistischen Stil der Zeit; sie stellten Szenen aus der Revolution und aus dem Leben Napoleons dar.

Am anderen Ende des Saals erblickte Henry hinter einem verschnörkelten, weiß-goldenen zierlichen Schreibtisch den Mann, den er noch nie aus der Nähe gesehen hatte und den er aus einer inneren Scheu heraus mehr fürchtete als alle anderen Menschen: den Polizeiminister.

Fouché, damals fünfzig Jahre alt, trug an diesem Tag die purpurrote Uniformjacke, die blaue Schärpe, die weiße Hose und die schwarzen Reitstiefel eines Gardegenerals. Er saß auf einem im Stil zum Schreibtisch passenden Sessel, die Beine übereinandergeschlagen, die Fingerspitzen beider Hände aneinandergedrückt, das Haar streng in die Stirn gekämmt. Sein Gesicht wirkte wie eine aus Stein gemeißelte Maske.

Der Polizeipräsident schritt über knarrendes Parkett auf den Schreibtisch zu, blieb stehen und verbeugte sich vor Fouché. Furcht drohte ihm die Kehle abzuschnüren, als er mühsam, fast tonlos sagte: »Exzellenz, ich bitte um Vergebung, daß ich um diese Audienz angesucht habe, weil . . .«

»Setzen Sie sich«, schnitt Fouché ihm das Wort ab. Seine Stimme war auch in leisen Tönen schrill. »Sie brauchen«, fuhr er fort, »nicht um Vergebung zu bitten, daß Sie hier sind. Sie haben das für Sie zweifelhafte Glück, meiner Absicht entgegenzukommen. Ich wollte Sie nämlich gerade rufen lassen. Setzen Sie sich!«

Henry sank auf einen verschnörkelten weiß-goldenen Stuhl.

»Ich wollte Sie rufen lassen«, sagte Fouché so leise, daß Henry sich anstrengen mußte, ihn zu verstehen, »um Ihnen zu sagen, daß ich es als lächerlich und skandalös empfinde, was Sie sich in Ihrer Position als Polizeipräsident leisten. Seit Jahresbeginn nur siebzehn Verhaftungen, und das in einer vom Verbrechen verseuchten Stadt wie Paris! Was denken Sie sich dabei? Ich habe gute Lust, Sie von Ihrem Amt zu entbinden – mit allen daraus erwachsenden Konsequenzen.«

Monsieur Henry verbeugte sich im Sitzen und sagte dann, nach Atem ringend: »Ich bin, Exzellenz, hierhergekommen, um Ihnen zu sagen, daß ich eine erfolgversprechende Methode . . .«

»Was interessiert mich die Methode – ich will von Erfolg hören, nicht von Berichten, wie man Erfolge haben könnte.«

»Gewiß – doch es gibt einen Haken an dieser Methode.«

»Eine Methode hat entweder Erfolg – dann hat sie keinen Haken – oder sie hat keinen Erfolg. Dann braucht man nicht darüber zu reden.«

»In diesem Fall aber ist es doch nötig, Exzellenz. Bitte, lassen Sie mich berichten. Es kam da ein gewisser Monsieur Vidocq zu mir und schlug eine Methode zur Reformierung der Polizei vor, eine verblüffende Methode, sehr erfolgversprechend . . .«

»Und was ist der Haken daran?«

»Dieser Vidocq ist ein Sträfling. Er trägt das Brandmal GAL auf der Schulter. Seit dreizehn Jahren treibt er sich in der Unterwelt umher, wenn er nicht gerade im Gefängnis sitzt. Er hat noch acht Jahre Zwangsarbeit zu verbüßen. Allerdings behauptet er, unschuldig verurteilt zu sein.«

»Ob er schuldig oder unschuldig ist, interessiert mich nicht. Mich interessiert, ob seine Idee Erfolg verspricht. Was hat er denn überhaupt für eine Idee?«

»Das ist nicht so einfach zu erklären. Der Mann, das muß ich vorausschicken, kennt die Verbrecherwelt wie kein anderer, er scheint sie mit geradezu wissenschaftlicher Gründlichkeit studiert zu haben. Erstaunlich, was er zu erzählen weiß. Er vergleicht das Verbrechertum mit dem System Linné und...«

»Meint er damit, daß die Verbrecherwelt in Arten einzuteilen ist wie die Pflanzenwelt?« fragte Fouché, der stets schneller dachte, als die anderen sprachen.

»Ja.«

»Interessant – wer hätte das gedacht?«

»Er sagt auch, daß die systematische Aufgliederung der Unterwelt in verbrecherische Kleingruppen sich damit erklären läßt, daß die einzelnen Gauner besondere, unverwechselbare Veranlagungen zu bestimmten Straftaten haben und Überschneidungen dadurch ausgeschlossen sind!«

»Heißt das«, fragte Fouché, »daß beispielsweise ein Mörder aller Erfahrung nach niemals einen Betrug oder einen Diebstahl verüben wird?«

»Ja, genau das sagte dieser Vidocq. Er sagte auch...«

»Äußerst interessant! Das heißt doch, daß die Polizei, will sie beispielsweise einen Mordfall klären, alle Diebe, Betrüger und dergleichen als unverdächtig ausscheiden kann und sich schließlich nur noch auf einen eng gewordenen Kreis von wenigen Mordverdächtigen konzentrieren muß!«

»Genau das sagte auch dieser Vidocq. Er bediente sich

fast derselben Worte wie Sie. Doch lassen Sie mich weiter berichten, Exzellenz. Monsieur Vidocq machte mir den Vorschlag...«

»... er machte«, fuhr Fouché dazwischen, »Ihnen gewiß den Vorschlag, die Polizei so zu organisieren, wie die Verbrecherwelt organisiert ist.«

»Ich bin verblüfft, Exzellenz – wieder die gleichen Worte wie Monsieur Vidocq.«

»Scheint ein frappierend intelligenter Bursche zu sein, dieser Vidocq. Übrigens eine Frage: Hat er Glück?«

»Er muß es wohl haben, denn es ist ihm gelungen, innerhalb von dreizehn Jahren insgesamt fünfundzwanzigmal aus Gefängnissen auszubrechen.«

Fouché sprang auf und schlug mit der flachen Hand auf den Tisch. »Was sagen Sie da? Fünfundzwanzigmal aus unseren Gefängnissen ausgebrochen?«

Der Polizeipräsident krümmte sich. Seine Schultern wurden schmäler.

»Verzeihung, Exzellenz«, sagte er, »ich ahnte schon, daß Sie es als Zumutung empfinden würden, wenn ich Ihnen den Vorschlag mache, ein solches Individuum...«

»Unsinn! Wenn es diesem Vidocq gelungen ist, fünfundzwanzigmal aus unseren Gefängnissen auszubrechen, dann ist er ein Genie. Dieser Mann ist unbezahlbar für die Polizei. Besonders für die Pariser Polizei, wo offensichtlich Mangel an Leuten mit Verstand herrscht.«

Henry ließ die Worte an sich herabrieseln wie die Tropfen eines Regenschauers. Er schüttelte sich ein wenig und sagte dann: »Erlauben Sie, Exzellenz, daß ich in meinem Vortrag über die Ideen des Häftlings Vidocq fortfahre. Er machte noch eine Reihe anderer Vorschläge, und zwar...«

»Details interessieren mich nicht. Was ich bisher von

diesem Vidocq gehört habe, ist sehr beeindruckend, wirklich, sehr beeindruckend. Alles, was er sagte, scheint ideenreich und wohldurchdacht zu sein. Ich nehme daher an, daß seine übrigen Vorschläge von derselben Qualität sind.«

»So ist es, Exzellenz.«

»Na, dann gehen Sie doch daran, diese Ideen zu verwirklichen, Henry, und zwar schleunigst.«

»Es gibt da ein Problem, Exzellenz. Ohne die ständige Mitarbeit Vidocqs lassen sich seine Ideen nicht verwirklichen. Er ist der einzige, der die Details kennt, auf die es ankommt. Aber er sitzt im Gefängnis und will für mich nur arbeiten, wenn ich ihn als Polizist engagiere!«

»Tun Sie es doch – engagieren Sie ihn!«

»Exzellenz, Sie scheinen vergessen zu haben...«

»Was sagen Sie da? – Ich? Etwas vergessen? Was nehmen Sie sich heraus?«

»Exzellenz, Verzeihung, erlauben Sie mir, daran zu erinnern, daß dieser Vidocq ein Galeerensträfling ist.«

»Was kümmert's mich?«

»Er sitzt im Gefängnis!«

»Ich weiß. Holen Sie ihn raus!«

»Er ist zu acht Jahren Zwangsarbeit verur...«

»Na und! Ich weiß. Wiederholen Sie sich nicht. Begnadigen Sie ihn. Erklären Sie alle Urteile für ungültig. Seine Talente müssen für die Polizei genützt werden. Ob er ein Verbrecher ist oder nicht, das hat doch überhaupt keine Bedeutung!«

»Aber... laut Gesetz ist es nur dem Polizeiminister oder dem Kaiser selbst gestattet, Begnadigungen auszusprechen.«

Statt einer Antwort griff Fouché zur Glocke. Auf sein Klingelzeichen eilte ein Sekretär in den Saal, Schreibtafel und Griffel in den Händen. Er blieb vor Fouché stehen, beflissen und gebückt.

»Notieren Sie«, sagte Fouché zu ihm, »den Text der

Urkunde, die Sie dann draußen unverzüglich ins reine Schreiben und mir sofort zur Unterschrift hereinbringen. Schreiben Sie, daß . . . wie heißt der Kerl?«

»Vidocq«, sagte der Polizeipräsident, »François Eugène Vidocq.«

»Schreiben Sie also, daß alle über François Eugène Vidocq verhängten Urteile mit sofortiger Wirkung für ungültig erklärt werden und daß alle Fahndungen oder Ermittlungsverfahren wegen Gefängnisflucht gegen ihn unverzüglich einzustellen sind.«

Der Griffel des Sekretärs knirschte, kratzte und quietschte leise auf der Schiefertafel, bis der Text notiert war. Dann blickte der Sekretär auf. Eine Handbewegung des Ministers scheuchte ihn hinaus wie ein Insekt.

»Ich habe«, wandte sich Fouché dann an den Polizeipräsidenten, »in dieser Urkunde auch alle Fahndungen gegen Vidocq untersagt. Wissen Sie, warum?«

»Äh . . . hm . . . weil . . .«

»Weil ich möchte, daß unser verehrter Freund Vidocq heimlich aus dem Gefängnis herausgeholt wird, so daß es nach außen hin wie eine gelungene Flucht aussieht. Alle – abgesehen von einem Kreis Eingeweihter – sollen denken, daß er wieder einmal ausgerissen ist. Um ihn davor zu schützen, daß er auf Schritt und Tritt verhaftet wird, müssen wir ihm ein Dokument geben, mit dem er sich jedem Polizisten gegenüber als freier Mann ausweisen kann. Klar?«

»Sehr gut, sehr gut . . .«

»Und wissen Sie, warum alle denken sollen, daß er geflüchtet ist? Ich sage es Ihnen gleich, Sie finden es ja doch nicht heraus. Weil es zweckmäßig ist, wenn es den Verbrechern so lange wie möglich verborgen bleibt, daß dieser Vidocq mit seinen genauen Kenntnissen der Unterwelt die Polizei neu organisiert. Sie sollen ruhig glauben, er sei als Ausreißer auf der Flucht. Übrigens –

da fällt mir etwas ein: Es wäre doch sinnvoll, die neu organisierte Polizeitruppe in Zivil arbeiten zu lassen, nicht in der auffälligen Uniform, denn ...«

»Das hat auch dieser Vidocq vorgeschlagen.«

»Ich mag es nicht, wenn man mich unterbricht. Das ist eine Ungezogenheit und Respektlosigkeit ohnegleichen.«

Fouché griff zu einem Bändchen mit Aphorismen von La Rochefoucauld, blätterte darin und begann zu lesen, ohne Henry eines Blickes zu würdigen.

Monsieur Henry saß da und wußte nicht, was er denken sollte, was er sagen sollte, ob er nun aufstehen oder sitzen bleiben sollte.

Die Zeit verstrich. Fouché las. Ein dünnes Rinnsal von Schweiß lief über Henrys Stirn, an der Nase entlang, tropfte von der Oberlippe auf das Kinn. Henry wagte nicht, die Hand zu heben und sich das Gesicht abzuwischen.

Die Tür wurde geöffnet. Der Sekretär glitt von draußen herein, die Urkunde in der Hand. Fouché griff zur Feder und setzte seine Unterschrift unter den Text. Dann reichte er das Dokument dem Polizeipräsidenten, der sich erhob, als er es in Empfang nahm.

Der Sekretär entfernte sich leise.

»Sie können gehen«, sagte Fouché zu Henry.

»Erlauben Sie noch eine Frage.«

»Ich wüßte nicht, was es noch zu fragen gäbe. Aber – reden Sie.«

»Ich fühle mich als Polizeipräsident verpflichtet, diese Frage zu stellen: Wenn Monsieur Vidocq keinen Erfolg haben sollte, wenn er unsere Erwartungen nicht erfüllt, was dann? Er kann dann nicht mehr ins Gefängnis zurückgebracht werden, weil Sie, Exzellenz, das Urteil gegen ihn für ungültig erklärt haben.«

»Wenn er keinen Erfolgt hat«, sagte Fouché leise, mit schneidender Stimme, »dann lassen wir ihn einfach köpfen. Oder henken. Je nachdem, was für eine Hinrichtungsmethode gerade in Mode ist. Irgendein Vorwand wird sich schon finden. In diesem Falle aber möchte ich nicht in Ihrer Haut stecken, Henry. Denn Sie waren es, der mich dazu überredet hat, einen gebrandmarkten Galeerensträfling zum Polizisten zu machen. Halten Sie sich das immer vor Augen. Leben Sie wohl, mein lieber Henry.«

Flucht – mit Hilfe der Polizei

Am selben Tag noch, knapp vor dem Abendessen, erschien im Bicêtre ein junger Polizeioffizier im Rang eines Leutnants, der unverzüglich ins Büro der Gefängnisleitung geführt zu werden verlangte.

Der Gefängnisdirektor sah auf einen Blick, daß der Besucher von niedrigerem Rang war als er selbst.

»Sie wünschen?« fragte er, ohne sich zu erheben.

»Ich komme im persönlichen Auftrag des Polizeipräsidenten von Paris, Monsieur Henry, der wiederum im Auftrag von Minister Fouché handelt.«

Nun erhob sich der Gefängnisdirektor wie an den Schnüren eines Marionettenspielers emporgezogen und machte eine artige Verbeugung. Seine Lippen kräuselten sich zu einem freundlichen Lächeln, als er sagte: »Stets zu Diensten.«

Er wagte nicht, sich aus der gebückten Haltung wieder aufzurichten. So stand er da, servil gekrümmt, ein Denkmal der Devotion.

»Es handelt sich um eine Angelegenheit, die größter Geheimhaltung bedarf«, sagte der Besucher.

»Wollen Sie sich nicht setzen, Herr Leutnant?«

Die beiden ließen sich nieder. Der Gefängnisdirektor krümmte auch im Sitzen noch diensteifrig den Rücken.

»Ich wiederhole ausdrücklich«, sagte der Leutnant, »daß es sich um eine äußerst geheime Angelegenheit handelt.«

»Sehr wohl.«

»Es geht um den Häftling Vidocq.«

»Den sogenannten Ausbrecherkönig«, ergänzte der Gefängnisdriktor, höhnisch lachend. »Bei mir im Bicêtre wird er diesen Nimbus verlieren.«

»Monsieur Vidocq wird heute nacht flüchten.«

»Ich werde es zu verhindern wissen.«

»Im Gegenteil, Sie werden die Flucht nicht verhindern, sondern begünstigen.«

»Wie? Ich verstehe nicht.«

»Sie werden dafür sorgen, daß Monsieur Vidocq heute nacht unbemerkt das Gefängnis verläßt und zwar auf einem der üblichen Fluchtwege, am besten über die äußere Mauer. Minister Fouché und Polizeipräsident Henry wünschen, daß das Verschwinden von Monsieur Vidocq den Anschein einer Flucht hat.«

»Sehr wohl.«

»Nicht einmal die Wachmannschaften dürfen erfahren, daß diese Flucht mit Einverständnis der Polizei und der Gefängnisleitung erfolgt.«

»Sehr wohl. Aber erlauben Sie, daß ich Bedenken äußere: Wenn ich die Wachmannschaften nicht ins Vertrauen ziehe, riskiere ich, daß Vidocq – Monsieur Vidocq – auf der Flucht versehentlich erschossen wird.«

»Das hat der Polizeipräsident bedacht. Er läßt Ihnen bestellen, daß Sie höchstpersönlich die Veranwortung für das Leben und die Gesundheit von Monsieur Vidocq tragen. Sollte ihm bei der Flucht auch nur ein Haar gekrümmt werden, so erhält Minister Fouché persönlich Mitteilung. Die Konsequenzen für Sie wären dann äußerst peinlich, wie Sie sich gewiß vorstellen können.«

Der Gefängnisdirektor konnte es sich so lebhaft vorstellen, daß sein Magen sich verkrampfte und seine Zunge klebrig wurde. »Sehr wohl«, sagte er mit belegter Stimme. »Ich werde«, fügte er hinzu, das in mich gesetzte Vertrauen voll rechtfertigen.«

»Damit wäre mein Auftrag erledigt. Ja, noch etwas: Sagen Sie Monsieur Vidocq, er soll sich morgen früh im Polizeipräsidium melden, bei Monsieur Henry. Und sorgen Sie dafür, daß Monsieur Vidocq für seine Flucht ordentliche Kleider erhält. Leben Sie wohl.«

Der Gefängnisdirektor erhob sich und geleitete den Besucher bis zur Toreinfahrt, wo dessen Pferd angebunden war. »Empfehlen Sie mich bitte dem Herrn Polizeipräsidenten«, rief er hinter dem davonreitenden Leutnant her.

Dann kehrte er verstörten Blickes in sein Büro zurück. In seinem Magen bohrte dumpfer Schmerz. Barsch befahl er einem Gendarmen, aus der Küche eine Kanne mit frischem Kamillentee zu holen.

Vidocq glaubte, von einem Traumgespinst genarrt zu werden, als knapp vor Mitternacht die Tür zu seiner Einzelzelle leise aufgeschlossen wurde und der Gefängnisdirektor mit einer brennenden Kerze eintrat, den Zeigefinger der rechten Hand an die Lippen legte und »ssst« machte. Wie ein Kammerdiener, leicht gebückt, reichte er Vidocq eine Hose, eine Jacke, ein Hemd und einen Hut, alles neu und von bester Qualität. Er bedeutete Vidocq, die Gefängniskluft abzulegen und die Kleider anzuziehen. Dann winkte er ihm mitzukommen.

Der Gefängnisdirektor führte Vidocq die Treppe abwärts, vorbei an merkwürdigerweise nicht besetzten Wachstuben, öffnete mit leisem Schlüsselrasseln eine der schmiedeeisernen Türen nach der anderen, bis sie in den äußeren Hof des Bicêtre kamen, wo erstaunlicherweise, entgegen allen üblichen Gepflogenheiten, weder

Gendarmen noch Bluthunde zu sehen waren. Hinter der Mauer lag die Freiheit. Und an diese Mauer lehnte sich nun der Gefängnisdirektor. Er verschränkte die Finger beider Hände und machte auf diese Weise – zu Vidocqs Verblüffung – die »Räuberleiter«. Mit bebender Stimme flüsterte er: »Bitte, Monsieur Vidocq, klettern Sie jetzt an mir empor auf die Mauer hinauf. Gehen Sie morgen zu Monsieur Henry und übermitteln Sie ihm meine besten Empfehlungen.«

Vidocq stieg über den Steigbügel der verschränkten Finger auf die Schulter des Gefängnisdirektors. Von dort schwang er sich auf den Mauersims. Er blickte zurück.

»Zögern Sie nicht«, flüsterte der Gefängnisdirektor, »springen Sie hinunter. Und verletzen Sie sich um Himmels willen nicht.«

Sekunden später landete Vidocq draußen im Gras. Wieder war kein Mann des Wachpersonals zu sehen. Ungehindert rannte er davon.

Die Gründung der »Sûreté«

»Mein lieber Monsieur Vidocq, wie ich mich freue, Sie zu sehen!«

Der Polizeipräsident von Paris begrüßte Vidocq in seinem Büro mit der Andeutung einer kollegialen Umarmung. »Ich habe sehr erfreuliche Nachricht für Sie. Kommen Sie, setzen Sie sich. Wollen Sie eine Tasse Kaffee. Nein? Wirklich nicht? Na, vielleicht später dann ein Täßchen. Nun hören Sie mir zu, mein lieber Monsieur Vidocq. Sie werden staunen. Lassen Sie mich alles der Reihe nach erzählen: Als Sie bei Ihrem Besuch kürzlich Ihre Idee einer völlig neuartigen und beeindruckenden Verbrechensbekämpfung vortrugen, da nannten Sie auch Ihre Bedingungen – durchaus berechtigte, aber fast undurchführbare Bedingungen. Deshalb entschloß ich mich, zu einem Mann zu gehen, der schon wiederholt Unmögliches möglich gemacht hat: Minister Fouché! Ihm trug ich die Sache vor. Sie können sich vorstellen, daß er über mein Ansinnen verwundert, ja anfangs sogar erbost war. Ich habe ihm jedoch die Vorteile Ihrer Mitarbeit geschildert, ich habe ihn beschworen, Ihre Bedingungen zu akzeptieren – ich habe gekämpft wie ein Löwe, stundenlang. Und schließlich habe ich es erreicht. Hier – lesen Sie!« Er reichte Vidocq die Urkunde mit der Unterschrift Fouchés.

Vidocq las. Es flimmerte vor seinen Augen. Da stand es schwarz auf weiß, daß alle gegen ihn, François Eugène Vidocq, verhängten Urteile mit sofortiger Wirkung für ungültig erklärt würden und alle Fahndungen oder eventuelle Ermittlungsverfahren wegen Gefängnisflucht unverzüglich einzustellen wären. Unterschrift Fouché.

»Freuen Sie sich denn nicht?« fragte der Polizeipräsident, als Vidocq dasaß, kreidebleich, und die Urkunde immer wieder las – nun war es Wirklichkeit geworden.

»Ist das wahr?« fragte er.

»Ja – und nun freuen Sie sich doch!«

»Gewiß, ich freue mich«, sagte Vidocq mit versteinertem Gesicht.

»Heben Sie die Urkunde gut auf«, hörte er den Polizeipräsidenten sagen. »Wir haben zwar eine notariell beglaubigte Abschrift zu unseren Akten getan, aber Sie behalten das Original.«

»Ja, ich werde darauf achten.«

»Fühlen Sie sich nicht wohl?«

»Doch, doch.«

»Am besten, Sie gehen jetzt etwas spazieren, Monsieur Vidocq. Gegen Mittag kommen Sie dann zu mir, und ich zeige Ihnen, wo Sie arbeiten werden. Sie fangen dann gleich an: als Polizist! Die neue Organisation der Polizei soll möglichst rasch durchgeführt werden.«

»Ja, ich werde spazierengehen.«

Vidocq erhob sich. Seine Verbeugung vor dem Polizeipräsidenten fiel etwas eckig aus. Wie in Trance verließ er das Büro, die eingerollte Urkunde krampfhaft umklammert.

Später, als er dann am Ufer der Seine entlangschritt, löste sich seine Anspannung allmählich, und die langsam wachsende Fröhlichkeit ließ alles heller um ihn herum erscheinen, leuchtender, frischer und farbiger als sonst. Er begann Lieder zu pfeifen, grüßte zwischendurch wildfremde Menschen mit strahlendem Lächeln und stellte sich vor, was er sagen würde, wenn ihn ein Polizist zu verhaften versuchte. »Lieber Herr Kollege«, würde er sagen, »Sie irren gewaltig. Ich bin nicht der Galeerensklave Vidocq, sondern der Polizist Vidocq, ein freier Mann. Ja, so ist es! Wenn Sie es mir nicht glauben, bitte sehr, hier – lesen Sie diese Urkunde. Da steht es schwarz auf weiß.« Aber kein Polizist tat ihm den Gefallen, keiner versuchte ihn zu verhaften. Vidocq sah nicht mehr aus wie einer, den die Polizei suchte.

Gegen Mittag betrat er das Büro des Polizeipräsidenten, eine vom heftigen Zugriff nunmehr völlig zerknitterte Urkunde in der Hand.

Monsieur Henry lud ihn in ein Bistro ein, eine kleine Kneipe, in der Polizisten zu essen pflegten.

Vidocq kam sich etwas seltsam vor inmitten der Uniformierten, die er nun nicht mehr zu fürchten hatte, sondern die ihn – den Gast des Präsidenten – mit äußerster Ehrerbietung grüßten. Als das Essen kam, ließ sich Vidocq überreden, die Urkunde aus der

Hand zu legen. Vorsichtshalber setzte er sich darauf, damit sie nicht gestohlen werden konnte, was allerdings in einem Polizeilokal, wie er sich selbst sagte, kaum zu erwarten war.

Nach dem Essen gingen Vidocq und der Polizeipräsident durch das Winkelwerk enger Gassen hinter der gotischen Kirche Sainte-Chapelle bis zur Petit Rue Saint-Anne. Hier blieben sie vor dem Haus Nr. 6 stehen, einem grauen, uralten Bau, zwei Stockwerke hoch, mit einer Toreinfahrt und einem Hinterhof, in dem es etwas feucht und immer dämmrig war. Es roch fast wie in einer Verbrecherkneipe.

»Hier«, sagte der Polizeipräsident mit großartiger Geste, »ist Ihr Büro. Bis vor kurzem war das Haus noch Möbellager. Wir haben es räumen lassen, damit Sie genügend Platz zur Arbeit haben.«

»Ich dachte«, sagte Vidocq, »mein Arbeitsplatz wäre im Polizeipräsidium.«

»Das Polizeipräsidium – es liegt übrigens gleich hier um die Ecke – ist schon voll belegt, mein lieber Monsieur Vidocq. Ich würde Ihnen keinen Gefallen tun, wenn ich Sie dort hineinpferchen würde. Sie brauchen mehr Platz für Ihre Arbeit. Gefällt Ihnen das Büro nicht?«

»Doch, doch«, sagte Vidocq, und es war nicht gelogen, denn für ihn als ehemaligen Strafgefangenen war ein eigenes Polizeibüro immerhin etwa das gleiche wie für den Gänsehirt aus dem Märchen ein geschenkter Königspalast.

Die beiden Männer standen schweigend da und betrachteten den düsteren Bau. In der Faust Vidocqs knisterte die eingerollte Urkunde.

»Das also«, sagte Vidocq mit einer Stimme, in der so etwas wie Andacht mitschwang, »ist das Büro der Sûreté!«

»Der Sûreté? Was meinen Sie damit?«

»Wissen Sie, ich habe mir vorgenommen, die neue Polizeitruppe Sûreté – Sicherheit – zu nennen.«

»Na, meinetwegen.«

»Wann soll ich anfangen?« fragte Vidocq.

»Heute, wenn Sie wollen.«

»Ich bleibe gleich hier, ich sehe mir das Haus einmal genauer an.«

»Gut, dann schicke ich Ihnen ein paar Polizisten herüber.«

»In Zivil, bitte!«

»Ja – und denken Sie an eines, Monsieur Vidocq: Sie haben in der Vergangenheit ein gefährliches Leben geführt. Ihr zukünftiges Leben wird noch viel gefährlicher werden. Denn bisher waren Polizisten Ihre Feinde – jetzt sind es die Verbrecher. Leben Sie wohl, Monsieur Vidocq. Und viel Erfolg!«

Weder Vidocq noch Henry waren sich damals bewußt, daß dieser Tag im Mai des Jahres 1809 gleich zweimal als historisches Datum in die Polizeigeschichte eingehen würde: es war der Gründungstag der Pariser Kriminalpolizei, die heute noch Sûreté heißt – und es war der Start für ein Polizeisystem, das auf der ganzen Welt die Verbrechensbekämpfung revolutionieren sollte.

Blondy geht ins Netz

Vidocq regelte in den nächsten Tagen erst einmal Privates: Er holte seine Mutter und Annette aus Versailles – wo sie als Angehörige eines Verhafteten geächtet wurden – unauffällig in seine neue Wohnung nach Paris, nahe der Sûreté, in die Rue Neuve Saint-François Nr. 14.

Dann bereinigte er seine Rechnung mit Blondy, Chevalier und Duluc, den drei Erpressern, die ihm insgesamt 3100 Francs abgeknöpft hatten. Dabei gab er ein Schulbeispiel seiner neuartigen Fahndungsmethode.

Ausgerüstet mit drei Haftbefehlen zog er eines Nachts durch die Pariser Unterwelt, von einem Verbrecherlokal zum anderen. In seiner Gesellschaft befanden sich zwei schäbig gekleidete, unrasierte Herren, die er als entsprungene Mithäftlinge aus dem Bicêtre ausgab – die aber Polizisten waren. In jedem Lokal fragte Vidocq nach Blondy.

Gegen Mitternacht nahm er eine heiße Spur auf. Blondy, so erfuhr er, pflegte öfter den »Rosengarten« zu besuchen, ein Gaunerlokal im Gewirr enger Gassen hinter der Opéra Comique, wo es nach allem roch, nur nicht nach Rosen.

Als er das überfüllte Lokal betrat, sah er sogleich aus den Augenwinkeln den gesuchten Blondy, der, von Tabakrauch umnebelt, neben dem Ausgang saß und in ein eifriges Gespräch vertieft war. Vidocq verhaftete ihn nicht sofort – wie das damals polizeiliche Routine gewesen wäre –, sondern schritt, als hätte er ihn gar nicht bemerkt, schnell und unauffällig in eine Ecke, wo er sich an einem Tisch niederließ, den Rücken Blondy zugewandt. Seinen beiden Begleitern, die sich ihm gegenüber setzten, flüsterte Vidocq zu, sie sollten Blondy im Auge behalten und ihm, falls er das Lokal verließ, unverzüglich folgen.

Kaum hatte er diesen Auftrag erteilt, wurde er im Lokal erkannt.

»Das ist doch Vidocq, der Ausreißerkönig! He, Vidocq ist da!« rief der »blaue Hugo«, der von sich behaupten konnte, seit zwanzig Jahren noch keine Sekunde nüchtern gewesen zu sein.

Im Nu war Vidocq von den Gästen des Lokals umringt. Man beglückwünschte ihn zur Flucht und klopfte ihm so anerkennend auf die Schulter, daß die Knochen krachten. Fortwährend schwirrte der Name »Vidocq« durch die Luft.

Blondy fuhr aus seinem Gespräch auf. Vidocq in der Nähe! Da gab es für ihn nur eines: raus aus dem Lokal, und zwar rasch! Wie eine Ratte witschte er zur Tür hinaus, Hals über Kopf, ohne sich lange umzudrehen. Vor lauter Aufregung übersah er, daß kurz darauf zwei Männer aus dem »Rosengarten« traten und ihm auf den Fersen blieben. Er eilte kreuz und quer durch das Häusergewinkel, bis er schließlich über eine Treppe abwärts stieg, in einen Keller hinunter, wo er eine Tür öffnete und schnell wieder hinter sich schloß. Seine Verfolger sahen kurz darauf durch die Türritzen das Licht einer Kerze aufflackern.

Die beiden Polizisten in Zivil gingen zurück zum »Rosengarten« und informierten Vidocq, daß sie Blondys Schlupfwinkel entdeckt hatten. Vidocq verließ kurz darauf mit ihnen das Lokal. Sie legten sich nahe der Kellertreppe, in einem vom Mondschatten verdunkelten Torbogen, auf die Lauer.

Gegen drei Uhr früh torkelten Blondys Komplizen – Chevalier und Duluc – völlig betrunken daher. Sie taumelten grölend über die Kellertreppe und schlugen mit den Fäusten an die Tür.

Als Blondy öffnete, stürmten die beiden Polizisten, von Vidocq beauftragt, mit gezogenen Pistolen in den Keller. Sie fesselten die überrumpelten Erpresser im Handumdrehen und entdeckten bei der Durchsuchung des Schlupfwinkels einen Beutel mit 65 Franc-Stücken. Mehr fanden sie nicht.

Vidocq blieb nach wie vor in seinem Versteck.

Die drei Gauner hatten im ersten Augenblick geglaubt, sie seien von Zunftgenossen überfallen worden. Deshalb zeigten sie sich über alle Maßen verblüfft, als sich die schäbig gekleideten und unrasierten »Räuber«

als Polizisten auswiesen. Polizisten in Zivil – wo gab es denn so etwas?

Ohne Widerstand ließen sie sich abführen. Sie wirkten recht bedrückt, weil sie einiges auf dem Kerbholz hatten und nicht wußten, was die Polizei ihnen vorwerfen würde.

Gegen vier Uhr früh begann im neuen Büro der Kriminalpolizei in der Petite Rue Sainte-Anne die Vernehmung. Die Zivilpolizisten eröffneten den drei Gaunern, daß sie wegen Erpressung eines gewissen François Eugène Vidocq verhaftet worden seien.

Die Banditen faßten augenblicklich wieder Mut. Da man ihnen sonst nichts zum Vorwurf machte, fühlten sie sich völlig sicher.

»Was?« sagte Blondy. »Wir werden wie Verbrecher verhaftet und abgeführt, nur weil ein Erzgauner und Erzlügner vom Schlag Vidocqs behauptet, wir hätten ihn erpreßt? Das ist doch wohl lächerlich! Wir sind zu dritt – wir können beschwören, daß wir ihn nicht erpreßt haben. Unsere Aussagen stehen gegen die Aussage des Gauners Vidocq. Übrigens – wann hat er denn behauptet, dieser Vidocq, daß wir ihn erpreßt hätten – he?«

»Gleich nach seiner Einlieferung ins Gefängnis«, sagte einer der Polizisten, »nachdem Sie, Monsieur Blondy, ihn denunziert hatten. Vidocqs Aussage ist protokolliert.«

»Aber er ist ja gar nicht mehr im Gefängnis«, höhnte Blondy, »ich habe ihn nämlich heute nacht gesehen. Er sitzt im ›Rosengarten‹ und feiert dort seine gelungene Flucht. Ihr Zeuge ist verduftet, meine Herren! Wir verlangen sofort freigelassen zu werden. Wie wollen Sie uns denn diesen absurden Vorwurf der Erpressung jetzt noch nachweisen – he?«

Sie ahnten nicht, daß Vidocq den Beweis auch ohne seine Aussage liefern konnte, und zwar mit einer kriminalistischen Methode, die einzigartig war für die damalige Zeit: Er ließ von einem Wissenschaftler am biologischen Institut der Universität Paris mit Hilfe eines Vergrößerungsglases feststellen, daß auf den bei Blondy und seinen Komplizen gefundenen 65 Franc-Stücken eine mit bloßem Auge kaum erkennbare Schicht von Staub haftete, und zwar eine ganz besondere Art von Staub: Mehlstaub aus der alten Truhe, in der Vidocq seine Ersparnisse aufbewahrt hatte! Damit war bewiesen, daß die 65 Francs aus Vidocqs Besitz stammten.

Einen Monat später, bei der Gerichtsverhandlung Ende Juni 1809, genügte die Aussage des Wissenschaftlers über den Mehlstaub als Beweis gegen die Erpresser. Vidocq brauchte deshalb gar nicht als Zeuge in Erscheinung zu treten. Sein Inkognito als Polizist blieb gewahrt. Und das war ganz in seinem Sinne.

Blondy wurde als Haupttäter zu drei Jahren Gefängnis verurteilt, die Mittäter Chevalier und Duluc kamen mit je sechzehn Monaten davon. Der Gerechtigkeit war Genüge getan.

Von seinem Geld allerdings erhielt Vidocq nur die 65 Francs zurück. Mehr war nicht gefunden worden. Das Gaunertrio hatte von den 3100 Francs Erpressergeld bereits 3035 Francs verjubelt.

Vidocq trauerte dem verlorenen Geld nicht nach. Ihm war viel wichtiger, daß seine neue Methode der Verbrechensbekämpfung und der Beweisführung sich bewährte. Und der Erfolg blieb nicht aus.

Allein im Monat Juli 1809 verhaftete er mit Hilfe der acht Zivilpolizisten, die er vorerst zur Verfügung hatte, insgesamt vierunddreißig Verbrecher – genau doppelt soviel wie die gesamte Pariser Polizei in den ersten vier Monaten des Jahres!

Allein im August waren es schon zweiundvierzig,

im September neunundvierzig Gauner, die ihm ins Netz gingen.

Das waren geradezu unvorstellbare Erfolge nach dem jahrelangen Versagen der Polizei.

Die Verbrecher wurden unruhig. Sie spürten, daß da etwas nicht mit rechten Dingen zuging. Gegen Vidocq hegten sie zwar – vorerst noch – keinen Verdacht. Doch die Zivilpolizisten waren ihnen nicht ganz geheuer. Mochten sich die Männer aus dem Polizeipräsidium auch noch so geschickt verkleiden und tarnen, noch so heruntergekommen aussehen, ungekämmt und unrasiert – die Gauner merkten ihnen doch an, daß sie nicht in der Unterwelt aufgewachsen waren und daß sie nicht zu ihren Kreisen gehörten. Einige Verbrecher schienen die Gesetzeshüter hinter der Verkleidung zu wittern und sprachen ihren Verdacht offen aus. Auch sickerte allmählich aus den Gefängnissen durch, daß die dort Eingelieferten der letzten Zeit von Zivilisten verhaftet worden waren. Besonders verdächtig machten sich die Zivilpolizisten dadurch, daß sie nicht das Rotwelsch beherrschten, die Geheimsprache der Unterwelt.

Und so mußte sich Vidocq bald entschließen, die Zivilpolizisten nicht mehr in die Verbrecherlokale mitzunehmen, ihren unmittelbaren Kontakt mit den Gaunern zu verhindern und sie nur noch für seine neuartigen Ermittlungsarbeiten einzusetzen: für das Beschatten, für Spurensicherungen und Beobachtungen. Auf diesem Gebiet erwiesen sie sich als äußerst geschickt und nützlich.

Die wichtigen Nachforschungen in den Verbrecherkreisen direkt aber mußte Vidocq nun auf eigene Faust durchführen, völlig allein, ohne Hilfe. Und dabei ging es ihm Ende des Jahres 1809 fast an den Kragen.

Der Mordplan

Vidocq fiel damals auf, daß eine Serie von Raubmorden in den vornehmen Pariser Stadtvierteln nach stets der gleichen Methode verübt worden war: die Täter hatten die Abwesenheit eines reichen Mannes ausgenützt, um durch den Garten von hinten in das Haus einzudringen, dort den unbewaffneten Bediensteten die Kehlen durchzuschneiden und dann in aller Ruhe die Beute fortzuschaffen. Es gab keinen Zweifel, daß es ein und dieselbe Bande war, auf deren Konto alle Greueltaten dieser Art gingen. Nur – von dieser Bande fehlte jede Spur.

Um die Täter zur Strecke zu bringen, besuchte Vidocq wiederholt jene Verbrecherlokale, in denen die Mörder und Totschläger zu verkehren pflegten. Er horchte sich vorsichtig um – doch er konnte nichts in Erfahrung bringen. Dieser Schlag von Schwerverbrechern war meist sehr verschwiegen, und das aus gutem Grund: bei einem Halsabschneider ging's gleich um den eigenen Kopf.

Eines Tages, knapp vor dem Mittagessen, lungerte Vidocq scheinbar gelangweilt in einem schwach besuchten Mörderlokal herum, das den hübschen Namen »Zum rosa Flamingo« trug. Er beobachtete aus halb geschlossenen Augen drei Männer, die an einem Nebentisch saßen und miteinander flüsterten, wobei sie öfter herüberschauten. Vidocq kannte die drei. Der eine war Germain, ein elegant gekleideter, muskelbepackter Schlägertyp, riesengroß, etwa dreißig Jahre alt. Er wirkte jedoch wesentlich älter, weil sein Gesicht von Pockennarben übersät war. Der zweite hieß Boudin. Er war das genaue Gegenteil von Germain: klein, dürr, aber sehnig, schäbig gekleidet, mit einem runden, glatten Gesicht, das ihn jünger erscheinen ließ, als er wirklich war – etwa sechzig Jahre alt. Der dritte hieß Debenne. Er war der Typ des Durchschnittsbürgers: unauffällig in Größe, Gesichtsausdruck, Gestik und Kleidung.

Plötzlich erhoben sich die drei. Sie kamen zu Vidocq an den Tisch.

»Hör mal«, flüsterte Germain. »Du bist doch ein ganz Großer aus der Gaunerwelt.«

Vidocq zog die Augenbrauen hoch. »Du schmeichelst«, sagte er.

»Wir haben einen Vorschlag für dich, Vidocq.«
»Was gibt's? Schieß los!«
»Du bist doch verschwiegen?«
»Gewiß.«
»Wer bei uns nicht schweigt, ist ein toter Mann.«
»Red nicht lang herum. Sag, was du willst.«
»Wir haben etwas vor«, sagte Germain.
»Worum geht es?«

Germain gab keine Antwort, Boudin aber machte mit dem Zeigefinger einen Strich entlang der Kehle. Die Geste war unmißverständlich. Es ging ums Halsabschneiden. Um einen Mord.

»Laß hören«, sagte Vidocq.

»Wir drehen seit einiger Zeit interessante Dinge«, begann Germain, »und dabei haben wir festgestellt, daß uns ein vierter Mann fehlt. Es kommt manchmal zum Kampf – und da sind drei etwas wenig. Auch beim Abtransport der Beute ist ein vierter Mann nützlich. Dieser vierte Mann soll aber klug und geschickt sein. Da haben wir an dich gedacht, Vidocq.«

»Zu liebenswürdig.«
»Hast du Lust mitzumachen?«
»Ich muß erst einmal wissen, worum es geht.«
»Heute um Mitternacht«, Germain sprach jetzt noch leiser als bisher, »holen wir uns einen Haufen Geld und Juwelen. Und zwar im Haus eines Bankiers. Er ist, wie

ich weiß, heute nacht nicht daheim. Wir steigen vom Garten aus ins Haus und legen das Personal um. Die Beute ist vielversprechend. Machst du mit?«

Vidocq konnte nur mit Mühe seine Erregung unterdrücken. Das waren die Mörder, die er suchte!

Was sollte er tun? Wenn er kein Interesse zeigte, dann würde er nicht erfahren, wo der Mord geplant war – dann konnte er die Tat auch nicht verhindern, das bedrohte Personal nicht vor dem Tod retten und die Täter nicht fassen. Würde er aber scheinbar mitmachen, hatte er alle Chancen. Dann konnte er seine Zivilpolizisten vorher heimlich am Tatort postieren, den Mordplan vereiteln und die Mörder in eine Falle gehen lassen. Die Serie der Raubmorde wäre damit beendet. Also mußte er so tun, als ob er mitmachen würde.

»Ist die Beute denn wirklich der Rede wert?« fragte er, als zögere er noch mit seiner Zusage.

»Na hör mal! Juwelen, Silber, Geld. Wertvolle Bilder.«

»Wo ist denn das Haus, in dem die Sache steigen soll?«

»Das erfährst du schon noch rechtzeitig, Vidocq. Sag erst, ob du mitmachst.«

»Ja, meinetwegen. Also, sag schon, wo soll die Sache steigen?«

»Hör zu, Vidocq. Ich muß dir was sagen, und du wirst mir sicher beipflichten. Wir haben unsere Grundsätze: Ich bin der Chef, und ich plane einen Überfall in allen Einzelheiten. Allein. Grundsätzlich gebe ich erst eine Stunde vorher bekannt, wo das Haus liegt, in dem wir das Ding drehen. Und noch etwas: Wenn ich den Zeitpunkt nenne, zu dem die Sache steigt – wie jetzt –, dann bleiben wir von diesem Augenblick an ununterbrochen bis zur Ausführung der Tat beisammen. Keiner verläßt den anderen. Das heißt, von jetzt bis Mitternacht gehen wir nicht mehr auseinander. Du mußt dafür Verständnis haben. Das sind Vorsichtsmaßnahmen, damit keiner in der Zwischenzeit zur Polizei geht und die anderen verpfeift. Sei nicht böse, Vidocq, das ist kein Mißtrauen dir gegenüber. Aber wir haben eben unsere Grundsätze.«

»Sehr klug«, sagte Vidocq mit anerkennendem Nikken, »man kann nicht vorsichtig genug sein.« Er hatte allerdings Mühe, die Worte gelassen auszusprechen, denn durch die Vorsichtsmaßnahme Germains war seine Lage sehr fatal geworden. Wie konnte er unter diesen Umständen seine Zivilpolizisten vorher an den Tatort rufen? Voraussichtlich gar nicht. Wenn ihm keine rettende Idee kam, würde er um Mitternacht im Haus des Bankiers mit drei Berufsmördern allein sein. Den Mord mußte er auf alle Fälle verhindern. Aber wie? Die Täter am Tatort allein dingfest zu machen, ohne fremde Hilfe, wäre glatter Selbstmord. Denn er führte just an diesem Tag seine Pistole nicht mit. Instinktiv griff er in die rechte Jackentasche, in der er die Waffe sonst zu tragen pflegte. Aber seine Finger ertasteten nur einen Bleistift.

»Wir verlassen jetzt das Lokal«, sagte Germain, »um bei mir zu Hause, wie üblich, in aller Ruhe abzuwarten.« Damit erhob er sich. Die anderen folgten.

In einer Mietkutsche fuhren sie in die Rue Saint-Antoine, wo Germain eine kostbar möblierte Wohnung hatte, mit wertvollen Porzellanfiguren, zwischen denen seine riesige Gestalt höchst deplaziert wirkte.

Die vier Männer warfen sich in Fauteuils. Boudin spielte mit einem scharfgeschliffenen Dolch, streckte und rekelte sich. »Endlich gibt es wieder was zu tun«, stöhnte er wohlig, in Erwartung der nächtlichen Morde. Er gehörte zu den Menschen, die Freude an ihrem Beruf hatten.

Vidocq zermarterte sich den Kopf, was er in seiner fatalen Situation tun sollte.

»Gibt es nichts zu trinken?« fragte Debenne, der bisher noch kein Wort gesprochen hatte.

»Ein Schluck täte ganz gut, das entspannt«, sagte Boudin, ständig mit dem Dolch spielend.

Germain erhob sich. »Ja, mir ist auch nach einem guten Tropfen.« Er ging in die Küche, rumorte dort herum und kam mit leeren Händen wieder. »Der Wein ist aus«, bedauerte er. »Leider habe ich vergessen, für Nachschub zu sorgen.«

»Ich wohne ganz in der Nähe«, sagte Vidocq, der plötzlich eine Chance witterte. »Zu Hause habe ich einige Flaschen Burgunder. Laßt uns zu mir gehen.« Dort, so hoffte er, würde er Annette schon irgendwie eine Nachricht zukommen lassen.

»Nein, wir bleiben da.« In der Stimme Germains war Befehlston.

Vidocq ließ nicht locker. »So schickt doch einen Boten zu mir nach Hause«, sagte er, »der kann meiner Freundin sagen, sie soll ein paar Flaschen herüberbringen.«

»Das könnte man schon machen«, pflichtete Boudin bei.

»Also gut«, sagte Germain. Er ging zur Wohnungstür, öffnete sie und rief durch das Treppenhaus hinunter in die Portierloge: »Madame Rondé, schicken Sie uns Ihren Jean herauf. Ich habe Arbeit für ihn!«

Kurz darauf hörte man kurze, eilende Schritte auf der Treppe, und schließlich trat Jean in die Wohnung: ein kleiner Knirps mit lustigen Augen, etwa fünf Jahre alt. Er blickte fragend auf Germain. Der zeigte auf Vidocq und sagte: »Dieser Monsieur hat dir was zu sagen.«

»Hör mich an, mein Junge«, sagte Vidocq, »du gehst jetzt in die Rue Neuve Saint-François Nummer 14 und sagst dort, Mademoiselle Annette soll einige Flaschen Burgunder bringen.«

»Eine Flasche genügt«, warf Germain ein. »Wir müssen nüchtern bleiben.«

»Also«, sagte Vidocq, »sie soll eine Flasche bringen.«

»Sie braucht gar nicht selbst zu kommen«, piepste der Knirps, »die eine Flasche kann ich tragen.«

»Nein, mein Junge«, sagte Vidocq rasch, »wenn du die Flasche fallen läßt, dann ist viel Geld verloren. Sag nur, Mademoiselle Annette soll sie selbst bringen.« Damit drückte er Jean einen Sou in die Hand.

Der Junge verbeugte sich und ging.

Annette als Detektivin

Vidocq erhob sich, um in der Wohnung auf und ab zu gehen und dabei irgendwo in einem Winkel schnell ein paar Zeilen auf einen Zettel zu schreiben, den er Annette zustecken wollte. Doch Germain rief ihn zurück und bat ihn höflich, aber bestimmt, in seinem Fauteuil Platz zu nehmen.

Nach zwanzig Minuten war Annette da, geleitet von dem kleinen Jean. An ihrem Arm hing ein Korb mit einer Flasche Burgunder. Sie war etwas erstaunt, daß sie Wein bringen sollte, denn Vidocq hatte dergleichen noch nie von ihr verlangt. Dunkel ahnte sie aber, daß Vidocqs ungewöhnlicher Auftrag seine Gründe haben mochte. Sie beschloß, die Augen offenzuhalten.

»Entschuldige, Annette«, rief ihr Vidocq entgegen, »daß ich dich gebeten habe herzukommen, aber wir hatten Durst und keinen Wein.«

Er ging auf sie zu, nahm die Weinflasche und hielt das Etikett den anderen entgegen: »Hier«, rief er, »seht: Jahrgang 1801 – ein edler Tropfen.«

»Mademoiselle Annette soll wieder gehen«, befahl Germain, ohne auf das Etikett zu achten. Vor einem großen Coup machten ihn Außenstehende nervös.

»Du siehst, Annette«, sagte Vidocq lachend, »wir sind hier eine reine Herrenrunde. Laß uns allein. Ich komme erst sehr spät nach Hause. Warte nicht auf mich.« Er begleitete sie zur Tür, und dabei raunte er ganz leise, fast nur gehaucht, mit kaum bewegten Lippen: »Warte draußen ... beobachte uns heimlich ... ich lasse einen Zettel fallen.«

Annette verzog keine Miene.

»Deine Freundin findet allein durch die Tür hinaus«, rief ihm Germain nach, immer auf Vorsicht bedacht.

Vidocq blieb stehen, wandte sich dann um und ging zu seinem Fauteuil zurück. Ein Blick überzeugte ihn, daß Germain seine leise hingehauchten Worte nicht bemerkt hatte – allerdings kamen ihm nun Zweifel, ob die heimliche Nachricht von Annette überhaupt gehört worden war. Sie hatte keinerlei Reaktion gezeigt! War das gut gespielt oder echte Ahnungslosigkeit gewesen?

Sorgenvoll sank Vidocq in seinen Fauteuil.

Die Zeit verstrich.

Germain war peinlich darauf bedacht, daß auch innerhalb der Wohnung keiner allein war. Nur für kurze Minuten ließ es sich nicht vermeiden, daß der eine oder andere unbeobachtet blieb. In solchen Augenblicken schrieb Vidocq nach und nach folgende Botschaft auf einen Zettel: »Fahre mit einer Kutsche sofort zu Monsieur Henry. Sage ihm: Raubmord auf Bankier. Mörder kommen durch Garten. Ich bin dabei. Kann jetzt nicht fort. Monsieur Henry soll Falle stellen. Tatzeit: Mitternacht. Tatort ...«

Den Tatort konnte er erst eintragen, wenn Germain ihn bekanntgab – eine Stunde vor dem Verbrechen!

Der Tag verrann. Die Dämmerung brach herein. Vidocq blickte mehrmals auf die Uhr.

»Nervös?« fragte Germain.

»Ich gebe zu«, sagte Vidocq, »daß ich kein geduldiger Mensch bin. Mir ist es lieber, wenn sich etwas tut.«

»Um Mitternacht tut sich schon was, verlaß dich drauf.«

Germain grinste. Boudin spielte mit dem Messer. Debenne trank Wein in kleinen Schlucken.

Stunde um Stunde verrann.

Als Vidocq wieder einmal auf die Uhr schaute, war es drei Minuten vor elf. Endlich! Er war froh, daß das zermürbende Warten ein Ende hatte. Im Geist zählte er die Sekunden der letzten drei Minuten.

»So«, sagte Germain pünktlich, »jetzt ist es soweit. Elf Uhr. Nun geht es los. Merkt euch die Adresse. Das Haus, das wir überfallen, liegt in der Rue Hauteville Nummer 68, genau an der Ecke zur Rue Enghien. Wir drei – Boudin, Vidocq und ich – gehen dorthin. Debenne, du ziehst wie immer den Handwagen in einiger Entfernung von uns, als ob du nicht zu uns gehören würdest. Vergiß die Adresse nicht.«

»Ist ein Handwagen nicht sehr auffallend?« fragte Vidocq.

»Nein, wir haben noch nie Unannehmlichkeiten gehabt. Viele Händler ziehen nachts ihre Handwagen durch die Straßen. Das fällt weiter nicht auf. Nachdem wir das Ding gedreht haben, fährt Debenne den Karren mit der Beute zu mir nach Hause, quer durch die Stadt. Kein Mensch schöpft Verdacht, kein Polizist kontrolliert ihn. Debenne wirkt nämlich so unverdächtig. Man übersieht ihn fast.«

»Ja, das stimmt«, sagte Vidocq. »Leute, die wie Debenne aussehen, sind in unserer Branche unbezahlbar.«

»Also, laßt uns die Sache angehen«, sagte Germain.

Alle erhoben sich.

Vidocq wollte zur Tür gehen. »Bleib stehen«, befahl Germain, »und heb die Arme ein wenig.«

Verwundert blickte Vidocq ihn an. Langsam hob er die Arme. Was blieb ihm auch anderes übrig? Boudin stand mit seinem Dolch in der Nähe und grinste.

Germain tastete ihn erst unter den Achseln, dann von oben bis unten ab. »Ich wollte nur prüfen, ob du eine Pistole eingesteckt hast«, sagte er.

»Und wenn ich eine gehabt hätte?«

»Dann hättest du sie abliefern müssen. Ich mag es nicht, wenn meine Mitarbeiter am Tatort Schußwaffen tragen. Das ist kein Mißtrauen gegen dich, Vidocq, das gilt für alle.«

Bei diesen Worten ging er zu einem Schrank, aus dem er eine kurze Pistole holte. Er prüfte die Pulverladung und steckte die Waffe unter der Jacke in seinen Gürtel.

»Gib mir doch auch eine Pistole«, sagte Vidocq, »ich kann damit umgehen. Wir sind sicherer, wenn wir zu zweit Pistolen tragen.«

»Es bleibt dabei: ich bin der einzige, der eine Schußwaffe trägt. Meine Mitarbeiter werden, wenn es sein muß, mit Dolchen kämpfen. Das ist lautlos. Ich schieße nur, wenn es gar nicht anders geht. Denn ein Pistolenschuß ist verräterisch, weckt sofort die ganze Nachbarschaft und ruft die Polizei herbei.«

»Ich habe ja nicht einmal einen Dolch«, sagte Vidocq.

Germain griff in den Schrank, holte ein im Lederfutteral steckendes Stilett heraus und warf es Vidocq zu. »Hier!«

Vidocq fing es auf, zog die Klinge aus dem Futteral, prüfte am Fingernagel vorsichtig Spitze und Schneide. Sie waren scharf geschliffen. Immerhin etwas, dachte er aufatmend.

»Verwende diesen Dolch«, sagte Germain, »aber nur, wenn das Personal erwacht und es zum Kampf kommen sollte. Solange die Bediensteten schlafen, läßt du Boudin allein arbeiten. Er ist unübertrefflich, der beste Halsabschneider, den ich kenne. Es ist eine wahre Pracht, ihm zuzusehen. Fast immer gelingt es ihm, lautlos zu töten. Keiner schreit, alles geht glatt. Boudin ist wirklich unübertrefflich – ein wahrer Meister.«

Boudin lächelte geschmeichelt und errötete sogar ein wenig über soviel Lob.

Na warte, dachte Vidocq, du mit deinem glatten Gesicht wirst keinen mehr umlegen! Dich und deine sauberen Kumpane bringe ich heute nacht noch hinter Schloß und Riegel. Er wußte allerdings nicht, wie er das anstellen sollte, ohne selbst umgelegt zu werden.

Es war inzwischen elf Uhr und fünf Minuten geworden.

Die vier Männer verließen die Wohnung, gingen über die Treppe abwärts und betraten den von einer Laterne nur schwach erhellten Hinterhof des Hauses. Dort wollte Debenne aus einer Remise einen Handwagen herausziehen, der jedoch im allgemeinen Gerümpel festgeklemmt war. Germain und Boudin traten hinzu und versuchten ihm zu helfen.

Während sie rüttelten und zerrten, zog Vidocq den Zettel mit der Botschaft für Annette aus der Tasche und hielt ihn für eine Sekunde ins Laternenlicht, um ungefähr zu sehen, wo er den Platz für die Adresse des Tatorts freigelassen hatte. Dann wandte er sich ab, so daß der Schatten seines Körpers auf das Papier fiel. Im Dunkeln schrieb er mit Bleistift die Adresse: »Rue Hauteville Nr. 68, Ecke Rue Enghien.« Ob das flüchtige, ohne Sichtkontrolle aufs Papier geworfene Gekritzel wohl lesbar war?

Er steckte den Zettel ein und half dann, den Handwagen aus der Remise zu ziehen. Mit einem Ruck bekamen sie ihn schließlich frei. Debenne legte einige Säcke und ein Seil auf den Wagen.

Als sie auf die Straße traten, ertönte von einem nahen Kirchturm ein einziger Glockenschlag herüber: Viertel nach elf.

Einige Nachtschwärmer waren noch unterwegs. Sie wirkten im fahlen Licht des Mondes und der Laternen wie Scherenschnittfiguren. Es war kalt.

Vidocq zog seine Jacke fest um die Schultern, als er zwischen Germain und Boudin die Straße entlangging. Etwa hundertfünfzig Schritte hinter ihnen zottelte Debenne mit dem Handwagen einher. Sie konnten deutlich das Rumpeln der Räder hören.

Die Situation war fatal für Vidocq. Wenn er den Zettel für Annette fallen ließ, lief er Gefahr, daß Debenne ihn dabei beobachtete. Besorgt drehte Vidocq sich um. Debenne war deutlich zu sehen, hinter ihm Schattengestalten. War eine davon Annette?

Gleichviel – er mußte es riskieren. Vidocq holte den Zettel aus der Tasche und ließ ihn zu Boden flattern. Germain und Boudin neben ihm hatten nichts gemerkt.

Nochmals drehte sich Vidocq um. Das Papier leuchtete auf dem Kopfsteinpflaster im Schein einer Laterne. Debenne mußte es sehen. Ob er es aufhob?

Vidocq ging weiter. Seine Begleiter sprachen kein Wort. Im Geist zählte er die Schritte, die Debenne seiner Schätzung nach brauchte, um bei dem Zettel angelangt zu sein. Als es soweit war, wandte Vidocq sich wieder für einen Augenblick um.

Debenne kam gerade auf das Papier zu, mit gesenktem Kopf. Er stieß es gedankenverloren mit dem Fuß zur Seite – und ging weiter. Vidocq atmete hörbar auf.

»Warum drehst du dich denn dauernd um?« fragte Germain.

»Vorsichtsmaßnahme.«

»Nicht nötig. Niemand außer uns vieren weiß von dem Plan. Und wir waren ständig zusammen. Also kann uns niemand folgen. Wenn ich etwas plane, bedarf es keiner zusätzlichen Vorsichtsmaßnahmen, Vidocq.«

Kurz darauf bogen die drei nach rechts in eine Querstraße ab. Nochmals riskierte Vidocq einen schnellen

Blick. Das Papier war als leuchtender Punkt gerade noch zu sehen – und eine Schattengestalt ließ sich in der Nähe erkennen.

Dann war Vidocq in der Seitenstraße. Das Schicksal nahm nun seinen Lauf, so oder so.

Zwei Glockenschläge waren zu vernehmen. Halb zwölf. Eine halbe Stunde noch! Sorgenvolle Fragen quälten Vidocq: Würde diese Zeit für eine Polizeiaktion ausreichen? War Annette überhaupt auf der Straße gewesen? Hatte sie den Zettel gefunden, hatte sie die hingekritzelten Tatortangaben überhaupt entziffern können? Würde Annette schnell genug ins Polizeipräsidium gelangen? War Monsieur Henry heute nacht noch dort? Meist pflegte er zwar bis nach Mitternacht zu arbeiten – was aber, wenn er gerade heute früher Schluß gemacht hatte als sonst?

Vidocq umklammerte den Dolch in seiner Tasche.

Schweigend schritten die Männer dahin.

Als eine Kirchturmglocke dreimal schlug, konnte Vidocq gar nicht glauben, daß schon wieder eine Viertelstunde verstrichen war. Viertel vor zwölf! Noch fünfzehn Minuten Galgenfrist!

»Wir sind gleich da«, sagte Germain.

Sie bogen in die Rue Hauteville ein, gingen an den Toreinfahrten gepflegter Gärten vorbei bis zum Haus Nummer 68, an der Ecke zur Rue Enghien.

Der Garten war von einer Mauer umgeben. Ein schmiedeeisernes Gittertor verschloß die Einfahrt. Im Licht des Mondes und zweier Laternen schimmerte ein Kiesweg, der vom Gartentor zum Haus führte. Rechts und links davon lagen Büsche im Dunkeln.

Debenne kam dahergetrottet, stellte den Handwagen an der Ecke ab, nahm Säcke und Seil und gesellte sich zu den drei anderen, die nun in der Rue Enghien im Mondschatten der Mauer standen. Dort ragten die kahlen Zweige eines Obstbaums auf die Straße hinaus.

»Die Sache«, sagte Germain flüsternd, »ist kein Problem. Wir klettern jetzt über die Mauer. Ihr schleicht dann hinter mir zum Haus, an einen Seiteneingang. Das Schloß dort ist leicht zu knacken. Ich habe Nachschlüssel, und ich weiß auch, wo das Personal schläft. Während Boudin dort arbeitet« – Germain fuhr sich mit der Hand über die Kehle – »werden Vidocq und Debenne im Souterrain aus einem Schrank, den ich euch noch bezeichne, Schmuck und Besteck holen und in Säcke füllen. Verliert nicht die Nerven. Wenn die Bediensteten umgelegt sind, können wir ungestört arbeiten. Niemand drängt uns. Alles klar?«

»Alles klar«, sagte Vidocq.

Er blickte sich um. Weit und breit keine Polizei.

Germain lehnte sich an die Mauer und machte die »Räuberleiter«. Vidocq, Boudin und Debenne kletterten an ihm empor, schwangen sich auf den Mauersims, hielten sich im Geäst des Obstbaumes fest und ließen von dort das Seil herunter. Behende turnte Germain daran empor.

Vom Mauersims kletterten sie über den Obstbaum abwärts, ins Stockdunkel zwischen dem Gesträuch des Gartens. Nur auf den Tastsinn vertrauend, einander an Händen haltend, glitten sie leise hinter Germain durch das Buschwerk hinaus auf eine vom Mondlicht erhellte Rasenfläche, die das Gebäude umgab. Germain war nun deutlich zu sehen, als er über die Wiese zum Nebeneingang hastete und stehenblieb. Die drei anderen huschten hinter ihm her. Vidocq wußte, daß er in den nächsten Sekunden handeln mußte. Boudin zückte schon seinen Dolch. Germain legte gedankenverloren die Hand an den Gürtel, in dem die Pistole steckte.

Alle, außer Germain, zuckten zusammen, als vom nahen Kirchturm der erste Schlag des mitternächtlichen Zwölfuhrläutens erklang.

»Geisterstunde«, sagte Germain grinsend, nachdem

der zwölfte Glockenschlag verklungen war. »Ich hoffe, daß sich keiner von euch vor Gespenstern fürchtet.«

Er holte einen Bund mit Nachschlüsseln aus der Tasche und stocherte im Schloß der Nebentür herum.

Der Hufschlag von Kutschpferden und das Rumpeln einer Kutsche war draußen auf der Rue Hauteville zu hören. Die Nachschlüssel rasselten am Bund, während Germain »arbeitete«.

Vidocq horchte auf. Das Pferdegetrappel kam ihm merkwürdig vor. Die Pferde zogen die Kutsche nämlich nicht im gleichmäßigen Rhythmus des Trabs, sondern – was auf städtischem Kopfsteinpflaster unüblich war – im wirbelnden Galopp, als gelte es ein Wettrennen. Und war nicht auch in der Querstraße, in der Rue Enghien, eine Kutsche zu hören? Der Galoppwirbel wurde lauter. Galoppwirbel jetzt von allen Seiten. Das mußten mehr als zwei Kutschen sein!

Germain hob den Kopf. Er lauschte, stutzte, seine Augen verengten sich zu Schlitzen. Fassungslosigkeit war in seinem pockennarbigen Gesicht.

Die wilde Jagd schien aus allen Himmelsrichtungen heranzufegen – gespenstisch und unwirklich, weil man nur Hufgetrappel und Rädergerassel hörte, nichts aber sah von den acht, neun oder noch mehr Kutschen, die hinter der Mauer auf die Kreuzung vor dem Haus zurasten. Dann: knirschende Bremsen, schleifende Räder, scharrende Hufe. Die Pferde stampften, tänzelten, trappelten auf der Stelle und wieherten. Geschirr und Zaumzeug klirrten. Kommandorufe ertönten. Dunkle Gestalten tauchten auf dem Mauersims auf, wie Schemen, in Uniform und in Zivil. Für Sekunden nur hoben sie sich als Silhouetten vor dem Firmament ab, dann glitten sie an der Mauer herunter, in den Garten herein, drängten sich durch das raschelnde Gebüsch.

Germain riß die Pistole aus dem Gürtel, feuerte zweimal – und zwei Polizisten fielen zu Boden. Unmittelbar darauf Schüsse von allen Seiten, blitzende Mündungsfeuer, Pulverrauch. Aufbrüllend brach Germain zusammen. Boudin versuchte zu entwischen, doch die Polizisten sprangen herbei und rangen ihn nieder. Auch Debenne wurde gepackt.

Im Haus flackerten nun die ersten Lichter auf, verstörte Bedienstete geisterten in Nachthemden umher.

Vidocq stand im allgemeinen Getümmel vor dem Haus, blaß und mit einem flauen Gefühl im Magen. Er stand da und wartete auf Monsieur Henry, der durch das nunmehr geöffnete schmiedeeiserne Gittertor über den Kiesweg auf ihn zuschritt und ihm die Hand schüttelte. »Eine tüchtige Freundin haben Sie, Vidocq«, sagte er. »Schade, daß es bei der Polizei keine Frauen gibt. Sie könnte sich gewiß sehr nützlich machen.«

»Prosit Neujahr – du bist verhaftet«

Nach diesem Husarenstreich schien Vidocq der Zeitpunkt günstig, um dem Polizeipräsidenten die Zustimmung für einen äußerst heiklen Plan abzuringen. Er bat um eine Audienz, die ihm sogleich gewährt wurde.

»Die Geschichte mit Germain«, begann Vidocq, »hat gezeigt, wie wichtig es ist, wenn ein Angehöriger der Sûreté unerkannt in den Verbrecherlokalen seine Nachforschungen anstellen kann. Ich bin leider der einzige meiner Mannschaft, der keinen Verdacht erregt, weil ich der einzige bin, der in Verbrecherkreisen aufgewachsen ist, der reden und sich bewegen kann wie ein echter Gauner. Ein einziger ist zuwenig. Außerdem habe ich nicht genügend Zeit, um ständig in der Unterwelt herumzuhorchen, denn ich muß die Organisation der Sûreté überwachen, die neuartigen Methoden zur Bekämpfung des Verbrechertums erst einführen. Und noch etwas: Es wird sicherlich der Tag kommen, an dem die Unterwelt erfährt, daß ich nicht ein Gauner bin, sondern Leiter der Sûreté. Dann darf ich mich in den Verbrecherlokalen nicht mehr blicken lassen. Für diesen Fall müssen wir vorbauen. Es ist deshalb unerläßlich, daß wir so schnell wie möglich Polizisten bekommen, die sich in der Unterwelt herumtreiben können, ohne Aufsehen zu erregen.«

»Aber«, warf Monsieur Henry ein, »wir haben doch die Erfahrung gemacht, daß Polizisten – mögen sie sich auch noch so gut verkleiden – von der Verbrecherwelt bald erkannt werden.«

»Ich weiß«, sagte Vidocq, »und deshalb habe ich einen Vorschlag. Einen ungewöhnlichen Vorschlag.«

Der Polizeipräsident lehnte sich zurück und faltete gottergeben die Hände. Er verspürte jene Mischung aus Interesse, Unbehagen und Skepsis, die ihn immer befiel, wenn Vidocq einen »ungewöhnlichen Vorschlag« ankündigte. Derlei Vorschläge forderten stets mutige Entscheidungen heraus. Und Monsieur Henry war, wie wir wissen, kein Freund von Entscheidungen.

»Wir müssen«, sagte Vidocq, »Polizisten haben, die sich wie Verbrecher bewegen, die wie Verbrecher sprechen – und das ist nur möglich, wenn sie unter Verbrechern gelebt haben.«

»Richtig – aber woher solche Polizisten nehmen?«

»Aus den Gefängnissen.«

»Sie sind wahnsinnig, Monsieur Vidocq.«

»Es ist die einzige Möglichkeit. In den Gefängnissen sitzen nicht nur unverbesserliche Gauner, sondern auch reumütige Menschen, die irgendwann durch Zufall auf die schiefe Bahn geraten sind und nun dankbar wären, wenn sie die Chance erhalten würden, wieder ein ordentliches Leben führen zu können. Es leben auch viele hinter Gittern, die – wie ich – auf Grund falscher Zeugenaussagen zu Unrecht verurteilt wurden und die im Gefängnis beim täglichen Umgang mit Gaunern deren Gewohnheiten und Redewendungen angenommen haben. Ich kenne einige, die im Bagno sitzen und für die ich meine Hand ins Feuer legen würde. Wenn wir sie herausholen – das heißt, wenn man sie flüchten ließe, so wie man mich damals hat flüchten lassen –, dann würden sie gute und nützliche Polizisten werden.«

Dem Polizeipräsidenten sträubten sich die Haare. Allerdings hatten sich bisher alle Vorschläge Vidocqs als zweckmäßig erwiesen. Ob er mit Fouché sprechen sollte? Bei dem Gedanken an eine Audienz im Palais des Polizeiministers sträubten sich seine Haare noch mehr.

»Wir würden Erfolg haben, großen Erfolg«, sagte Vidocq, der genau wußte, auf welches Stichwort Monsieur Henry reagierte.

Der Polizeipräsident schwieg.

»Denken Sie daran, daß auch ich ein Strafgefangener war und daß Minister Fouché meine Einstellung als Polizist befürwortet hat!«

Monsieur Henry überlegte alle Für und Wider, er zauderte und zögerte. Schließlich bewog ihn die Aussicht auf noch mehr Erfolg, Vidocqs ungewöhnlichem Plan zuzustimmen, auf eigene Verantwortung, ohne Fouché zu fragen. Er hatte nämlich Angst, Fouché würde ihm mangelnde Entscheidungsfreude vorwerfen.

»Also gut«, sagte er gequält, »ich genehmige vier Mann für Ihren Plan. Leiten Sie alles in die Wege.«

Vidocq holte vier Leute seines Vertrauens aus den Gefängnissen, unter ihnen den in der Unterwelt wohlbekannten Gauner Coco Lacour, der guten Willens war, ein neues, ordentliches Leben zu beginnen, und dankbar die gebotene Chance ergriff. Coco Lacour sollte kurz darauf Gelegenheit bekommen, Vidocq das Leben zu retten.

Erst waren es vier, dann acht und schließlich zwölf ehemalige Strafgefangene, die Monsieur Henry, von Vidocq ständig gedrängt, höchst zaghaft für die Mitarbeit in der Sûreté genehmigte. Keiner enttäuschte das in ihn gesetzte Vertrauen.

Vidocqs Polizeitruppe war im Mai 1810 – ein Jahr nach Gründung der Sûreté – insgesamt dreißig Mann stark. Die Atmosphäre im Büro konnte nicht besser sein, sie war freundschaftlich und familiär. Die Männer hielten zusammen wie Pech und Schwefel. Alle duzten sich, unabhängig davon, daß ein Teil der Leute aus den Reihen der uniformierten Polizei stammte und der andere Teil aus dem Gefängnis kam. Die Vergangenheit spielte keine Rolle. Nur Mut und Tüchtigkeit zählten.

Aus Gründen der Tarnung waren alle bestrebt, wie Verbrecher oder zumindest wie verwahrloste Zivilisten auszusehen und sich entsprechend zu benehmen. Wenn sie geschlossen ausschwärmten, um einen großen Schlag gegen die Verbrecherwelt zu führen, dann glaubte man einer Bande von Wegelagerern zu begegnen und nicht der Pariser Kriminalpolizei. Dieser kleine Haufen von dreißig höchst verdächtig wirkenden Gestalten aus dem düsteren Hinterhofbüro der Sûreté erzielte jedoch wesentlich größere Erfolge bei der Verbrechensbekämpfung als der Trupp von fast zweihundert uniformierten Polizisten in der Präfektur: im Laufe des Jahres 1810 nahmen Vidocq und seine Leute insgesamt 823 Verhaftungen vor.

Monsieur Henry wollte diese Erfolgsmeldung am Morgen des 1. Januar 1811 bei einem Neujahrsempfang der Polizei im Präsidium bekanntgeben. Dieses Fest geriet zu einem der glanzvollsten Ereignisse der Sûreté, weil es Vidocq durch Zufall gelang, noch einen besonderen Knalleffekt beizusteuern. Und das kam so:

Vidocq hatte im vergangenen Jahr viele Gauner von

Rang und Namen hinter Gitter gebracht, unter ihnen die seit Jahren gesuchten Mörder Bombance, Marquis, Dorlé, La Rose, Gavard, den »Totenkopf« und den »Buckligen« – aber einer der größten Verbrecher von Paris war ihm stets aus den geschickt gestellten Fallen geschlüpft: Delzeve, ein listenreicher Bursche von brutalstem Charakter.

Während der Neujahrsnacht war Vidocq in den Verbrechervierteln von Paris unterwegs, und als die Glokken das Jahr 1811 einläuteten, überall Böller krachten, Raketen ihre Leuchtspuren in den Nachthimmel zeichneten und die Menschen auf den Straßen einander beglückwünschten, da sah er auf der Rue Mortellerie im zuckenden Licht der bengalischen Feuer – eben jenen Delzeve!

Vidocq, von dem die Verbrecherwelt zu jener Zeit noch nicht wußte, daß er Polizist war, drängte Delzeve aus den Menschenmassen der Rue Mortellerie in eine einsame Nebengasse. Dort zog er die Pistole und sagte zu dem verblüfften Delzeve: »Prosit Neujahr – du bist verhaftet.«

Er fesselte den Gauner und nahm ihn mit zu sich nach Hause in die Rue Neuve Saint-François Nr. 14, wo er seine Mutter und Annette bat, den ungewöhnlichen Gast während der nächsten Stunden mit Speise und Trank zu bewirten. Delzeve trug sein Schicksal mit Würde, er hob sogar mit gefesselten Händen sein Champagnerglas, um mit Vidocq und den beiden Damen auf das neue Jahr anzustoßen.

Am Morgen des 1. Januar 1811 erschien Vidocq dann mit dem gefesselten Delzeve beim Neujahrsempfang der Polizei. »Mein persönliches Geschenk für den Präsidenten«, sagte er.

Monsieur Henry strahlte, und die Männer der Sûreté waren stolz über den Silvesterstreich ihres Chefs. Die leitenden Polizeibeamten der uniformierten Abteilung allerdings blickten säuerlich drein – der Neid stand ihnen in die Gesichter geschrieben.

Vidocq amüsierte sich über die unverhohlene Mißgunst. Derlei war er gewöhnt. Er hielt Eifersüchteleien dieser Art für menschliche Schwächen. Auf den Gedanken, daß ihm einer der uniformierten Kollegen aus lauter Neid ernsthaft gefährlich werden könnte, kam er gar nicht. Doch da irrte Vidocq.

Vier Wochen nach diesem Neujahrsempfang wollte ihn ein gewisser Inspektor Batiste kalt um die Ecke bringen lassen.

Mordanschlag auf Vidocq

Inspektor Batiste hatte durch Zufall erfahren, daß Vidocq an einem Tag Ende Januar gegen acht Uhr abends in dem Mörderlokal »Kaninchenbau« gewisse Nachforschungen anstellen wollte. Er nahm Kontakt mit der Unterwelt auf und verriet das sorgsam gehütete Geheimnis, daß Vidocq kein Gauner war, sondern Polizist – und daß dieser Vidocq dann und dann im »Kaninchenbau« auftauchen und dort herumhorchen würde, in der Absicht, einen Mord aufzuklären. Alles Weitere überließ Batiste dem Einfallsreichtum der Halsabschneider von Paris.

Sie waren entschlossen, Vidocq einen bösen Empfang zu bereiten. Der »Kaninchenbau« wurde zur Menschenfalle. An den Eingängen und Hintertüren lungerten schon ab sechs Uhr zerlumpte Gestalten herum, die kaum erwarten konnten, daß Vidocq das Lokal betrat.

Vidocq wäre verloren gewesen, wenn er sich nicht mit Coco Lacour im »Kaninchenbau« verabredet hätte.

Zufällig kam Coco Lacour vierzig Minuten zu früh. Er setzte sich an einen Tisch neben den Gauner François Hué, der wegen seiner dürren Gestalt »Squelette« – Gerippe – genannt wurde. Niemand verdächtigte Coco Lacour, ein Polizist zu sein, und so kam es, daß ihn »Squelette« ins Vertrauen zog.

»Heute«, sagte er, »gibt's ein Schlachtfest hier.«

Coco Lacour, der wohl wußte, was mit »Schlachtfest« gemeint war, fragte: »Wieso das?«

»Wir nehmen Rache.«

»Wofür?«

»Dafür, daß in letzter Zeit so viele von uns von der Polizei kassiert wurden. Wir wissen jetzt, wer dahintersteckt: einer, von dem wir immer glaubten, er sei ein anständiger Gauner, auf den man sich verlassen kann. Nun stellt sich heraus, daß er Polizist ist!«

»Wer ist dieser Mann?« fragte Coco Lacour.

»Rate!«

»Keine Ahnung.«

»Vidocq!« sagte »Squelette«.

»Nicht möglich!«

»Wir wissen es von der Polizei selbst. Es gibt keinen Zweifel: Vidocq ist Polizist. Aber nicht mehr lange. Heute rennt er uns in die Messer, verlaß dich drauf. Wir wissen nämlich, daß er heute um acht Uhr hierherkommt, um Erkundigungen in einem Mordfall einzuziehen. Er wird staunen, wenn er sieht, daß er in eine Falle gegangen ist. Sieh dich um, Coco, die geschicktesten Mörder von Paris warten auf ihn. Sie haben zur Feier des Tages ihre Messer besonders liebevoll gewetzt. Er entkommt uns nicht.«

Mit mühsam gespielter Gemütsruhe trank Coco Lacour sein Glas Bier aus. Er zahlte, erhob sich und ging zum Eingang. Dort lehnten »Schinder-Carlos« und der »Fidele Gilbert« an den Türpfosten.

»Bleib da, Coco«, sagte »Schinder-Carlos«, »heute

gibt's was zu sehen. Es geht Vidocq an den Kragen. Das wird ein Spaß! So ein richtiges Katz-und-Maus-Spiel wird das, bevor wir ihn umlegen.«

»Na, dann laßt euch nicht aufhalten«, sagte Coco Lacour, indem er scheinbar gelangweilt davonschlenderte.

Er bog um die Ecke – und rannte dann ins Büro der Sûreté, das nicht weit entfernt war.

»Vidocq!« Mit diesem Schrei stürzte er ins Büro. »Vidocq! Verdammt noch mal! Wo ist Vidocq?«

»Er ist gerade fortgegangen – er will dich doch im ›Kaninchenbau‹ treffen«, sagte einer der Männer.

»Dort wissen alle, daß Vidocq von der Polizei ist! Sie haben ihm eine Falle gestellt! Sie legen ihn um!«

Die Männer sprangen auf und rannten aus dem Büro der Sûreté, hinter Coco Lacour her, um Vidocq einzuholen und zu warnen – oder aber, wenn es sein mußte, aus dem Lokal herauszuhauen. Es gelang ihnen, Vidocq noch auf der Straße zu erreichen, im letzten Augenblick, zweihundert Meter vom »Kaninchenbau« entfernt.

In den nächsten Tagen setzte Vidocq seinen ganzen Ehrgeiz daran, den Verräter zu ermitteln. Sehr bald schon wußte er, daß der Tip von Inspektor Batiste aus dem Polizeipräsidium gekommen war. Er verhaftete den uniformierten Kollegen persönlich. Batiste gestand die Tat nach kurzem Verhör.

Die berühmte Razzia

Mit dem Verrat des Inspektors Batiste begann eine neue Phase im Leben Vidocqs. Da die Unterwelt nun wußte, daß Vidocq der Polizei angehörte, war es nicht mehr nötig, sein Inkognito noch länger zu wahren. Er konnte offiziell, für alle Welt, als Leiter der Sûreté vorgestellt werden.

Monsieur Henry, der viel Sinn für Feierlichkeiten hatte, gab diese Neuigkeit anläßlich eines Empfanges bekannt, zu dem er auch die Journalisten der Pariser Tageszeitungen geladen hatte. Die Bevölkerung erfuhr die Nachricht am nächsten Tag aus den Zeitungen.

Für die Unterwelt hatte Vidocq – der seinerseits viel Sinn für Knalleffekte besaß – ein besonderes Ereignis geplant, um sich als Chef der Sûreté offiziell vorzustellen: eine Razzia in dem Gaunerlokal »Chez Denoyez«, in dem entsprungene Strafgefangene zu verkehren pflegten.

Das Unternehmen war nicht ungefährlich, denn bei den Gästen handelte es sich durchwegs um Gewaltverbrecher, die ihre Pistolen und Messer so gewohnheitsmäßig aus den Taschen zogen wie ehrbare Bürger ihre Schnupftücher. Rechnete man alle Gefängnisstrafen zusammen, die das Gesindel im »Chez Denoyez« auf dem Buckel hatte, so kam man gut und gerne auf tausend Jahre Zuchthaus.

Nach Auffassung von Monsieur Henry konnte man die schwerbewaffnete, zu allem entschlossene Kundschaft dieser Kneipe nur mit einem Bataillon Polizei ausheben, das hieß also mit etwa zweihundert Mann. Vidocq aber entschloß sich, die Gauner mit genau zehn Mann aus seiner Sûreté dingfest zu machen. Er wollte der Unterwelt zeigen, daß die Stärke seiner Mannschaft nicht in personeller Übermacht lag, sondern in Schlauheit, Mut und schnellem Zugriff.

Knapp vor Mitternacht stellten sich die Männer der Sûreté, wohl versehen mit Ketten und Handschellen, am Eingang und an zwei Hintertüren der Verbrecherkneipe auf. Drinnen war ein Musettewalzer zu hören, gespielt auf einer Ziehharmonika.

Allein betrat Vidocq das Lokal. Er schritt durch einen

Dunstschleier von Tabakrauch auf den Ziehharmonikaspieler zu und befahl ihm, augenblicklich aufzuhören. Der Walzer wurde jählings zum Quietschkonzert und verstummte.

Die eng gedrängt sitzenden Gäste, etwa fünfzig an der Zahl, hoben die Köpfe und sahen, starr vor Staunen – Vidocq! Den Mann, von dem die meisten gerade gesprochen hatten. Denn es gab in jenen Tagen in der Unterwelt kaum ein anderes Gesprächsthema als die seit kurzem erst bekanntgewordene Tatsache, daß Vidocq der Polizei angehörte. Und nun stand er da, dieser Vidocq, mitten unter ihnen. Sie waren alle zu überrascht, um aufzuspringen und ihn anzufallen.

»Vidocq!« Sein Name ging wie ein Aufstöhnen durch die Reihen.

»Ja, ich bin Vidocq!« rief er. »Ihr kennt mich alle als ehemaligen Strafgefangenen. Ich möchte hiermit offiziell bekanntgeben, daß ich Polizist bin, Leiter der Sicherheitspolizei, der Sûreté. Ich bin außerdem hier, um alle steckbrieflich gesuchten Strafgefangenen festzunehmen. Flucht ist sinnlos. Alle Ausgänge sind von meinen Leuten besetzt.« Er sagte das mit einer Festigkeit, als würde ein Bataillon Polizisten draußen warten. Langsam ging er vom Ziehharmonikaspieler zurück zum Haupteingang. Dort blieb er stehen. »Ihr erhebt euch jetzt«, rief er, »einer nach dem anderen, und geht an mir vorbei hinaus! Wer nichts auf dem Kerbholz hat, braucht nichts zu fürchten. Wer steckbrieflich gesucht wird, hat keine Chance. Er wird verhaftet. Jeder Widerstand ist zwecklos. Also, los! Steht auf! Verlaßt das Lokal. Langsam, damit ich jeden genau sehen kann. Nicht drängeln, meine Herrschaften, jeder kommt dran.«

Sie folgten ihm aufs Wort. Vidocq faßte jeden ins Auge. Wer steckbrieflich gesucht war, bekam von ihm mit Kreide ein X auf den Rücken gemalt. Verängstigt und voll Resignation, ohne den geringsten Widerstand zu leisten, traten sie ins Freie, einer nach dem anderen. Und ehe sie so richtig begriffen, daß draußen nur ein paar Zivilisten herumstanden, die sie leicht hätten überrennen können – ehe ihnen auch nur der Gedanke an einen Befreiungsversuch kam, waren sie schon in Gruppen aneinandergekettet und in bereitstehenden Fuhrwerken verfrachtet.

Im Nu hatten zehn Zivilpolizisten auf diese Weise insgesamt zweiunddreißig Verbrecher verhaftet.

Dieser Handstreich sprach sich in der ganzen Unterwelt herum. Verstört registrierten die Gauner, daß fortan ein anderer Wind wehen würde in Paris. Früher, in der guten alten Zeit, hatte die Polizei zehn Leute gebraucht, um einen Gauner zu fassen – früher wäre die Verhaftung von zweiunddreißig Verbrechern auf einen Schlag völlig unmöglich gewesen. Und nun verhafteten zehn Polizisten zweiunddreißig Verbrecher innerhalb weniger Minuten!

Die Verbrecherwelt bekam Respekt vor Vidocq und seiner Mannschaft. Das Risiko wurde für die Gauner immer größer. Und manch einer verließ die schiefe Bahn, um auf den richtigen Weg zurückzukehren. Die Kriminalität nahm deutlich ab in Paris.

Conradin, der Schatzgräber

Als Leiter der Kriminalpolizei war Vidocq ein angesehener Mann in der Pariser Gesellschaft. Einflußreiche Politiker, Adlige, Bankiers und Juweliere, vor allen Dingen aber viele Dichter zählten zu seinen Freunden. Er trug Anzüge aus den Werkstätten der teuersten

Schneider von Paris und verkehrte als gerngesehener Gast in Herrschaftshäusern und Palästen.

Dennoch zog es ihn immer wieder in die Unterwelt, in die schummrigen Gaunerkneipen, wo es nach Schnaps, billigem Wein und schwarzem Tabak roch. Mit der Leidenschaft des geborenen Detektivs ging er dort auf Verbrecherjagd, abenteuerlich verkleidet, zerlumpt und unrasiert, damit ihn keiner erkennen könne. Einmal ließ er sich sogar ins Gefängnis sperren, um den »Fall Jacques Senard« zu klären.

Jacques Senard galt als der reichste Juwelier von Paris und besaß in der Avenue de l'Opéra einen Laden. Er war befreundet mit dem Pfarrer Livry, der ganz in seiner Nachbarschaft lebte.

Pfarrer und Juwelier hatten eine gemeinsame Sorge: daß man sie bestehlen könne. Der Pfarrer fürchtete um die Wertgegenstände der Kirche, Senard bangte um einige Kronjuwelen des ehemaligen französischen Königshauses, die er in den turbulenten Zeiten nach der Revolution als »günstige Gelegenheit« billig erworben hatte. Ihr Wert ging in die Millionen.

Um den Einbrechern keine Chance zu lassen, kamen die beiden überein, ihre Reichtümer am Rande des zur Pfarrei gehörenden Friedhofs vergraben zu lassen. Sie zogen niemanden ins Vertrauen, außer Conradin, einen vom Pfarrer wohlgelittenen, kleinwüchsigen Mann mit grauem Haar, dessen faltenreiches Lächeln stete Ergebenheit zu verheißen schien. Conradin verrichtete in der Pfarrgemeinde die gemeinnützigen Dienste des Glöckners und Kirchendieners, er war aber auch Totengräber, und als solcher schien er den beiden besorgten Herren gut geeignet, den Schatz unter die Erde zu bringen.

Im Beisein von Pfarrer und Juwelier vergrub Conradin bei Nacht eine mit diamantfunkelnden Juwelen, Geschmeiden und Schmuckstücken bis zum Rand gefüllte

Kiste neben der Friedhofsmauer. Die Stelle bezeichnete er mit einem schweren Stein.

Eines Tages entschlossen sich Pfarrer Livry und Juwelier Senard, den Schatz wieder aus seinem Versteck zu holen, um sich an seinem Anblick zu erfreuen. Sie begaben sich gemeinsam mit Conradin an die Friedhofsmauer. Der Totengräber rollte den Stein zur Seite, spuckte in die Hände, ergriff den Spaten und grub ... und grub ... und fand einige Späne, aber keine Kiste. Der Schatz war weg! Gestohlen.

Ein Fall für Vidocq.

Vidocq ließ den Pfarrer, den Juwelier und Conradin von seinen Beamten vernehmen, trat aber selbst nicht in Erscheinung, sondern beobachtete die drei heimlich.

Dabei stellte er fest, daß er Conradin bereits kannte, von früher, als ehemaligen Mithäftling aus dem Gefängnis von Lille. Conradin hieß in Wirklichkeit Egon Varel und stand als Trickdieb bei der Gaunerwelt in hohem Ansehen.

Für Vidocq gab es keinen Zweifel, daß dieser Conradin der Dieb des Schatzes war. Ihn danach zu fragen, wäre freilich naiv gewesen. Gegen Conradin lagen nicht die geringsten Beweise vor. Er hätte erfolgreich geleugnet. Und selbst wenn es Beweise für seine Täterschaft gäbe – Conradin würde niemals verraten, wo er den Schatz vergraben hatte, sondern sich verurteilen lassen, die Strafe absitzen und dann irgendwann einmal den Schatz heben, den Schmuck zu Geld machen und sich einen sorgenfreien Lebensabend gönnen.

Es galt also, eine List anzuwenden, um Conradin zu überführen und das Versteck des Schatzes in Erfahrung zu bringen.

Nun erwies es sich als nützlich, daß Vidocq eine Verbrecherkartei angelegt hatte. Aus dieser Kartei entnahm er nämlich, daß Egon Varel – alias Conradin – steckbrieflich gesucht wurde, weil er vor mehreren Jahren mit besonders schäbigen Tricks vielen alten Menschen ihre gesamten Ersparnisse entwendet hatte.

Vidocq beauftragte nun einen Beamten, Conradin zu verhaften – und zwar nur wegen der früheren Trickdiebstähle. Daß Conradin auch im Verdacht stand, den Schatz gestohlen zu haben, durfte mit keinem Wort erwähnt werden. Der Dieb sollte sich diesbezüglich völlig sicher fühlen.

Und so geschah es: Conradin wurde in Fesseln aus dem Pfarrhaus abgeführt und in eine Einzelzelle des Gefängnisses Bicêtre gesperrt.

Tags darauf erschien Vidocq im Gefängnis. Die Erinnerung an seine eigene Sträflingszeit, an alle Trostlosigkeit und den Jammer der vielen vergangenen Jahre legte sich ihm aufs Gemüt, als er in Begleitung eines Offiziers der Gefängniswache durch die Höfe und Gänge des Bicêtre schritt, wo es eng war, feucht und finster. Die Türen, die vor ihm geöffnet und hinter ihm sorgfältig wieder verschlossen wurden, rumpelten und polterten wie früher. Er vernahm das vertraute Gebell der Bluthunde, das Geheul der zur Prügelstrafe verurteilten Gefangenen im »Korrektionshof«, die Hammerschläge aus dem »Kettenhof«, wo kahlgeschorene Galeerensklaven aneinandergeschmiedet wurden. Vidocq erinnerte sich, als wäre es gestern gewesen, wie ihm dort der Stockknecht das Schandzeichen GAL auf die rechte Schulter gebrannt hatte. Die demütigende Szene, die verzweifelte Stimmung waren ihm gegenwärtig, er glaubte fast den Geruch des eigenen verbrannten Fleisches zu riechen.

Eine Kanne voll frischem Kaffee stand in der Gefängnisdirektion bereit, wo Vidocq mit aller Ehrerbietung erwartet wurde. Uniformierte Wächter salutierten, als er eintrat, während der Gefängnisdirektor hinter seinem Schreibtisch aufsprang und ihm beflissen entgegeneilte: »Willkommen, mein lieber Monsieur Vidocq, willkommen im Bicêtre. Fühlen Sie sich wie zu Hause. Möchten Sie eine Tasse Kaffee? Ja? – Das freut mich. Bitte, setzen Sie sich doch.«

Der Gefängnisdirektor hatte sich kaum verändert seit jenem Tag, an dem er für Vidocq die »Räuberleiter« gemacht hatte, um ihm bei der vom Polizeipräsidenten angeordneten Flucht zu helfen. Nur sein Haar war etwas grauer geworden.

Mit einer Handbewegung wies er die Uniformierten aus dem Büro.

»So, jetzt sind wir unter uns«, sagte er, indem er höchstpersönlich zwei Tassen Kaffee einschenkte. »Darf ich erfahren, welch glücklichem Umstand ich die Ehre Ihres Besuches verdanke?«

»Sie erinnern sich doch noch«, sagte Vidocq, »an unser mitternächtliches Abenteuer?«

»Aber mein lieber Monsieur Vidocq«, erwiderte der Gefängnisdirektor, »wie könnte ich so etwas vergessen! Ich erinnere mich mit Stolz daran. Es war einmalig, wirklich einmalig!«

»Nun, einmalig ist vielleicht nicht der richtige Ausdruck. Denn in kurzer Zeit schon wird sich in Ihrem Gefängnis nochmals etwas ganz Ähnliches abspielen. Das ist der Grund, warum ich hier bin und Sie sprechen möchte.«

»Nochmals? Eine Flucht mit dem Einverständnis der Polizei? Nochmals?« Die Stimme des Gefängnisdirektors klang matt. »Ich stehe natürlich zur Verfügung«, beeilte er sich lustlos hinzuzufügen.

»Keine Sorge – Sie brauchen sich nicht persönlich zu bemühen und die Räuberleiter zu machen. Ich selbst werde mich übermorgen in die Zelle zu Egon Varel, alias Conradin, sperren lassen und bei passender Gelegenheit mit ihm flüchten. – Übrigens: Dieser Conradin sitzt doch in einer Einzelzelle, wie ich es angeordnet habe?«

»Aber selbstverständlich.«

»Ich werde mich so maskieren, daß er mich nicht erkennt. Sie sind bitte so freundlich und beschaffen mir entsprechende Sträflingskleidung, die, wenn möglich, besonders sauber gewaschen sein soll.«

»Sie können sich darauf verlassen.«

»Conradin muß glauben, es sei eine echte Flucht, die ich mit ihm bewerkstellige. Ihre Aufgabe ist es nur, dafür zu sorgen, daß keiner Ihrer Gefängniswärter gerade dort herumsteht, wo wir ausbrechen. Auch die Bluthunde sollten zu der vereinbarten Stunde eingesperrt werden. Wir besprechen Einzelheiten noch später.«

»Sehr wohl.«

»Das wär's. Wir sehen uns also übermorgen.« Vidocq erhob sich.

»Es wird«, sagte der Gefängnisdirektor aufspringend und sich verbeugend, »alles zu Ihrer vollsten Zufriedenheit geschehen. Seien Sie meiner Ergebenheit gewiß, und empfehlen Sie mich dem Polizeipräsidenten, dem von mir geschätzen Monsieur Henry.«

In Vidocqs Gesicht sprossen Bartstoppeln, sein Haar war zerrauft, über dem rechten Auge trug er eine schwarze Binde, und an seinem Körper schlotterte stilechte Sträflingskluft, als er zwei Tage später von einigen Gefängniswärtern in die Zelle geworfen wurde.

»Pontantschte Fieseln, flitzt zu Sodoms Hitzen – blöde Gendarmen, fahrt zur Hölle!« schrie Vidocq in deftigem Rotwelsch, als sie die Zellentür von außen verschlossen.

Tonfall und Wortwahl des Fluches stimmten Conradin sofort vertrauensselig. Zwischen den beiden Häftlingen bahnte sich schnell die typische Kumpanei der Gefängnisinsassen an. Sie unterhielten sich in Rotwelsch und erzählten einander Witze bis in die späte Nacht hinein.

Am andern Tag, nachdem sie ein dünnes Kohlsüppchen gelöffelt hatten, holten einige Gefängniswärter Vidocq aus der Zelle – angeblich deshalb, weil Besuch für ihn da sei. Er wurde ins Büro des Direktors geführt, mit Schinken, Brot, Eiern und Kaffee bewirtet, außerdem vom Gefängnisdirektor wiederholt gefragt, ob er gut geruht hätte.

Als Vidocq danach wieder in die Zelle zurückkehrte, zog er grinsend einen Bund mit Nachschlüsseln aus der Tasche. »Schau dir das an«, sagte er zu Conradin, »das hat mir eine Freundin bei ihrem Besuch mitgebracht. Ich war ganz überrascht, als sie mir die Taltalos, die Nachschlüssel, zugesteckt hat. Die Fieseln haben nichts bemerkt, sind eben richtige Dollblutzer, Dummköpfe. Übrigens: Ich habe mir gedacht, daß du vielleicht mit mir flüchten willst, wenn wir schon in einer Zelle stecken.«

»Und ob ich das will!«

»Ich habe meiner Freundin deshalb gesagt, sie soll nicht nur für mich, sondern auch für dich andere Kleider an einer Scheune draußen hinterlegen. Kein Mensch wird uns fangen.«

Conradin rieb sich die Hände. »Sehr umsichtig«, lobte er, »sehr umsichtig.«

Bei Einbruch der Dunkelheit öffnete Vidocq mit Nachschlüsseln die Zellentür und alle weiteren schmiedeeisernen Tore des Gefängnisses. Ohne auf Wärter zu stoßen, gelangten die Ausreißer in den äußersten Gefängnishof. Von dort aus entwichen sie bei Mondschein über die Mauer.

In einer nahe gelegenen Scheune fanden sie graue Hosen, Jacken und Hemden versteckt. Flugs wechselten sie die Kleider und marschierten dann in die Nacht hinaus.

Vidocq machte keine Vorschläge für den weiteren Verlauf der Flucht, sondern überließ die Wahl des

Wegs aus gutem Grund ganz dem Gauner Conradin, der zielstrebig in Richtung Versailles marschierte.

Es war etwa drei Uhr früh, als Conradin plötzlich in einem Wald auf einer Wegkreuzung stehenblieb. »Ich glaube«, sagte er, »wir sollten uns jetzt trennen. Man wird nach zwei entsprungenen Häftlingen suchen. Zwei Mann fallen zu leicht auf.«

»Aber zu zweit können wir uns gegenseitig helfen – und besser Geld beschaffen. Wir haben ja keinen Franc in der Tasche«, sagte Vidocq.

»Ach, allein kann man das auch. Nein, ich bin dafür, daß wir uns trennen.«

»Na, wie du willst. Leb wohl!«

»Leb wohl.«

Vidocq marschierte in die eine Richtung davon, Conradin in die andere. Ihre Schritte verhallten in der Nacht.

Nach einiger Zeit blickte sich Conradin um. Von dem Kerl mit der Augenbinde, so stellte er beruhigt fest, war nichts mehr zu sehen und zu hören. Trotzdem war er auf der Hut. Nach allen Seiten sichernd und gleichsam witternd wie ein Fuchs auf nächtlichem Beutezug, schlich er die Straße entlang; er schwenkte dann seitlich ab auf einen Jägerpfad, wo es so dunkel war, daß er mehrmals gegen die Bäume stieß. Auf leisen Sohlen tapste er durchs Dunkel, bis er auf eine vom Mondschein fahl erhellte Lichtung kam.

Dort kannte er sich aus. Unter einem umgestürzten Baum holte er einen Spaten hervor, mit dem er langsam, jeden Lärm vermeidend, zu graben begann, immer tiefer, bis er auf eine Kiste stieß. Er schaufelte alles Erdreich säuberlich vom Deckel, kauerte sich dann nieder, öffnete die Kiste und griff ins Geschmeide, um bedachtsam einige Stücke des Schatzes herauszuholen. Er wollte sie verkaufen, um sich ein paar schöne Monate zu machen. Den Rest konnte er dann später einmal holen.

»Nimm die Hände hoch, Conradin!« hörte er plötzlich eine laute Stimme hinter sich.

Conradin wirbelte herum. Er blickte auf eine Schattengestalt, die mit gezückter Pistole vor ihm stand. Erst nach einiger Zeit erkannte er seinen Mithäftling, von dem er sich an der Wegscheide getrennt hatte und der nun fremd wirkte, weil er keine Augenbinde mehr trug.

»Was machst du . . .? Weshalb bist du . . .?«

»Ganz einfach. Ich bin da, weil ich dich von der Wegkreuzung ab beschattet habe.«

»Warum . . .?«

»Weil ich wollte, daß du mich zu dem Schatz führst, den du dem Pfarrer und dem Juwelier gestohlen hast.«

»Aber wieso weißt du . . .?«

»Weil ich von der Polizei bin. Mein Name ist Vidocq.«

Die Bande der drei Mörder

Während der Jahre 1814 und 1815 ergaben sich in Paris politische Umwälzungen von entscheidender Bedeutung für ganz Europa. Am 6. April 1814 wurde Kaiser Napoleon zugunsten des Bourbonenkönigs Ludwig XVIII. zur Abdankung gezwungen und auf die Insel Elba verbannt. Er kehrte von dort im März 1815 zurück, erlitt aber nach der »Herrschaft der hundert Tage« im Juni auf dem Schlachtfeld von Waterloo eine so vernichtende Niederlage, daß er für immer von der europäischen Bühne abtreten mußte.

Etwas später verschwand auch Polizeiminister Fouché, der Vidocqs Lebensweg so entscheidend beeinflußt hatte, nach wechselvollem Intrigenspiel endgültig in der Versenkung.

Er war vorher schon im Jahre 1810 von Napoleon wegen konspirativer Beziehungen zu den damals verfeindeten Engländern in die Verbannung geschickt worden. Dort hatte er – der die Intrige brauchte wie ein Fisch das Wasser – sogleich geheimen Kontakt aufgenommen mit dem emigrierten und auf Rückkehr sinnenden Ludwig XVIII., dem Bruder des zur Zeit der Schreckensherrschaft guillotinierten Königs Ludwig XVI.

1814 konnte Fouché wieder in der großen Politik mitmischen: er beteiligte sich – wie immer als graue Eminenz im Hintergrund – am Intrigenspiel gegen Napoleon und verhalf nach dessen Sturz Ludwig XVIII. auf den Königsthron. Eine neue politische Karriere unter den Bourbonen stand ihm bevor.

Das hinderte ihn freilich nicht, im Jahr 1815 während der »Herrschaft der hundert Tage« wieder Polizeiminister bei dem aus der Verbannung zurückgekehrten Napoleon zu werden und den flüchtenden König Ludwig XVIII. als Staatsfeind zu verteufeln.

Kaum war Napoleon bei Waterloo besiegt, bot Fouché flugs dem heimkehrenden König Ludwig XVIII. seine Dienste an. Doch nun war es zuviel. Fouché hatte sich in seinem eigenen Intrigennetz verfangen. Der König machte das Ränkespiel nicht mehr mit und sorgte dafür, daß der aalglatte Stehaufmann nicht mehr auf die Beine kam.

Nachdem die Fürsten und Staatsmänner während des Wiener Kongresses (18. September 1814 bis 9. Juni 1815) die Ordnung und Ruhe in Europa wiederhergestellt hatten, trafen sich Ende des Jahres 1815 leitende Polizeibeamte aus vielen Ländern in London zu einem internationalen Erfahrungsaustausch. Vidocq war nicht dabei, aber er erlebte eine große Anerkennung: auf dem Kongreß wurde Paris als die sicherste Hauptstadt Europas bezeichnet.

Das war unbestreitbar Vidocqs Verdienst! Er hatte

innerhalb kürzester Zeit – teils im Alleingang, teils als Organisator – alle großen, seit langem berüchtigten Verbrecherbanden der französischen Hauptstadt ausgehoben, unter anderem die Pariser Zentrale der im ganzen Land gefürchteten »Blasbalgzieher«. Sein Ruhm bei den Polizisten war nicht mehr zu überbieten – und die Verbrecherwelt fürchtete ihn geradezu abergläubisch.

Die Folge davon war, daß die gefährlichsten Räuber und Mörder ihre Schandtaten fortan außerhalb der Stadtmauern von Paris verübten, um vor Vidocqs Zugriff sicher zu sein.

Ganz besonders toll trieb es eine Mörderclique im Süden von Paris. Sie verübte Woche für Woche zwei bis drei Überfälle auf Kaufleute, die Geschäfte halber in Paris gewesen waren und mit dem Erlös von einigen hundert, mitunter auch tausend Francs sich auf dem Heimweg in die Provinz befanden. In jeder zweiten oder dritten Nacht schlugen die Mörder zu. Ihre Opfer wurden mit auffallend vielen Dolchstichen getötet. Ein Kaufmann, der nach einem Überfall noch lebend aufgefunden wurde, konnte sterbend der Polizei mitteilen, daß es drei Männer gewesen waren, die ihn überfallen hatten.

Diese »Bande der drei Mörder« – wie sie fortan bezeichnet werden sollte – stellte im Lauf von vier Monaten alles in den Schatten, was an krimineller Energie jemals zuvor in Frankreich beobachtet worden war. Sie verübte ihre Überfälle in schnellerer Folge als jede andere Mörderclique. Die Täter waren brutal und geschickt. Beamte der örtlichen Polizeistationen konnten keine Erfolge erzielen. Ein Ende der Serie von Greueltaten ließ sich nicht absehen. Angst und Schrecken breiteten sich aus, wenn es dunkel wurde südlich von Paris.

Die führenden Polizisten der von dieser Bande terrorisierten Departements traten immer wieder zu Konferenzen zusammen und bedauerten wortreich, daß sie nichts gegen die Unbekannten auszurichten imstande seien, bis einer von ihnen den Vorschlag machte, man möge doch den wegen seiner unglaublichen Erfolge berühmten Pariser Sicherheitschef Vidocq auf die Fährte der drei Mörder setzen.

Die anderen stimmten zu und richteten ein entsprechendes Gesuch an den Pariser Polizeipräsidenten, Monsieur Henry.

Aufs äußerste geschmeichelt, entschloß sich Henry, seinen kriminalistischen Tausendsassa Vidocq auszuleihen.

Vidocq nahm sich die über alle Mordfälle angelegten Akten vor und stellte fest, daß die Polizisten auf dem Lande genauso ziellos und oberflächlich gearbeitet hatten wie die Pariser Polizeibeamten vor Gründung der Sûreté. Es gab nur routinemäßige Protokolle über die Personalien der Ermordeten – aber keine Tatortskizzen, keine gesicherten Spuren, keine gezielte Suche nach Zeugen, keine Ermittlungen – nichts! Die örtlichen Polizisten verließen sich darauf, daß irgendein Denunziant die Täter verpfeifen würde. Da es sich jedoch um eine sehr kleine Bande mit nur drei Mitgliedern handelte, war damit kaum zu rechnen. Das bisher gewonnene Material erwies sich als völlig wertlos. Wer die Mörder fangen wollte, mußte ganz von vorn beginnen.

Deshalb erteilte Vidocq den Auftrag, man möge ihn beim nächsten Mord unverzüglich holen und den Tatort unverändert lassen.

Er brauchte nicht lange zu warten. In der übernächsten Nacht war es soweit. Gegen drei Uhr früh hielt eine Kutsche vor Vidocqs Wohnung in der Rue Neuve Saint-François. Ein Polizist zog die Türglocke und rief, als Vidocq zum Fenster hinausblickte: »Monsieur, die ›Bande der drei Mörder‹ hat ein neues Verbrechen verübt!«

Vidocq schlüpfte hastig in die Kleider, stieg in die Kutsche und befahl, noch seine besten Mitarbeiter abzuholen.

Im Morgengrauen erreichte er mit seiner Mannschaft den Tatort nahe Corbeil südlich von Paris: eine Wiese mitten im Wald.

Der Überfallene, ein Metzgermeister, hatte die Dolchstiche – achtundzwanzig an der Zahl – wunderbarerweise überlebt und lag bewußtlos im Krankenhaus.

Die zur Spurensicherung ausgebildeten Beamten suchten nun den zerstampften Grasboden des Tatortes Zentimeter für Zentimeter ab und fanden: einen abgerissenen Knopf, den sie sorgfältig verwahrten; einen Schuhabdruck im Lehm, den sie wie einen Ziegel aus dem Boden herausstachen und in einen Karton legten, zudem eine längere Blutspur, die vom Tatort wegführte und nach einiger Zeit endete. Sie war ein Indiz dafür, daß einer der Täter verletzt worden war und nach kurzer Flucht die Wunde verbunden hatte. Schließlich entdeckten sie noch einen blutigen Fetzen Papier, mit dem einer der Täter den Dolch abgewischt hatte. Vidocq drehte und wendete das Papier und stellte fest, daß sich darauf das Fragment einer Adresse befand:

Monsieur Ra
    chand de vins
      re Roche
        Cli

Vom Tatort gingen Vidocq und seine Beamten ins Krankenhaus, um von dem bewußtlos im Bett liegenden Metzger und seinen blutbesudelten Kleidern eine stichwortartige Beschreibung anzufertigen: Klein. Glatze mit schwarzem Haarkranz, graue Jacke, graue Hose, weißes Hemd.

Mit dieser Personenbeschreibung zogen die Beamten der Sûreté los, um Leute zu suchen, die etwas über die Tat aussagen konnten. Schon nach kurzer Zeit stießen sie in der benachbarten Ortschaft Essonne auf einen Wirt, der sich erinnerte, daß ein kleiner Mann mit schwarzem Haarkranz, grauem Anzug und weißem Hemd am Abend zuvor in seinem Lokal von drei Männern angesprochen worden war. Zu viert hatten sie das Wirtshaus verlassen. Von den drei Männern – den mutmaßlichen Mördern – konnte der Wirt nur eine ungenaue, sehr allgemeine Personenbeschreibung geben, weil es im Lokal dunkel gewesen war und er auf die Gäste nicht sonderlich geachtet hatte. Er würde die Verdächtigen nicht als Täter identifizieren können, wahrscheinlich wollte er es auch nicht, aus Angst vor Rache. Seine Aussage hatte also nicht viel Wert.

Es hing nun alles von dem am Tatort gefundenen Beweismaterial ab.

Als Vidocq es genau durchsah, kam er zu der Überzeugung, daß ihm der blutige Papierfetzen vorerst am besten weiterhelfen würde. Immer wieder las er die fragmentarische Adresse, er grübelte, wie sie sich wohl sinnvoll ergänzen ließe – und plötzlich ging ihm ein Licht auf. Die Adresse konnte nur folgendermaßen lauten:
Monsieur Ra
Marchand de vins
Barriere Rochechouard
Chaussée de Clignancourt
Er hatte also den Beruf – Weinschenk – sowie den Wohnort des Adressaten – Rochechouard am Schlagbaum nahe der Stadtgrenze – festgestellt und mußte nun nur noch den Namen ermitteln. Das war kein Problem mehr. In der Chaussée de Clignancourt gab es nur zwei Männer, die Weinschenken betrieben und auch dort wohnten. Einer hieß Messonier, der andere Raoul. Ganz klar: Raoul war der Adressat.

War es aber auch der Täter? Oder war der Zettel nur durch Zufall in die Hände der Mörder gekommen?

Diese Frage ließ sich nur mit sorgfältigen Ermittlungen klären.

Vidocq erteilte seinen Beamten den Auftrag, das Lokal heimlich zu beobachten, und begab sich mit einer Kutsche ins Büro der Sûreté, um dort die Verbrecherkartei nach dem Namen Raoul zu durchblättern.

Es gab tatsächlich eine Karteikarte über ihn: Raoul, geboren am 14. August 1773, verheiratet mit der Schwester eines wegen Mordes eingekerkerten Galeerensklaven, war zwar nicht vorbestraft, hatte aber vor einigen Jahren zweimal außerhalb von Paris unter Mordverdacht gestanden – und zwar als Komplize seines Schwagers. Jedesmal war er von den dortigen Polizeibehörden wieder mangels Beweisen freigelassen worden.

Vidocq kehrte unverzüglich zur Barriere Rochechouard zurück.

Dort berichteten ihm seine Beamten, daß es sich bei Raouls Kneipe offensichtlich um ein Verbrecherlokal handeln müsse. Sie hatten einige ihnen aus der Pariser Unterwelt bekannte Figuren beim Betreten der Kneipe beobachtet – unter anderem einen gewissen Court, der auffallend hinkte und einen frischen Verband am Knöchel trug. War er der verletzte Täter?

Bestimmte Verdachtsmomente belasteten Raoul und Court – aber Beweise gab es nicht gegen sie. Deshalb schien Vidocq die Zeit für eine Verhaftung noch nicht gekommen. Vorsichtiges Taktieren war, so glaubte er, hier zweckmäßiger. Er gab Auftrag, Raoul und Court zu beschatten und zu verfolgen, wo immer sie auch hingehen mochten.

Gegen Abend verließ Raoul seine Schenke. Bekleidet war er so, wie er üblicherweise am Zapfhahn zu stehen pflegte: mit grauer Hose, grauem Hemd und grüner Schürze. Er rief eine vorüberkommende Kutsche herbei.

Heiße Spur in Montmartre

Raoul ließ sich auf direktem Weg ins Vergnügungsviertel Montmartre bringen. Auf dem Place Cadet stieg er aus. Er öffnete eine versperrte Haustür und schloß sie hinter sich wieder ab. Die Beamten hörten, daß er eine Treppe emporpolterte. Kurz darauf flammte hinter einem Fenster im zweiten Stock flackerndes Kerzenlicht auf. Dort hatte Raoul offensichtlich eine zweite Wohnung.

Während zwei Beamte das Haus bewachten, fuhr der dritte zu Vidocq, um ihm von dieser Entdeckung Mitteilung zu machen. Vidocq wußte, daß er nun auf einer heißen Spur war. Er eilte deshalb noch nachts in die Privatwohnung des Ermittlungsrichters, weckte ihn und erwirkte einen Durchsuchungsbefehl für die zweite Wohnung Raouls. Dann begab er sich zum Place Cadet.

Vor dem Haus stand nur noch ein Beamter. Er berichtete, daß Raoul, in Frack und Zylinder, geschniegelt und nach Pomade duftend, aus seiner Wohnung gekommen sei und wahrscheinlich eines der Vergnügungslokale aufgesucht habe. Der andere Beamte sei ihm auf den Fersen.

Für Vidocq gab es nun keinen Zweifel, daß diese zweite Wohnung eine verschwiegene Absteige war, ein geheimer Unterschlupf, von dem außer Raoul niemand wußte, selbst seine eigene Frau nicht! Sonst nämlich wäre der Weinschenk gleich von zu Hause aus in Frack und Zylinder nach Montmartre gefahren und hätte sich nicht erst hier umgezogen. Geheimwohnungen aber – das wußte Vidocq aus Erfahrung – hatten sich bei polizeilichen Ermittlungen schon wiederholt als Fundgruben für Beweismaterial herausgestellt.

Vidocq öffnete nun – berechtigt durch den richterlichen Durchsuchungsbefehl – mit einem Nachschlüssel die Wohnung Raouls und durchsuchte sie. Er fand sogleich ein Paar schmutzige Schuhe, die er sicherstellte, um sie später mit dem Sohlenabdruck vom Tatort zu vergleichen, außerdem einen Dolch, der unter dem Küchenbesteck lag und verkrustete Reste von Blut aufwies. In einem Schreibtisch entdeckte er schließlich den Teil eines an Raoul gerichteten amtlichen Schreibens, dessen Adresse durchgerissen war, und zwar so, daß sie das am Tatort gefundene, blutverschmierte Fragment ergänzte. Er nahm die Beweisstücke mit, als er die Wohnung verließ.

Raoul war nun dringend verdächtig. Trotzdem wollte Vidocq ihn noch nicht verhaften. Er hatte zu oft erlebt, daß es einem Gauner gelungen war, mit Ausreden seinen Kopf aus der Schlinge eines scheinbar eindeutigen Beweises zu ziehen. Wenn Raoul behaupten würde, irgendein Besucher seiner Zweitwohnung hätte das Papier zerrissen und mitgenommen, dann wäre diese Aussage zwar äußerst unglaubwürdig – aber nicht zu entkräften. Es galt also, Geduld zu üben.

Vidocq und der Beamte warteten auf dem Place Cadet darauf, was sich ereignen würde.

Gegen drei Uhr früh kam Raoul heimgetorkelt. Er schloß mühsam das Tor auf, stolperte die Treppe hinauf und verschwand in seiner Wohnung, wahrscheinlich um sich auszuschlafen.

Der Beamte, der ihm die ganze Zeit gefolgt war, berichtete Vidocq, Raoul sei im Tanzlokal »Palais Royal« gewesen, dem zu jener Zeit teuersten Lokal am Montmartre, und habe eine Zeche von über achthundert Francs gemacht – also einen Betrag verpraßt, den ein Weinschenk üblicherweise nicht bezahlen konnte. Das war ein weiterer Hinweis dafür, daß Raoul ein Raubmörder sein konnte – ein Beweis aber war auch das noch nicht.

Gegen Mittag erschien Raoul in grauer Hose, grauem

Hemd und grüner Schürze wieder auf der Straße, etwas blaß, mit wäßrigen Augen. Seine Stimme war heiser, als er einen vorüberfahrenden Kutscher herbeirief und ihm die Adresse seiner Schenke in der Chaussée de Clignancourt nannte.

Dort angekommen, begab er sich erst in die Kneipe, um seine Frau und die Gäste zu begrüßen. Dann ging er in den Keller.

Vidocq ließ inzwischen die sichergestellten Schuhe mit dem Sohlenabdruck vom Tatort vergleichen. Das Ergebnis war erfreulich: Abdruck und rechte Schuhsohle paßten zusammen.

Eine weitere Erfolgsmeldung kam von einem Beamten, der sich während der vergangenen Nacht unerkannt unter den Gästen des Lokals aufgehalten und Court beobachtet hatte. An Courts Jacke, so berichtete er, fehlte ein Knopf. Ob es allerdings der am Tatort aufgefundene Knopf war, hatte sich im Zwielicht der verräucherten Kneipe nicht mit Sicherheit feststellen lassen.

Nun entschloß sich Vidocq zur Verhaftung der beiden Verdächtigen.

Während einige Beamte den verdutzten Court aus der Kneipe holten, ging Vidocq in den Keller, wo Raoul gerade dabei war, ein Kalb zu schlachten.

»Vidocq!« rief Raoul verblüfft, das Schlachtermesser in den blutverschmierten Händen. »Sie sind doch Monsieur Vidocq, oder irre ich mich? Was verschafft mir die Ehre ...?«

»Gut, daß Sie mich kennen«, sagte Vidocq. »Dann brauche ich Sie nicht gesondert darauf hinzuweisen, daß mir gegenüber jeder Widerstand zwecklos ist. Waschen Sie sich das Blut von den Händen. Sie kommen dann mit mir. Ich verhafte Sie wegen Mordes.«

»Aber Monsieur Vidocq ... ein Mord! Ich? Sie scherzen!«

»Waschen Sie sich die Hände!«

Raoul griff nach der bereitliegenden Seife. »Ich weiß«, sagte er, während der Seifenschaum sich auf seinen Händen blutig färbte, »daß Sie mich zu Unrecht verdächtigen, aber ich komme mit, selbstverständlich. Ich habe ein reines Gewissen. Übrigens: Sie können gern mein Haus durchsuchen, von oben bis unten. Sie brauchen keinen Durchsuchungsbefehl. Ich erkläre mich freiwillig damit einverstanden.«

Vidocq verkniff es sich, dem Wirt zu sagen, daß er an der so freundlich angebotenen Durchsuchung des Hauses nicht interessiert war, weil er in der geheimen Wohnung am Montmartre bereits Beweismaterial gefunden hatte.

Der Wirt trocknete sich die Hände und warf das Handtuch in das Waschbecken. »So«, sagte er, »jetzt bin ich bereit, Ihnen Rede und Antwort zu stehen.« Damit schritt er neben Vidocq über die Kellertreppe hinauf.

Draußen staunte er über das große Aufgebot an Polizisten, die nun keine Veranlassung mehr sahen, sich verborgen zu halten, und im Kreis um die Schenke herumstanden. Er mußte sich in eine Kutsche setzen, in der bereits Court zwischen einigen Beamten eingepfercht hockte. An ein Entkommen war nicht zu denken. Raoul dachte allerdings auch gar nicht daran, sondern zeigte guten Mut. »Ich bin«, rief er seiner Frau zu, die händeringend herbeieilte, »wieder einmal wegen Mordes verhaftet. Es handelt sich, wie damals, um ein Mißverständnis, das sich bald aufklären wird. Heute abend siehst du mich wieder hier. Trinke inzwischen auf mein Wohl.«

Bei seinem fröhlichen Abschiednehmen merkte er gar nicht, daß einer der Beamten auf Vidocq zutrat und flüsterte: »Der abgerissene Knopf vom Tatort paßt zu den anderen Knöpfen an Courts Jacke – ich habe es nun bei Tageslicht genau gesehen.«

»Sehr gut«, erwiderte Vidocq leise. »Und jetzt tu mir einen Gefallen. Pack alles an Beweismaterial – diesen Knopf und was wir sonst noch gegen die Burschen gesammelt haben – in einen Sack und händige ihn mir später am Tatort aus.«

Dann gab er Befehl, zur Mordstelle zu fahren. Ein Konvoi von Kutschen setzte sich in Bewegung.

Bei Einbruch der Dämmerung erreichten sie die Waldwiese nahe von Corbeil, wo der Metzger überfallen und niedergestochen worden war.

Die Kutschen hielten. Raoul und Court stiegen aus, blickten sich mit geheuchelter Verwunderung um.

»Was sollen wir hier?« fragte Court.

»Kennt ihr diesen Ort?« Vidocq trat auf die beiden zu und faßte sie ins Auge.

»Noch nie gesehen«, antworteten die beiden wie aus einem Mund.

»Hier habt ihr den Metzger niedergestochen.«

»Wir?«

»Ja! Ihr beiden! Ihr seid Ganoven vom alten Schlag, die mich noch nicht so genau kennen und glauben, daß die Polizei ohne Denunzianten und ohne Geständnis niemanden überführen kann. Und ihr seid ganz sicher, daß euch keiner denunziert hat – und daß ihr kein Geständnis ablegen werdet!«

Die beiden lächelten.

»Aber seht«, sagte Vidocq, indem er den Sack mit dem Beweismaterial schwenkte, »hier in diesem Sack habe ich Denunzianten, stumme Denunzianten. Ja, ich weiß, das verblüfft euch. Das könnt ihr euch nicht vorstellen. Ich will es euch aber gern erklären. Hier zum Beispiel« – Vidocq griff in den Sack – »habe ich die Schuhe von Raoul. Sie befanden sich in seiner Wohnung. Er hatte sie während des Mordes getragen. Ich kann es beweisen. Wir haben nämlich den Sohlenabdruck des rechten Schuhs von Raoul hier am Tatort in Lehm eingedrückt gefunden und das entsprechende Stück Lehm wie einen Ziegel herausgestochen! Hier ist dieses Stück.«

»Wo... haben Sie... die Schuhe...?« Raouls Stimme überschlug sich fast vor Entsetzen.

»Diese Schuhe, Monsieur Raoul, habe ich in Ihrer Wohnung auf dem Montmartre gefunden.«

»Meine Wohnung... wieso?«

»Ich sage Ihnen später gern, wieso wir auf Ihre geheime Wohnung am Place Cadet gestoßen sind – aber jetzt möchte ich Ihnen lieber zeigen, was wir dort noch gefunden haben. Nämlich diesen Dolch hier. Und vor allen Dingen diesen halb zerrissenen Brief – dessen andere Hälfte blutverschmiert am Tatort lag. Mit dieser Hälfte hatten Sie, Monsieur Raoul, nach dem Mord Ihren Dolch abgewischt. Sie sind überführt, Monsieur Raoul!«

Nun wandte sich Vidocq dem zweiten Täter zu. »Auch für Sie, Monsieur Court, habe ich etwas im Sack. Und zwar diesen Knopf! Er paßt genau zu Ihrer Jacke. Sie haben ihn hier an der Mordstelle verloren. Ich kann Ihnen diesen Knopf leider nicht aushändigen, denn er gehört zum Beweismaterial, das ich dem Richter für den Mordprozeß zur Verfügung stellen werde. Was macht übrigens Ihre Verletzung am Bein, die Sie sich während der Messerstecherei hier geholt hatten? Ich muß Ihnen Vorwürfe machen, daß Sie der Wunde nicht die nötige Beachtung schenkten. Sie hätten sich gleich hier verbinden sollen – nicht erst dort drüben, links vor der Fichte.« Vidocq wies auf die Stelle, an der er bei der Untersuchung des Tatorts das Ende der Blutspur festgestellt hatte.

Er schwieg und beobachtete die Wirkung seiner Worte auf die beiden Täter. Court zeigte sich verstockt, Raoul aber schien einem Schlaganfall nahe. Sein Kopf war hochrot, als würde er von einer unsichtbaren Hand gewürgt.

»Schafft Court ins Gefängnis!« rief Vidocq seinen Beamten zu. »Mit Raoul unterhalte ich mich noch.«

Während Court in einer Kutsche abtransportiert wurde, ging Vidocq auf Raoul zu, der ihn voll Verzweiflung anblickte. »Was soll ich tun?« fragte der Mörder.

»Gestehen – dann wird alles leichter. Sie haben ja doch keine Chance.«

Raoul preßte die Lippen aufeinander.

»Also!« ermunterte ihn Vidocq.

Das Geständnis war zwar nicht wichtig, um Raoul vor Gericht zu bringen. Er – und auch Court – waren durch Beweismaterial so perfekt überführt, daß sie verurteilt werden würden, unabhängig davon, ob sie die Tat nun bekannten oder nicht.

Aber da war ja noch der dritte Mann! Es gab kein Beweismaterial, das ihn identifizieren oder hätte belasten können. Vidocq wußte nicht, wie er hieß, wo er zu finden war. Dieser Unbekannte aus der »Bande der drei Mörder« konnte nur durch die belastende Aussage eines Mittäters aufgespürt und überführt werden. Deshalb lag Vidocq daran, daß Raoul zu reden begann.

Der Weinschenk schwieg. Sein Blick war ruhiger geworden. Er schien die Fassung allmählich wiederzugewinnen.

»Kommen Sie mit«, sagte Vidocq.

»Wohin?«

»Ins Krankenhaus.«

»Warum das?«

»Sie werden schon sehen.«

Wer war der dritte Mann?

Zwanzig Minuten später – es war bereits dunkel draußen – standen sie beim Licht mehrerer Kerzen vor dem Krankenbett, indem der Überfallene röchelnd und bewußtlos lag. Sein Zustand hatte sich – wie Vidocq kurz vorher vom Arzt erfahren hatte – wesentlich verschlechtert. Er würde nicht überleben.

»Kennen Sie diesen Mann?« fragte Vidocq.

Raoul – der keine Ahnung hatte, daß der Überfallene am Leben geblieben war – starrte auf den Sterbenden. Er wich zurück und öffnete den Mund, wie zu einem stummen Schrei.

»Daß dieser Mann hier liegt, ist Ihre Schuld – er wird bald sterben«, sagte Vidocq.

In den Fensterscheiben spiegelten sich verschwommen die Gestalten von Detektiv und Mörder.

Vidocq wartete eine Weile, und als Raoul noch immer nichts sagte, ging er zum Schrank. Er holte das von eingetrocknetem Blut rostbraun gefärbte, von Dolchstichen zerfetzte Hemd des Überfallenen heraus und hielt es Raoul entgegen. »Hier«, sagte er, »sehen Sie sich das an! Dieses Hemd hat der Mann getragen, als er fröhlich im Wirtshaus von Essonne saß, gemeinsam mit Ihnen, mit Court und – dem dritten Mann.«

Raoul schaute nur kurz auf das Hemd, dann war sein Blick wieder von dem Sterbenden gebannt.

»Sie und Court«, fuhr Vidocq fort, »sind überführt. Wir brauchen keine Geständnisse. Es gibt keinen Zweifel, daß Sie die Mörder sind. Sie werden verurteilt. Aber der dritte Mann wird entkommen, er wird der gerechten Strafe entgehen und die Beute verprassen – wenn Sie mir nicht helfen. Ich weiß nicht, wie er heißt. Ich gebe zu, daß ich kein Beweismaterial gegen ihn habe. Ich brauche Ihre Aussage, um ihn verhaften und überführen zu können. Deshalb frage ich Sie, Raoul: Wie heißt der dritte Mann?«

»Ich gebe zu...«, Schluchzen war in der Stimme des Mörders, »...daß ich es getan habe. Ich gebe es zu. Und Court war dabei. Das wissen Sie selbst, aber...«

»Aber?« Vidocq beugte sich vor.

»Aber ich sage Ihnen nicht, Monsieur Vidocq, wie der dritte Mann heißt. Ich kann es Ihnen nicht sagen, denn... er bringt mich um, wenn er erfährt, daß ich ihn verpfiffen habe.«

»Hören Sie, Raoul, Ihre Sorge ist widersinnig. Denken Sie doch daran, daß Sie im Gefängnis vor ihm geschützt sein werden – denken Sie auch daran, daß Ihr Leben schon bald auf dem Schafott enden wird. Durch die Hand des Henkers, nicht durch die Hand des dritten Komplizen. Sie brauchen sich vor ihm nicht zu fürchten.«

»O doch – dieser Mann kann alles. Er tötet mich im Gefängnis. Er tötet mich noch am Tage vor meiner Hinrichtung.«

»Das wird er nicht tun!«

»Doch. Ich habe Angst vor ihm. Jeder hat Angst vor ihm. Sie haben seinen Namen sicher schon gehört, auch wenn er außerhalb von Paris lebt, außerhalb Ihres Polizeigebietes. Wenn Sie wüßten, wer er ist, würden Sie meine Sorge verstehen.«

Vidocq überlegte, welcher Verbrecher einen so fürchterlichen Ruf haben konnte, daß selbst ein Todeskandidat solche Angst vor ihm hatte. Drei oder vier Namen von Verbrechern fielen ihm auf Anhieb ein.

»Wer ist es?« fragte er.

Plötzlich begann der Sterbende laut zu röcheln. Raoul schloß die Augen und preßte beide Hände gegen die Ohren. »Fragen Sie mich nicht«, stöhnte er, »fragen Sie mich nicht!«

Vidocq schlug dem Mörder die Hände von den Ohren. »Wer ist der dritte Mann?« fragte er eindringlich. »Wer ist der dritte Mann? Sagen Sie es, Raoul!«

»Er heißt... Gérard...« Den Familiennamen schien Raoul nicht über die Lippen zu bringen.

»Gérard Pons?« fragte Vidocq. »Ist es Pons, der gefürchtete Pons?«

»Ja... ja... Gérard Pons. Jetzt wissen Sie es. Und jetzt lassen Sie mich raus aus diesem Sterbezimmer, raus... nur raus hier!«

»Eine Frage noch, dann lasse ich Sie in Ruhe: Wo finde ich Pons?«

»Er wird Sie umbringen, wenn Sie ihn verhaften wollen!«

»Lassen Sie das meine Sorge sein. Sagen Sie mir lieber, wo ich Pons finde.«

»Er ist am Tag nach dem Mord zu Madame Barou gefahren, in ihre Kneipe...«

Gérard Pons galt seit Jahren in ganz Frankreich als rücksichtsloser Gewaltverbrecher, der nirgends heimisch wurde, stets seinen Wohnsitz wechselte und daher für eine Verhaftung entsprechend schwer zu orten war. Wenn er irgendwann denunziert wurde, wagte die Polizei, eingedenk seines Rufes, ihn nur mit großer Übermacht anzugreifen. Bisher ohne Erfolg. Pons kämpfte sich aus aussichtslos erscheinenden Situationen frei. In Paris war Pons auffallenderweise noch nie in Erscheinung getreten. Er bevorzugte die Provinz als Schauplatz seiner Schandtaten.

Für einen leidenschaftlichen Verbrecherjäger wie Vidocq war ein Gangster vom Schlag eines Gérard Pons freilich eine interessante Herausforderung. Er kannte Pons nicht persönlich, wußte aber – aufgrund der Personenbeschreibung in der Verbrecherkartei –, wie er aussah: groß, schwarzes Haar, Vollbart, zernarbtes Gesicht, kleine Augen, Hände auffallend behaart und tätowiert. Besonderer Hinweis in der Karteikarte: Vorsicht – Pons ist ein ausgezeichneter Pistolenschütze.

Um Pons zu verhaften, verkleidete und maskierte sich Vidocq so, daß er – zerzaust und zerlumpt – selbst für seine besten Freunde kaum erkennbar war. Auf die üblicherweise bei solchen Abenteuern verwendete Augenbinde verzichtete er, denn er war der Auffassung, daß er beide Augen offenhalten mußte, um Pons zu fangen. Als Unterstützung nahm er zwei seiner verläßlichsten Beamten mit, die im Umgang mit Pistolen und beim Nahkampf sich schon wiederholt bewährt hatten: Goury und Clement. Auf ein großes Polizeiaufgebot verzichtete er.

In der Kutsche begaben sich die drei zu der im ganzen Land bekannten Verbrecherkneipe der Madame Barou in der Ortschaft Hirson nahe der holländischen Grenze, wo Pons, der Aussage Raouls zufolge, sich gerade aufhalten sollte.

Drei Tage später waren sie am Ziel. Sie trugen Bartstoppeln im Gesicht und sahen aus wie professionelle Halsabschneider.

Deshalb fielen sie nicht weiter auf, als sie die nach Tabak und Fusel stinkende Kneipe der Madame Barou betraten. Das Lokal war fast leer. Nur an einem Tisch saßen drei Männer. Einer davon war – wie Vidocq auf einen Blick feststellte – der gesuchte Gérard Pons.

Vidocq ging auf ihn zu. »Pons«, sagte er in reinstem Rotwelsch, »ich hab' Schlammertatschen von Raoul und Court und muß dschungel quasseln mit dir – Pons, ich hab' schlechte Nachricht von Raoul und Court und muß vertraulich mit dir sprechen.«

Pons blickte ihn prüfend an, dann erhob er sich. Er war so groß, daß sein Kopf fast an die Decke der Kneipe stieß. Langsam schritt er in eine Ecke, wo er sich an einem Tisch niederließ. Seine Arme mit den behaarten

Händen baumelten herab wie bei einem Affen. Die drei Polizisten setzten sich zu ihm.

Madame Barou, dick und schwammig, mit verquollenen Augen, trat auf sie zu. »Was soll's sein?«

»Eine Flasche Rotwein und vier Gläser«, sagte Pons. Dann wandte er sich zu Vidocq: »Was gibt's?«

»Laß dir alles der Reihe nach erzählen: Kürzlich sitze ich mit Raoul und Court in einer Kneipe, in der Nähe von Essonne, außerhalb von Paris. Ich erzähle ihnen, daß ich an der holländischen Grenze einige Raubmorde plane, und da sagt Raoul zu mir: Geh doch zu Pons, der ist ein anständiger Kerl, du triffst ihn bei Madame Barou. Und stell dir vor, ehe wir weiterreden können, geht die Tür auf, und einige Polizisten kommen rein und verhaften Raoul und Court. Raoul flüstert mir noch zu: ›Warne Pons!‹ Dann haben sie die beiden abgeführt. Mich haben die Polizisten in Frieden gelassen.«

»Wer hat Raoul und Court verhaftet?« fragte Pons.

Vidocq wollte erwidern: »Ich weiß es nicht.« – Doch in diesem Augenblick ritt ihn der Teufel, und er sagte: »Vidocq! Dieser Bursche war dabei, als sie verhaftet wurden.«

»Du lügst!« Die Augen des Verbrechers verengten sich. Die Wirtin kam, stellte eine Flasche sowie vier Gläser auf den Tisch und entfernte sich.

»Du lügst«, sagte Pons. »Vidocq kann in Essonne keine Verhaftungen vornehmen! Er gehört zur Pariser Polizei und hat außerhalb der Stadtmauern nichts zu suchen. Ich weiß es ganz genau. Das ist auch der Grund, warum ich mich in Paris nie blicken lasse. Vidocq ist der einzige Polizist, den ich fürchte. Dieser Bursche scheint mit dem Teufel im Bunde zu sein.«

»Er hat«, flüsterte Vidocq, »Auftrag bekommen, Mordfälle südlich von Paris zu klären. Deshalb darf er jetzt außerhalb der Stadtgrenze Verhaftungen vornehmen.«

»Verdammt!« Pons starrte in sein leeres Glas.

»Ich kenne Vidocq«, sagte Vidocq, der teuflischen Spaß an diesem Spiel mit der Gefahr hatte, »ich bin früher einmal mit ihm zusammen im Bicêtre gesessen. Heute, als Polizist, ist er unangenehm. Aber früher, als Strafgefangener, war er ein richtig netter Kerl. Wenn er hier säße, und du wüßtest nicht, daß er Vidocq ist, würdest du ihm ein Glas Rotwein einschenken.« Vidocq hielt Pons sein Glas hin.

Pons ergriff die große Flasche mit beiden Händen – und darauf hatte Vidocq nur gewartet. Ehe sich Pons versah, waren seine Handgelenke gefesselt. Sekunden später zog ihm Vidocq die Pistolen aus dem Gürtel. Gleichzeitig hielten Goury und Clement die beiden Banditen in Schach, bei denen Pons vorher gesessen hatte.

Pons leistete keinen Widerstand. Er wirkte völlig lethargisch, kauerte auf seinem Stuhl und starrte auf seine gefesselten Hände. Dann hob er den Kopf. »Du bist Vidocq«, sagte er matt. »Ich habe es gewußt: Wenn mich jemals einer verhaften wird – dann wird es Vidocq sein. Ich hab's gewußt.«

Erst später, in der Kutsche, verlor Pons allmählich seine Resignation. Eine Serie von lästerlichen Flüchen zeigte, daß sich der Schock in ihm löste. »Du hast mich verhaftet, Vidocq«, knurrte er, »aber ich werde aus dem Gefängnis ausreißen – und dann bist du dran! Dann leg' ich dich um. Verlaß dich drauf, Vidocq.«

»Du bist«, gab Vidocq zur Antwort, »nicht der erste, der gedroht hat, mich umzulegen – und auch nicht der einzige, der es versucht hat. Aber wie du siehst, ist es keinem gelungen. Ich lebe. Und ich habe die Absicht, sehr alt zu werden.«

Die rätselhaften »Memoiren«

Knapp nachdem Vidocq die Bande der drei Mörder verhaftet hatte, Ende 1815, ging seine langjährige Beziehung zu Annette in die Brüche.

Die beiden waren ein Herz und eine Seele gewesen, solange Vidocq sich als entwichener Strafgefangener ständig auf der Flucht vor der Polizei befunden hatte. Seit er aber Leiter der Sûreté war, ein angesehener, gesellschaftlich anerkannter Mann, fühlte sich Annette merkwürdigerweise nicht mehr so hingezogen zu ihm wie früher. Beide sprachen längst nicht mehr von Heirat, sie hatten einander immer weniger zu sagen und trennten sich schließlich in aller Freundschaft. Annette zog knapp vor Weihnachten 1815 aus der Wohnung aus, in der Vidocq nun mit seiner Mutter allein lebte.

Vidocq stürzte sich nach dieser privaten Enttäuschung mehr denn je in seine berufliche Arbeit, sehr zum Schrecken der Gauner, die während der Feiertage Nacht für Nacht durch ständige Razzien beunruhigt wurden. In der Woche um Neujahr fing Vidocq mit seinen Leuten vier Mörder, dreizehn Räuber und an die sechzig Verbrecher aus anderen Gaunerzünften – ein Rekord, der alle bisherigen Erfolge in den Schatten stellte.

Zu Beginn des Jahres 1816 empfing König Ludwig XVIII. den berühmten Leiter der Sûreté zur Audienz. Er war von Vidocqs Persönlichkeit so beeindruckt, daß er ihm ein Regierungsamt in Aussicht stellte. Doch Vidocq winkte ab. Als geborener Detektiv empfand er die Verbrecherjagd faszinierender als alles andere. Er wollte Chef der Sûreté bleiben. Der König akzeptierte seinen Wunsch und unterstützte Vidocq bei jeder Gelegenheit.

Im Jahre 1820 heiratete Vidocq eine junge Modistin,

Jeanne-Marie Guerin, mit der er eine glückliche Ehe führte, bis sie vier Jahre später, im Juni 1824, starb.

Kurz darauf, im Juli, verschied Vidocqs Mutter. Und im September desselben Jahres starb auch sein königlicher Gönner Ludwig XVIII.

Der jüngere Bruder Ludwigs folgte ihm auf dem Thron. Karl X. schien von Anfang an Freude daran zu haben, Vidocq Schwierigkeiten zu bereiten. Im Jahr 1827 wies er das Innenministerium an, die inzwischen bestens bewährten ehemaligen Strafgefangenen unter den Polizisten – wie zum Beispiel Coco Lacour – aus der Sûreté zu entlassen. Nur Vidocq durfte bleiben.

Vidocq jedoch widersetzte sich, weil er nicht akzeptieren wollte, daß seine Freunde, die der Polizei jahrelang unschätzbare Dienste geleistet hatten und niemals straffällig geworden waren, von heute auf morgen vor die Tür gesetzt werden sollten.

Als der König hart blieb, quittierte Vidocq aus Protest den Dienst. Er verließ die Sûreté und gründete eine Papierfabrik, in der er alle gekündigten Kriminalbeamten sowie eine ganze Reihe von Strafgefangenen beschäftigte, die eben aus den Gefängnissen entlassen worden waren. Damit leistete er Pionierarbeit für die Eingliederung ehemaliger Häftlinge in die Gesellschaft. Doch die Zeit war damals noch nicht reif für soziale Unternehmungen dieser Art. Viele Kunden hatten etwas dagegen, daß die von ihnen gekauften Papierbögen von ehemaligen Verbrechern hergestellt wurden, und begannen Vidocqs Fabrik zu boykottieren.

Vidocq, inzwischen wieder verheiratet mit einer jungen Verwandten namens Fleuride Maniez, erlebte noch weitere Ärgernisse: Im Jahre 1828 erschien ein in Ich-Form geschriebenes, fünfhundert Seiten starkes Buch unter dem Titel ›Memoires de Vidocq, Chef de la police sûreté‹, um das es viel Wirbel gab. Wer dieses Buch las, mußte den Eindruck gewinnen, Vidocq sei ein selbstgefälliger Zyniker, dümmlich noch dazu, der für die Polizei üble Spitzeldienste leistete und es mit der Wahrheit nicht sehr genau nahm.

Vidocq erklärte öffentlich, er könne nur für einen Teil dieses Werkes die Verantwortung übernehmen.

Tatsächlich gab es ursprünglich einen von Vidocq eigenhändig verfaßten Originaltext, sachkundig und gestrafft, der jedoch zu kurz war und deshalb im Auftrag des Verlegers von einem Winkelliteraten überarbeitet und auf die damals übliche Länge von fünfhundert Buchseiten »gestreckt« wurde. Vidocq hatte davon nichts gewußt, und als das verfälschte Werk produziert war, konnte er nichts mehr dagegen unternehmen, weil es damals keinen Schutz des Autors im Sinne des heutigen Urheberrechtes gab. Aus diesem Grund enthielten die »Memoiren« einerseits wahre Geschichten aus Vidocqs Leben und sachkundige Darstellungen kriminalistischer Arbeit – andererseits haarsträubend falsche und auch stilistisch mit seinen späteren Büchern nicht vergleichbare Passagen, die ihn in ein schiefes Licht rückten.

Wer Vidocqs abenteuerliches Leben rekronstruieren will, muß daher diesen »Memoiren« gegenüber strenge Skepsis bewahren und den ursprünglichen Kern des Originaltextes herauszuschälen versuchen. Nur jene Teile des Buchs, die mit belegten Fakten übereinstimmen und von denen man auch durch Stilvergleiche annehmen darf, daß sie tatsächlich von Vidocq stammen, können als Unterlagen herangezogen werden. Das ist allerdings nicht immer geschehen, und so gibt es hier und dort auch verfälschte Versionen über Vidocqs Leben.

»Vater der Kriminalistik«

Als Karl X. im Jahr 1830 nach der Julirevolution gestürzt wurde, standen die Sterne für Vidocq plötzlich wieder günstig.

Karls Nachfolger, Louis Philippe, der »Bürgerkönig«, zeigte große Sympathien für Vidocq. Zufällig sahen die beiden einander ähnlich wie Zwillingsbrüder. Sie waren fast gleich alt. Auch ihre Lebenswege wiesen Gemeinsamkeiten auf: als politischer Flüchtling hatte der »Bürgerkönig«, seine Schlupfwinkel stets wechselnd, viele Jahre hindurch Gefahren, Entbehrungen und das Gefühl der Heimatlosigkeit erdulden müssen – wie Vidocq in seiner Zeit als unschuldig verurteilter Häftling.

Auf Veranlassung des Königs wurde Vidocq am 31. März 1832 wieder Chef der Sûreté, mit der Erlaubnis, seine ehemals aus dem Gefängnis stammenden Polizisten neu einstellen zu dürfen. Der königliche Auftrag war gerade rechtzeitig gekommen, denn kurz vorher hatte Vidocq – von seinen Kunden schließlich konsequent boykottiert – mit seiner Fabrik Pleite gemacht.

Vidocq trat seinen Posten als Polizeichef allerdings erst an, nachdem es ihm gelungen war, alle Fabrikarbeiter bei anderen Firmen unterzubringen.

Im selben Jahr noch, während der Junitage, konnte sich Vidocq bei Louis Philippe revanchieren: er entdeckte ein Komplott, das den Sturz des Königs zum Ziel hatte. Mit knapper Not gelang es ihm, den Thron für seinen Gönner zu retten. Damals begann eine jahrelange Freundschaft zwischen dem Monarchen und dem Detektiv.

Trotz der königlichen Protektion gab es Reibereien mit der obersten Polizeiführung. Monsieur Henry war nicht mehr im Amt, und mit seinem Nachfolger verstand sich Vidocq nicht. Im November 1832 quittierte er, siebenundfünfzig Jahre alt, seinen Dienst bei der Sûreté und gründete ein privates Detektivinstitut – das erste der Welt!

Er nannte es »Bureau de renseignements«, also Auskunftsbüro, und strebte zweierlei an: zum einen wollte er Verbrecher jagen wie bisher und sich von der Polizei die damals üblichen Ergreiferprämien auszahlen lassen, zum anderen beabsichtigte er, im Auftrag großer Firmen Nachforschungen über die Seriosität von Geschäftspartnern und über betrügerische Pläne der Konkurrenz anzustellen. Seine Mitarbeiter waren zunächst nur Polizisten, die aus Solidarität zu ihm den Dienst bei der Sûreté quittiert hatten, doch bald schon bekam er so viel zu tun, daß er neue Leute einstellen mußte. Mit seiner Truppe brachte er wesentlich mehr Verbrecher zur Strecke als die von ihm verlassene Sûreté. Sein Nachfolger, Gérard Allard, versuchte voll Neid, Vidocq das Leben sauer zu machen, ihm eins auszuwischen, wo er nur konnte – doch er hatte nie Erfolg damit.

Als englische Polizisten nach Paris kamen, um die Londoner Polizeitruppe Scotland Yard nach dem Vorbild der Sûreté neu zu organisieren, da gingen sie nicht zum damaligen Sicherheitschef Allard, sondern in die Rue Cloche-Perche Nr. 12, wo Vidocq sein Detektivbüro hatte. Von ihm – dem »ersten Detektiv« – ließen sie sich Idee, Organisation, System, Ermittlungstechnik und Fahndungsmethoden der Sûreté erklären.

Die Engländer waren es, die Vidocq den Namen »Vater der Kriminalistik« gaben – denn nicht nur Scotland Yard, sondern alle Polizeistellen der Welt wurden nach und nach im Sinne seines Systems aufgebaut.

Im Jahre 1846 reiste Vidocq nach London, um vor den Beamten von Scotland Yard Vorträge über Kriminalistik zu halten. Zu dieser Zeit starb in Paris seine Frau.

Als im Revolutionsjahr 1848 der »Bürgerkönig« Louis Philippe gestürzt und darauf Napoleons Neffe Louis Napoléon Präsident der Zweiten Republik wurde – später ließ er sich dann zum Kaiser ausrufen –, verschärfte sich das Kesseltreiben der Neider gegen Vidocq. Besonders Allard, sein Nachfolger bei der Sûreté, versuchte, ihm mehr denn je die Hölle heiß zu machen. Er behauptete, Vidocq und seine Privatdetektive würden bei ihrer Jagd auf die Verbrecher nicht immer getreu den Buchstaben des Gesetzes handeln. Obwohl alle Anwürfe sich immer wieder als haltlos erwiesen und Vidocq jedesmal recht bekam, ließ Allard nicht locker. Vidocq war gezwungen, sich fortwährend gegen die Polizei zu wehren.

Auch vor der Unterwelt mußte er auf der Hut sein, denn er bekämpfte selbst im hohen Alter noch unermüdlich das Verbrechertum. Und es gab genügend Gauner, die ihm Rache geschworen hatten. Mehrere Mordanschläge waren schon auf ihn verübt worden. Gefahr drohte überall. Zur Ruhe kam Vidocq nie.

Aber die Spannung hielt ihn jung.

Am Tag vor seinem Tode noch machte er auf eigene Faust einen langgesuchten Schwerverbrecher dingfest.

Und als er am 11. Mai 1857 im zweiundachtzigsten Lebensjahr starb, erbte sein Vermögen – eine fünfundzwanzigjährige Ballettänzerin.

Will man in unserer Zeit das Verdienst Vidocqs für die moderne Kriminalistik zusammenfassen, so drängen sich Superlative auf. Keiner hat die polizeiliche Tätigkeit so revolutioniert wie er. Von ihm stammen die heute noch gültigen Grundprinzipien der Verbrechensbekämpfung. Was er an Organisationsformen und Arbeitsweisen erdacht und eingeführt hat, ist heutzutage gang und gäbe.

Vidocq war der erste, der die Kriminalpolizei in Spezialtrupps organisierte: in Morddezernat, Raubdezernat, Einbruchsdezernat, Betrugsdezernat und so weiter.

Vidocq war der erste, der Personenbeschreibungen aller polizeibekannten Gauner in einer Verbrecherkartei sammelte.

Vidocq war der erste, der Verbrecher mit psychologischem Einfühlungsvermögen bekämpfte, mit List, Verkleidung und heimlicher Beobachtung.

Vidocq war der erste, der es allen Polizisten zur grundsätzlichen Pflicht machte, die Spuren am Schauplatz eines Verbrechens systematisch zu erforschen, zu sichern, auszuwerten, in Überlegungen einzubeziehen und schließlich als Beweismaterial gegen die Täter zu verwenden.

Er war, kurz gesagt, der »erste Detektiv«.

Freilich: Vieles aus der Zeit Vidocqs ist weiterentwickelt, verfeinert und verbessert worden. Die Wissenschaft spielt heute in der Kriminalistik eine große Rolle. Tatortspuren beispielsweise können mit chemischen Methoden, mit Spektralanalysen, Gentechnik und dergleichen deutlicher gesichert werden als früher. Die Verbrecherkartei ist kein Zettelkasten mehr wie zu Vidocqs Zeiten, sondern im Elektronengehirn eines Computers gespeichert. Funkgeräte und Funkwagen erleichtern die Beschattung verdächtiger Personen, Fernschreiber und Bildfunk die steckbriefliche Verfolgung. Die Fahndung ist heute über Interpol, die internationale kriminalpolizeiliche Organisation, weltweit organisiert. Auch die Emanzipation hat sich bei der Kripo durchgesetzt: Frauen arbeiten im Dienst der öffentlichen Sicherheit, häufig in hohen Positionen. Verbrecher – überflüssig zu sagen – werden heute nicht mehr in den Polizeidienst aufgenommen wie damals, während der Pionierzeit der Kriminalistik, als die Sûreté gegründet wurde. Wer zur Polizei will, wird jahrelang geschult, wer eine Karriere in den Chefbüros der Kripo anstrebt, muß eine Polizeiakademie absolvieren. Es würde Seiten füllen, wollte man allein in Stichworten alle Neuerungen und Vervollkommnungen auf dem Gebiet der Verbrechensbekämpfung aufzählen.

Doch im Prinzip, in der grundsätzlichen Idee und Organisation, ist alles beim alten geblieben, so, wie es François Eugène Vidocq ersonnen hat: der Mann, der aus der Unterwelt kam und »Vater der Kriminalistik« wurde.

Erzählte Geschichte

Wissen um die
Vergangenheit
schärft das
Bewußtsein
für die Gegenwart.
In diesen Erzählungen
wird Geschichte
lebendig.

dtv junior 7497

dtv junior 7048

dtv junior 70118

dtv junior 70236

dtv junior 70295

Lese-Abenteuer
Abenteuer Lesen

dtv junior 7351

dtv junior 70096

dtv junior 70142

dtv junior 70306

dtv junior 70308

Erzählungen für Jugendliche, die Lesen als Abenteuer erleben.

dtv pocket
lesen – nachdenken – mitreden

dtv pocket.
Die Reihe
für Jugendliche,
die mitdenken
wollen.
Bei dtv junior.

dtv pocket 7864

dtv pocket 7887

dtv pocket 78020

dtv pocket 78047

dtv pocket 78048